AF325313

LA GUERRE

DE MONTAGNES

LA GUERRE

DE

MONTAGNES

Par le baron **FRANZ de KUHN**

FELDZEUGMESTRE DE L'ARMÉE IMPÉRIALE ET ROYALE

TRADUIT SUR LA 2ᵉ ÉDITION

Par le capitaine **WEIL**

ATTACHÉ A L'ÉTAT-MAJOR GÉNÉRAL DU MINISTÈRE DE LA GUERRE

PARIS

LIBRAIRIE MILITAIRE DE J. DUMAINE

LIBRAIRE ÉDITEUR

Rue et Passage Dauphine, 30.

1880

Paris. — Imprimerie J. DUMAINE. rue Christine, 2.

DÉDIÉ PAR L'AUTEUR

AUX DÉFENSEURS DU TYROL

PRÉFACE DE LA PREMIÈRE ÉDITION

Le présent *Traité sur la guerre de montagnes* était achevé dès 1859 ; mais, à la suite des expériences que je pus faire pendant les opérations de 1866 dans le Tyrol méridional, force me fut de retoucher mon travail sur plusieurs points, de le refondre, par conséquent, en partie et de le compléter à l'aide d'exemples tirés de cette dernière campagne.

Les évènements survenus dans la Dalmatie méridionale, à la fin de l'année 1869, me parurent de nature à motiver et à justifier la publication de ce livre. Mais, comme, à mon avis, un ouvrage de ce genre, dans lequel j'ai cru devoir citer, à l'appui des grands principes, des exemples pris dans l'histoire des guerres, serait incomplet s'il ne renfermait en même temps les cartes nécessaires pour l'intelligence des opérations, je n'ai pas voulu laisser publier la *Guerre de montagnes* sans ces dernières et c'est précisément le temps qu'a demandé leur confection qui a de beaucoup retardé l'apparition du livre.

Bien que les graves évènements qui s'accomplissent de l'autre côté du Rhin occupent exclusivement les esprits, je ne crois cependant pas devoir retarder davantage la publication de mon travail.

Vienne, août 1870.

L'AUTEUR.

PRÉFACE DE LA DEUXIÈME ÉDITION

Dans la deuxième édition de ce livre, j'ai maintenu presque sans changement le texte de la première, en le complétant toutefois par l'adjonction de quelques considérations sur la défense des Balkans. Car les principes que j'ai posés pour la *Guerre de montagnes*, par cela même qu'ils sont tirés de l'essence du sujet, demeurent vrais et immuables en tout temps et n'ont fait que recevoir des évènements contemporains une nouvelle et éclatante confirmation.

LA GUERRE

DE MONTAGNES

CONSIDÉRATIONS GÉNÉRALES.

L'attaque et la défense d'un pays de montagnes doivent être classées parmi les plus difficiles des opérations militaires.

Les avantages inhérents à l'offensive et à la défensive atteignent dans la guerre de montagnes des proportions telles qu'il faut, pour en triompher, l'esprit vif, calculant et prévoyant tout, d'un général doué d'une énergie peu commune, et des troupes qui, par l'exercice et l'entraînement, ont acquis la persévérance et la ténacité indispensables.

L'histoire militaire de toutes les époques est d'ailleurs là pour nous prouver qu'à proprement parler, la défense d'un pays de montagnes n'a que très rarement été couronnée de succès et que, d'autre part, toutes les fois que la défense, connaissant bien son terrain, a su tirer parti de ses avantages et prendre, en temps voulu, une offensive énergique, l'attaque a eu à lutter contre des obstacles presque insurmontables.

IMPORTANCE STRATÉGIQUE DES PAYS DE MONTAGNES.

Un pays de montagnes n'est généralement qu'une partie d'un théâtre de guerre : il forme une zone située à l'une ou l'autre aile du front stratégique, ou bien il partage le théâtre de la guerre en plusieurs théâtres d'opérations.

Toutes les fois que de semblables zones montagneuses sont traversées par la ligne d'opérations, elles constituent des barrières stratégiques et scindent le théâtre de la guerre en secteurs d'opérations.

Ainsi les Apennins et les Alpes sont les deux points d'appui des ailes du théâtre de la guerre dans la haute Italie; les Alpes servent de point d'appui des ailes pour les opérations dans la vallée du Danube. Si le théâtre de la guerre embrasse à la fois l'Italie et l'Allemagne, la chaîne des Alpes le partage en deux théâtres d'opérations : si, partant de la vallée du Pô, on dirige les opérations contre l'Italie centrale et méridionale, les Apennins forment d'abord une ligne de défense stratégique : puis, ensuite, c'est-à-dire quand ces obstacles ont été surmontés, ces montagnes fractionnent le théâtre de la guerre en deux théâtres d'opérations, l'un à l'ouest, et l'autre à l'est de la chaîne ; le premier de ces deux théâtres d'opérations, celui de l'ouest, comprend les objectifs principaux, *Florence*, *Rome* et *Naples*, points contre lesquels on devra se porter avec le gros des forces : tandis que le théâtre oriental ne renferme qu'un objectif secondaire : *Ancône*.

Sauf le cas où il faut, parce qu'elles servent de lignes stratégiques de défense, faire attaquer et forcer les zones montagneuses par l'armée d'opérations tout entière, il est rare que les pays de montagnes deviennent le théâtre de la grande guerre.

Même, lorsque la grande guerre se fait dans un pays montagneux, comme, par exemple, lors de la campagne de 1799, en Suisse, les combats décisifs se livrent toujours dans les vallées basses, cultivées et sillonnées par un grand nombre de voies de communication, c'est-à-dire dans l'espèce qui nous occupe, dans la zone comprise entre la vallée du Rhin d'une part, et les lacs de Wallenstadt, des Quatre-Cantons et de Zurich de l'autre, tandis que, seuls, de faibles détachements parcouraient la haute montagne.

Toutefois, lorsque l'objectif principal est situé dans le pays de montagnes, il sera indispensable de porter les grandes opérations de la guerre dans cette région : la conduite de ces opérations est naturellement rendue plus difficile par les nombreux obstacles que présente le pays et qui deviennent plus nombreux et plus grands encore quand la population participe à la lutte, comme dans la guerre de Sept ans en Espagne.

Lorsque des pays de montagnes servent, en formant des zones, de points d'appui aux ailes d'un théâtre d'opérations, ils ne peuvent être alors le plus souvent que le théâtre d'opérations secondaires. Il est même rarement possible d'y exécuter des manœuvres enveloppantes avec le gros des forces : les difficultés que l'on éprouve à y faire vivre et à y déployer les troupes sont si grandes, que l'ennemi établi dans la vallée principale peut facilement paralyser ces sortes de manœuvres.

La marche hardie du prince Eugène à travers les monts Lésiniens, en 1701, put réussir, parce que la république de Venise n'y mit aucun obstacle et parce que les Français restèrent sur la défensive absolue derrière l'Adige.

Le mouvement stratégique tournant, que Bonaparte exécuta par le Saint-Bernard en 1800, aurait certainement échoué si le général autrichien Mélas en avait été informé assez à temps pour attaquer, avec toutes ses forces concentrées, le premier Consul au moment où il débouchait de la vallée d'Aoste.

Dans la campagne de 1796-1797, Alvinzi, débouchant des hauteurs du Tyrol sur le plateau de Rivoli, essuya une défaite complète.

Remarquons encore qu'il est difficile d'utiliser les pays de montagnes pour le passage et pour les mouvements d'une armée entière ou de corps d'armée considérables, si le théâtre de la guerre est partagé par des massifs montagneux en deux ou plusieurs théâtres d'opérations : en effet, on exécutera, dans ce cas, une manœuvre dangereuse et qui résulte, ou bien d'un plan de campagne mal conçu dès le principe, ou d'une intervention diplomatique défavorable aux opérations et qui vient à se produire pendant la guerre.

La campagne de 1799 en offre la preuve la plus évidente.

L'armée russe ne passa d'Italie en Suisse et l'armée autrichienne de l'archiduc Charles ne se porta dans le bassin moyen du Rhin que pour des motifs politiques. Souvarow éprouva des difficultés inouïes à franchir l'énorme massif des Alpes centrales et il arriva trop tard. L'action décisive eut lieu près de Zurich au moment même où les deux armées principales étaient en train de manœuvrer.

INFLUENCE QUE LES PAYS DE MONTAGNES, CONSIDÉRÉS COMME THÉATRES SECONDAIRES D'OPÉRATIONS, EXERCENT SUR LES PRINCIPAUX THÉATRES ADJACENTS.

On attribuait jadis une trop grande importance à la possession des massifs montagneux d'où sortent les cours d'eaux et les fleuves, dont les grandes vallées contiennent les lignes principales d'opérations ou les objectifs principaux.

De même qu'au point de vue tactique, on est maître d'une position, quand on a enlevé la hauteur qui en est la clef, de même que la possession d'une vallée est assurée aux troupes qui se sont rendues maîtresses des hauteurs qui l'entourent, de même on avait conclu d'une manière générale que de la possession des montagnes dépendait, au point de vue stratégique, celle de la plaine.

Il résulta de cette idée fausse que l'on prit des positions très dangereuses sur ce que l'on appelle les nœuds de montagnes, sur les principales crêtes et que l'on adopta le système de cordon qui aboutit si souvent à des désastres honteux.

De nombreux échecs et les progrès faits par la stratégie firent triompher l'opinion opposée, et l'on considéra la possession de la plaine comme assurant celle des montagnes.

Or, cette question est, quand on l'envisage sous son véritable jour, complètement oiseuse : les opérations à la guerre ne sont en effet décisives que sur les points où les forces principales sont engagées, en un mot, que sur les points où se livre la bataille décisive.

Au point de vue stratégique, la nature et la forme du terrain n'ont nulle part une influence décisive. Elles peuvent, à la vérité, exercer une grande influence sur les opérations et les modifier profondément. Mais les lois générales qui régissent la conduite des troupes restent les mêmes : c'est la force seule, rien que la force qui décide du succès. Il est donc également faux de prétendre que celui qui est maître de la plaine est maître de la montagne.

Si, par suite des mouvements de l'adversaire, on est obligé de manœuvrer avec le gros des forces dans un pays de montagnes et qu'on y perde une bataille décisive, on perdra en général du même coup la possession de la plaine.

Nous, voyons, en effet, qu'à la fin de l'année 1799, alors que les Français étaient maîtres de la Suisse et les Autrichiens des vallées du Danube et du Pô, la campagne s'acheva sans qu'il se soit produit aucune action décisive.

Beaucoup d'écrivains prennent la bataille de Malsch (1796) comme exemple pour faire ressortir l'immense influence que la possession de la montagne exerce sur celle de la plaine.

Mais si cette bataille avait abouti à la défaite complète de Moreau, dont les forces étaient concentrées dans la plaine, Saint-Cyr, malgré son succès dans la montagne, aurait été coupé de Moreau et repoussé plus tard sur Freudenstadt.

Il nous semble que ces auteurs auraient pu tirer de cet exemple un argument en faveur de l'opinion adverse, et en conclure que de la possession de la plaine dépend celle de la montagne.

Si les Autrichiens n'avaient pas opéré leur retraite sur les points qu'ils occupaient avec le gros de leurs forces, c'est-à-dire sur Mayence, Mannheim et la vallée de la Lahn, mais sur Cannstadt et Ulm, une défaite de leur aile gauche par les Français ne leur faisait pas moins courir un danger, dont la gravité était absolument indépendante de la nature même du pays, plaines ou montagnes, situé sur cette aile.

Lorsqu'un pays de montagnes, théâtre secondaire d'opérations, est en liaison immédiate avec le théâtre principal de la guerre, il servira en général de point d'appui à l'aile des grands mouvements. Bien que, comme nous l'avons dit précédemment, le gros de l'armée ne puisse, que dans des cas extrêmement rares, se servir de ces régions montagneuses pour exécuter des mouvements tournants, il n'en est pas moins absolument nécessaire de les faire occuper et surveiller.

Comme nous le ferons ressortir plus tard quand nous parlerons de la défense des pays de montagnes, un ennemi supérieur en nombre pourrait, sans courir aucun risque, tirer un véritable avantage d'une semblable position flanquante, en profiter pour exécuter avec des forces secondaires, des mouvements tournants qui ne manqueraient pas d'exercer une influence des plus sensibles sur les grandes opérations entreprises dans la vallée principale et dans la plaine.

L'occupation et la défense de ces zones de montagnes sont d'autant plus nécessaires, que la ligne d'opérations tend plus à se rapprocher de ces zones et à lui devenir parallèle.

Ainsi par exemple si, dans une guerre en Italie, la ligne principale d'opérations passe par Vienne, Vérone, Milan ou Turin, ou inversement, comme cela s'est présenté dans les guerres antérieures, l'occupation et la surveillance active de toute la zone de montagnes, qui s'étend jusqu'à la ligne de partage des eaux des Alpes centrales, sont d'une importance capitale pour chacun des belligérants.

Si la ligne principale d'opérations est, au contraire, transportée sur la rive droite du Pô, l'occupation de la zone des Alpes a moins d'importance et c'est alors celle des Apennins qu'il faut garder avant tout.

De même, la possession des Alpes aura, au point de vue stratégique, une influence incontestable sur la ligne d'opérations, dans la vallée du Danube.

En 1797, Bonaparte, quand il résolut de pénétrer en Carinthie et en Styrie, fut obligé de détacher les divisions Joubert et Masséna et de les porter dans le Tyrol et la haute Carinthie.

En 1805, Napoléon dut, même après la catastrophe

d'Ulm, poster dans le principe autour de Salzbourg le 1er corps, commandé par Bernadotte, afin de couvrir le flanc de son armée du côté des montagnes, et il ne put lui faire rejoindre la grande armée qu'après la prise d'Innsbruck par le 6e corps, commandé par Ney, et après l'entrée du 7e corps, sous Augereau, dans le Vorarlberg.

Quand une région montagneuse, qui, par sa situation même, présente déjà de réels avantages, peut être défendue par les populations belliqueuses qui l'habitent, soutenues par un nombre relativement peu considérable de troupes régulières, il en résultera pour le défenseur un avantage d'autant plus grand, qu'il sera obligé de diriger moins de troupes sur ces points, et que l'adversaire se verra forcé, au contraire, de détacher plus de monde.

Même dans le cas où l'assaillant dispose de forces très supérieures en nombre, et où il peut, par conséquent, être sûr de la victoire, il lui faut cependant, pour assurer les communications, paralyser les troupes postées en pays de montagnes par le défenseur, en lui opposant des forces au moins égales.

En 1809, Napoléon fut contraint d'envoyer dans le Tyrol tout un corps d'armée commandé par le maréchal Lefebvre.

Il n'y avait cependant là que peu de troupes régulières, depuis que Chasteler s'était, pour opérer sa jonction avec l'archiduc Jean, retiré avec son corps par le Puster-Thal, mais l'héroïque levée des tirailleurs nationaux du Tyrol et du landsturm suffit pour rejeter deux fois hors du pays les forces françaises et bavaroises.

IMPORTANCE DES PAYS DE MONTAGNES FORMANT BASTION ET
FAISANT SAILLIE SUR LE FRONT STRATÉGIQUE.

Si le pays de montagnes forme bastion sur le front stratégique d'un théâtre d'opérations, et s'il le divise en même temps en deux parties distinctes, son occupation acquiert alors une importance des plus considérables.

C'est pour ce motif, par exemple, que les montagnes du Tyrol sont d'une valeur incalculable pour l'empire d'Autriche, aussi bien dans le cas d'une guerre contre l'Allemagne que dans celui d'une campagne contre l'Italie.

Au sud, elles flanquent la ligne d'opérations des Italiens vers l'Isonzo. Ceux-ci sont obligés, de se rendre maîtres du Tyrol méridional jusqu'au Brenner ou tout au moins de porter de ce côté des forces considérables, pour immobiliser les troupes chargées de défendre et d'occuper cette contrée, soit qu'ils veuillent couvrir efficacement la Vénétie, contre une attaque venant de l'Isonzo, soit que, vainqueurs, ils veuillent accentuer leur mouvement vers la Carinthie et la Carniole, sans avoir trop à craindre pour leurs communications.

Le Tyrol, par sa situation même, a une importance non-moins considérable, par rapport à l'Allemagne du sud et à la ligne d'opérations traversant la vallée du Danube : la vallée de l'Inn forme, en effet, avec les Alpes d'Algau et avec le prolongement du massif des Alpes centrales jusqu'à Altenmarkt, une excellente base enveloppante, sur laquelle on peut s'appuyer pour pousser des pointes vigoureuses sur les hauts plateaux de la Bavière et même jusqu'à la vallée du Danube.

Si l'on veut s'assurer, en toutes circonstances, la possession des pays de montagnes placés sur les flancs, si l'on veut rendre plus faciles les opérations offensives et défensives des troupes qui les occupent, il est absolument indispensable de ne rien négliger et de ne reculer devant aucune dépense pour augmenter, à l'aide d'ouvrages de fortification permanente, la force naturelle de ces régions.

Nous reviendrons d'ailleurs plus en détail, dans un des chapitres suivants, sur la manière de fortifier les pays de montagnes.

Les régions montagneuses présentent, en général, les principales formes suivantes :

1° Elles entourent une vallée circulaire encaissée au centre de laquelle coule un cours d'eau ;

2° Elles sont constituées par des chaines parallèles, ou elles affectent en même temps cette forme et la précédente ;

3° Elles se composent de vallées divergentes par rapport au pays ennemi et à la position stratégique de l'adversaire.

1° *Montagnes formant la ceinture d'une vallée circulaire encaissée.*

Les pays de montagnes dont toutes les vallées principales se réunissent en un même point, ou à peu de distance l'une de l'autre, offrent au défenseur l'avantage de pouvoir préparer la défense et résister à l'ennemi sur un point unique, le point central.

Ce pays a, pour l'agresseur, l'inconvénient de l'obliger à prendre une position excentrique par rapport aux troupes de la défense, mais il lui procure l'avantage de la marche concentrique en avant. La défense doit donc ne pas se laisser serrer de trop près par l'attaque, si elle veut remplir sa mission avec succès, si elle veut éviter d'être enveloppée et écrasée dans un centre tactique.

Si le point central est trop éloigné du front stratégique, la défense doit, pour ne pas arriver trop tard, choisir la première position de ses réserves stratégiques sur les lignes de manœuvres qui, situées en arrière du périmètre extérieur et parallèlement à lui, joignent entre elles les vallées et les routes rayonnant du centre à la circonférence.

Pour défendre les régions montagneuses disposées en forme de cirque, il est absolument nécessaire d'avoir recours à la défensive active conduite avec énergie et prudence. Car, si la défense est forcée d'abandonner le point central, elle ne trouvera que fort rarement d'autres bonnes positions stratégiques, par cela même que l'adversaire, dès qu'il se sera emparé du point central, prendra à revers tous les moyens de défense disposés sur les contours extérieurs et sera ordinairement le maître absolu de tout le pays. On ne saurait, par suite, défendre, en général, ces sortes de régions avec l'opiniâtreté que l'on devrait déployer pour la défense de celles qui sont formées par des chaînes parallèles.

Le défenseur doit savoir profiter à temps de l'avantage résultant pour lui de la division inévitable des forces de l'assaillant, et chercher, par des mouvements offensifs, à battre successivement chacune de ses colonnes.

C'est conformément à ces principes qu'on aurait dû conduire la défense du théâtre de la guerre en Bohême et en Moravie, lors de la campagne de 1866 contre la Prusse.

La Moravie et la Bohême forment, en effet, deux vallées adjacentes qui ne sont séparées que par les pentes pour la plupart fort praticables du massif des monts de Bohême et de Moravie.

En 1866, soit que l'on voulût couvrir les deux provinces et les deux lignes d'opérations qui mènent de Berlin à Vienne, d'un côté par Dresde, Pardubitz et

Brünn, de l'autre côté à travers la Silésie prussienne par Olmütz, soit que, décidé à prendre l'offensive l'on cherchât à cacher à l'ennemi le véritable point d'attaque, on devait, en tout cas, faire garder par des troupes le front stratégique sur toute son étendue, depuis l'Erzgebirge jusqu'aux Carpathes, établir et échelonner les réserves stratégiques et le gros des forces sur la ligne de communications Iung-Bunzlau, Gitschin, Kœniggraetz, Olmütz.

En prenant position à l'extrémité orientale de cette ligne, on commettait une faute, parce que, si l'on n'était pas parfaitement instruit des projets et de la marche en avant de l'ennemi, on était fatalement condamné à arriver trop tard, ou au moins avec des troupes fatiguées, sur le point où devait se produire la véritable attaque.

Afin de pouvoir s'avancer avec une grande armée sur un front d'opérations suffisamment étendu, l'ennemi fut, à cause de la difficulté qu'il éprouvait à faire vivre ses troupes, et du manque de communications praticables, contraint à partager ses forces, à prendre des dispositions excentriques : il ne pouvait de plus songer à opérer sa concentration qu'après avoir franchi la barrière de montagnes, et qu'après être arrivé dans le fond de la vallée de la Bohême. L'attaque se transformait donc en un de ces doubles mouvements tournants stratégiques qui, suivant les règles, ne sont justifiés que par une grande supériorité numérique, à moins que l'on ne compte sur de graves fautes commises par le défenseur.

L'armée autrichienne put faire sa concentration entre les deux armées prussiennes encore à temps, et le général en chef autrichien aurait dû alors profiter de l'avantage de sa position centrale pour imprimer un caractère offensif à la défense, inquiéter sérieusement l'ennemi et le battre. Il devait d'abord se jeter avec toutes ses forces contre l'armée du Prince royal qui était la plus rapprochée et, après l'avoir repoussée, se retourner contre l'aile gauche de l'armée du roi.

Dans les vallées encaissées, les lignes d'opérations viennent aboutir concentriquement près du point central ou même à ce point. C'est donc là que se trouve la position stratégique, la plus importante de toute la contrée.

Les lignes stratégiques qui ont de la valeur dans ces pays sont les lignes de communications parallèles à la circonférence, qui suivent cette circonférence sur tout son parcours, ou qui courent au moins en arrière de la partie la plus importante du front d'opérations et joignent entre elles les lignes d'opérations.

C'est aux endroits où les lignes d'opérations et de communications se coupent, sur les points où les lignes d'opérations traversent les montagnes, qu'il faut chercher les points stratégiques d'importance secondaire et tertiaire.

2° *Pays de montagnes composés de chaînes parallèles.*

A. Front stratégique parallèle à la chaîne des montagnes.

Quoique moins facile que dans les pays de montagnes disposés concentriquement autour d'une vallée, la défense d'un pays de montagnes à chaînes parallèles peut être plus tenace et plus opiniâtre, parce que l'on peut diviser ces régions en plusieurs secteurs de défense stratégique.

L'attaque de front contre la position du défenseur est, en somme très difficile, comme on le verra plus loin : l'assaillant est obligé d'exécuter la plupart du temps des mouvements tournants, très étendus, et souvent en passant par des sentiers peu praticables, en sorte qu'il lui est rarement possible de faire participer toutes ses forces à une opération enveloppante.

Les vallées qu'on rencontre entre les chaînes parallèles se subdivisent très souvent en plusieurs bassins que séparent des contre-forts. La valeur stratégique de ces bassins varie en raison même de l'importance plus ou moins grande des points stratégiques qu'ils contiennent.

Les points stratégiques les plus importants se trouvent aux intersections de la principale ligne transversale, des lignes de manœuvre et de la ligne de base avec la principale ligne d'opérations et de retraite. C'est le bassin dans lequel se trouve le point de croisement de la base et de la ligne d'opérations qui a la plus grande importance stratégique : sa perte entraîne non seulement celle des autres bassins, mais encore celle de toute la vallée. Mais si le gros des forces ennemies a pénétré dans un bassin latéral, la défense peut encore être continuée avec énergie et non sans chance de succès dans le voisinage de la tête de la vallée, à moins que l'adversaire ne soit à même de tourner toute la position en débouchant du bassin qu'il vient d'enlever dans le secteur défensif voisin et situé plus en arrière.

Les têtes de vallée sont donc de la plus haute importance pour la défense : aussi, doit-on les fortifier très solidement pour la plupart et leur possession a, en général, donné lieu à de nombreux combats.

Nous pouvons citer, comme exemple, les nombreux combats livrés autour de Luzien-Steig et de Coire, en 1799, point où la vallée du Rhin, depuis les sources du fleuve jusqu'à son entrée dans le lac de Constance, se divise en trois bassins.

Comme nous l'avons déjà fait remarquer, on peut encore continuer à défendre opiniâtrément un pays de montagnes ainsi constitué, même après que l'adversaire se sera emparé du point stratégique le plus important de la contrée, pourvu qu'il existe en arrière de ce point de bonnes positions défensives.

Ce n'est qu'après l'enlèvement de la dernière de ces positions, que l'on peut considérer le pays comme perdu, à moins toutefois qu'il y ait encore en arrière quelques troupes fraîches capables de prolonger la guerre et de rendre la situation de l'adversaire très critique et très dangereuse en coupant ses communications.

C'est, par exemple, à cause de cette configuration du terrain, que l'Espagne put continuer à résister, bien que les Français se fussent à plusieurs reprises rendus maîtres de l'objectif principal du nœud de la défense de Madrid.

C'est surtout parce que l'Espagne est partagée par cinq chaînes de montagnes en autant de secteurs défensifs, dont chacun est subdivisé à son tour par des contreforts en un certain nombre de théâtres d'opérations secondaires et concentriquement encaissés, que la conquête de ce pays fut si difficile : ces difficultés étaient, du reste, encore accrues par celles que l'on éprouva à faire vivre les troupes, et par le soulèvement d'une partie de la population.

Le Tyrol septentrional fournit un autre exemple d'une configuration semblable; il est partagé en deux secteurs défensifs par la chaîne des Alpes d'Algau et par celles des Alpes centrales. La possession de la capitale, Innsbruck, assure, il est vrai, celle de la vallée de l'Inn, mais non celle de tout le pays; car il faudra encore continuer la lutte pour se rendre maître de la chaîne des Alpes centrales, de leurs passages et du Puster-Thal.

Quand nous avons parlé de la configuration de semblables régions montagneuses, nous avons supposé que la principale chaîne de montagnes, celle d'où se détachent les chaînons parallèles, se trouvait sur la frontière même ou près de cette frontière. Mais s'il n'en est pas ainsi, si le pays est au contraire partagé par ces chaî-

nons en deux théâtres d'opérations de dimensions égales,
la défense devient alors plus compliquée et plus difficile,
car elle est, elle aussi dans ce cas, obligée de diviser
ses forces. Lorsque l'un de ces théâtres d'opérations
n'aura pas une grande importance stratégique, la défense se contentera de le faire surveiller par quelques
troupes, et il sera même sage de l'évacuer complètement, dès qu'il sera énergiquement attaqué par l'ennemi.
Il faudra alors occuper solidement les points sur lesquels
l'ennemi pourrait essayer de franchir le massif qui sépare les deux théâtres d'opérations pour venir prendre
le défenseur en flanc et à revers.

Ainsi, toute la zone montagneuse, qui s'étend à travers le Tyrol septentrional jusqu'aux hauteurs d'Altenmarkt, de Steyer et d'Enns, est partagée en trois secteurs d'opérations par l'Arlberg et par la chaîne qui
sépare les vallées de la Ziller et de l'Inn de celles de la
Sâle et de la Salza. Le secteur d'opérations central,
celui qui comprend la vallée supérieure et inférieure de
l'Inn, depuis l'Arlberg jusqu'à cette dernière chaîne, est de
la plus haute importance stratégique, tandis que celui
qui s'étend de l'Arlberg jusqu'au Rhin n'a qu'une importance secondaire et ne peut être tenu que peu de
temps, en raison des difficultés qu'on éprouve à le défendre et des dangers que présente la retraite qu'on
est obligé d'opérer parallèlement au front stratégique.

L'occupation de l'Arlberg est néanmoins d'une grande
valeur, parce que l'Arlberg sert de point d'appui latéral
à la défense de la vallée de l'Inn et c'est pour cette raison qu'il est nécessaire de le fortifier.

B. Front stratégique perpendiculaire aux chaînes parallèles.

La défense est moins favorisée, quand il faut adopter
un front stratégique, perpendiculaire aux chaînons qui

courent perpendiculairement les uns aux autres dans un pays de montagnes, parce que la principale ligne de manœuvre, aboutissant le plus souvent à des plaines fort éloignées, on se verra réduit à choisir la position des réserves sur une ligne de manœuvre plus rapprochée de la frontière.

S'il n'y a de bonne ligne de manœuvre qu'au point où la montagne se confond avec la plaine, c'est sur ce point qu'il faut établir la base de la défense.

La défense des Alpes entre le Saint-Gothard et le Septimer est, pour ce motif, plus difficile au nord qu'au sud : car les réserves stratégiques doivent, pour parer à toutes les éventualités, être établies sur la ligne de Bellinzona à Gera ; or, la ligne de manœuvre n'est praticable que dans la vallée du Tessin, de Locarno à Bellinzona, tandis que de ce dernier point à Gravedona, sur le lac de Côme, il n'y a plus qu'un chemin de charroi, traversant le val Morobbia et passant par le col du mont Saint-Jorio. La ligne de manœuvre praticable la plus proche est celle qui traverse les plaines de Lombardie, de Laveno, par Varese, Côme, Erba, à Lecco ; mais les lacs, qui sont en avant de cette ligne, rendent très difficiles les retours offensifs.

De même, c'est à peine si l'on pourra défendre, avec quelque chance de succès, en livrant une bataille dans la montagne, la partie occidentale de la haute Hongrie, qui s'étend des petits Carpathes jusqu'au pic de Lomnitz et qui est bornée à l'est par une ligne allant de Kœnigsberg à Waitzen, quand on aura perdu la vallée supérieure du Waag et la ligne de manœuvres allant d'Eperies à Munkacs.

Le défenseur agira, dans ce cas, bien plus sagement, en concentrant ses forces dans la petite plaine hongroise, en les appuyant de la sorte sur Komorn, puis en se jetant sur chacune des colonnes ennemies au moment où

chacune d'elles commencera à déboucher de la montagne
et en battant l'adversaire en détail.

Quand le front stratégique de la défense est tourné vers
la plaine principale, il est presque toujours préférable
d'abandonner momentanément la partie du terrain qui
s'étend entre les principaux sommets et la plaine et de
choisir la position stratégique en arrière de la chaîne
des hauteurs.

C. Pays de montagnes à vallées divergentes.

La défense des pays de montagnes à vallées divergentes repose également sur une position centrale et
peut être conduite conformément aux principes mêmes
que nous avons exposés, lorsque nous avons étudié la
défense des pays de montagnes formant ceinture autour
d'une vallée encaissée.

Dans l'un et l'autre cas, l'assaillant est presque toujours obligé de diviser ses forces, en sorte que le défenseur doit rechercher et trouver l'occasion de battre son
adversaire en détail.

Mais, d'autre part, il est rare de trouver, dans les pays
à vallées divergentes, des lignes de manœuvres allant
vers la circonférence, disposées de telle sorte que le
défenseur puisse se borner à tenir sa position centrale.

Toutefois, si l'adversaire a prononcé son attaque sur
un point et si, par suite, le défenseur peut parfaitement ne
tenir aucun compte des autres lignes d'opérations, celui-
ci pourra alors se porter sur une ligne de manœuvres
plus rapprochée de la circonférence; et comme la configuration des pays de montagnes se rapprochera certainement de l'une de celles que nous avons déjà étudiées,
il suffira de prendre dans ce cas une position conforme
à cette configuration.

Le Tyrol méridional est un exemple de pays de mongnes à vallées divergentes, car le val Sugana, les vallées de l'Adige, de la Sarca et de la Chiese, qui y prennent tous leur origine, rayonnent excentriquement vers la plaine de la haute Italie.

Trente est le point central de la défense de ces vallées.

Lorsqu'on n'aura à redouter aucune attaque par la vallée de l'Adige ni par le val Sugana, on peut choisir la position centrale plus en avant, près de Ponte-delle-tre-Arche et de Bad-Comano, points sur lesquels se réunissent tous les cours d'eau venant de Balin, de Tione et de la vallée de Rendena, et la défense devra alors être conduite comme dans les pays de montagnes formant ceinture autour d'une vallée encaissée.

C'est de cette manière qu'a été entendue et dirigée la défense du Tyrol méridional en 1866.

Quand, avec les 38,000 hommes dont il disposait, Garibaldi eut prononcé son attaque dans la direction de Rocca-d'Anfo et de Salo, vers le val di Ledro et la vallée de la Giudicaria, comme on savait qu'il n'y avait que des forces ennemies peu considérables du côté de Val-de-Sole et du Stilfser-Joch (*Stelvio*), le commandant des troupes du Tyrol jugea qu'il était absolument nécessaire de prendre à l'ouest de Trente une position favorable de nature à lui faciliter l'exécution des mouvements offensifs qu'il voulait entreprendre contre son adversaire.

Si le commandant des troupes du Tyrol était resté immobile à Trente avec la réserve stratégique, l'ennemi aurait pu, par une attaque conduite énergiquement, réussir à bousculer les troupes d'observation et les réserves tactiques, à s'emparer de l'importante position, entre Bad-Comano et Alle-Sarche, position que le défenseur ne serait parvenu à reprendre qu'en exécutant, par Molveno et Riva-Balin, des mouvements tournants fort dangereux. Cette éventualité ne pouvait être conjurée

2.

que par un déploiement en avant de cette position, près de Tre-Arche et de Bad-Comano.

De cette position, on pouvait de plus soutenir à temps les réserves tactiques et exécuter des mouvements offensifs du côté du val di Ledro par Balin, Campi et Monte-Pichea, ou marcher directement de Tione contre Candino, ou enfin, en portant l'aile droite en avant par la hauteur de Malga contre le monte Bruffione, tomber sur le flanc de l'adversaire.

La position de Lardaro, avec ses travaux de fortification permanente, formait, dans chacun de ces trois cas, la base et le pivot des opérations.

EFFECTIF ET EMPLOI DES FORCES NÉCESSAIRES POUR LES OPÉRATIONS DANS LES MONTAGNES.

Comme nous l'avons déjà dit plus haut, une bataille décisive ne se livre que très rarement dans les montagnes, et, par conséquent, on n'opère généralement dans ces régions qu'avec des forces secondaires. Quant à l'effectif des troupes destinées à ces opérations, on le déterminera en raison de l'importance stratégique d'un pays de montagnes ou d'une zone montagneuse, en tenant compte de ce que la principale ligne d'opérations est plus ou moins éloignée de cette région qui exerce par suite une plus ou moins grande influence sur le principal théâtre des opérations.

Une brigade suffira en général, et ce sera seulement dans des cas exceptionnellement rares qu'on aura besoin d'un corps d'armée de 18,000 à 20,000 hommes.

Le principe fondamental consiste toujours à concentrer le gros des forces dans la vallée principale, sur le théâtre d'opérations le plus important, afin de pouvoir y livrer une bataille décisive avec toute l'énergie possible.

Ainsi, en 1799, la répartition des forces autrichiennes sur tout le théâtre de la guerre était défectueuse.

Le gouvernement autrichien voulait, dans cette campagne, obliger les Français à évacuer la Suisse et l'Italie.

C'est par suite de ce côté qu'on aurait dû porter les grands coups.

Cependant, comme on n'avait aucune idée des forces que le Directoire pouvait mettre en ligne, comme on ne possédait aucun renseignement sur l'effectif des troupes qu'il pouvait porter sur la principale ligne d'opérations, celle qui, passant par la vallée du Danube, aboutit au cœur même de la monarchie, l'Autriche devait, pour couvrir et protéger cette ligne, concentrer sa principale armée sur le haut Danube.

Dans le cas où les Français n'auraient conservé que peu de monde en Allemagne, il fallait alors profiter de la supériorité numérique pour rejeter, par un coup décisif, l'armée française du Danube, d'abord dans la forêt Noire, puis de l'autre côté du Rhin, et, accentuer ensuite, en raison des circonstances, le mouvement offensif dans la direction de Paris.

Dans le cas où, à cause de complications, tenant soit à la composition numérique des armées belligérantes, soit à la politique, il devenait impossible d'agir avec autant d'énergie et de décision, il fallait, après avoir placé un corps d'observation sur le Rhin, franchir ce fleuve avec l'armée principale aux environs de Waldshut, tourner ainsi la ligne de l'Aar et celle de la Limmat, déborder par un mouvement enveloppant l'armée française en Suisse et la rejeter dans les hautes montagnes.

Il n'y avait pas lieu de s'inquiéter outre mesure de la pointe de Masséna sur le Tyrol et la défense de ce pays pouvait d'autant mieux être confiée à un corps faible, de 20,000 hommes, que le système défensif du pays reposait sur l'appel aux armes de la population.

On pouvait donc réunir 120,000 à 130,000 hommes dans la vallée du Danube. Il est facile de se rendre compte du résultat qu'on aurait obtenu et de l'influence qu'on aurait exercée sur l'issue de la campagne, si on avait commencé les hostilités sur le haut Danube avec une masse aussi imposante, et si, portant en avant l'aile gauche, on avait poussé énergiquement les opérations contre l'armée française du Danube, numériquement beaucoup plus faible et de plus mal commandée. Au lieu d'agir de la sorte, on employa rien que dans le Vorarlberg et les Grisons 26,000 hommes sous le feld marschall-lieutenant Hotze et 47,000 hommes sous le feld marschall-lieutenant Bellegarde dans le Tyrol, tandis que l'armée principale, commandée par l'archiduc Charles, ne se composait que de 92,000 hommes.

Il est vrai que Hotze était placé sous les ordres de l'archiduc; mais, posté dans les montagnes, il lui était, au début des hostilités, impossible de prendre part aux opérations dans la vallée du Danube; il y avait donc, en réalité, plus de 70,000 hommes employés dans les montagnes.

Si ces derniers avaient au moins pris énergiquement l'offensive, la grave faute commise lors de la répartition des forces aurait pu être réparée, du moins en partie.

Mais les forces dispersées dans les montagnes, et formant le cordon, furent toutes surprises les unes après les autres dès le commencement des opérations, et battues dans les vallées du Rhin et de la Taufer, ainsi que dans l'Engadine, par les troupes françaises numériquement bien plus faibles que conduisaient Lecourbe, Dessolles et Masséna.

Quand une troupe relativement considérable est postée dans un pays de montagnes, on doit s'attendre à ce que son chef ne restera pas éternellement sur la défensive, mais qu'il profitera de sa position flanquante pour exécuter d'énergiques mouvements offensifs sur les théâtres d'opérations voisins.

Si, comme on le fit en 1799, c'est commettre une grosse faute que de poster trop de monde dans les montagnes, et de renoncer ainsi à la possibilité de s'assurer la supériorité du nombre sur le principal théâtre des opérations, il faut également se garder de mettre dans un pays de montagne, qui constitue une excellente position de flancs, un corps dont l'effectif suffira à peine pour assurer la défense de ce massif.

Les pays de montagnes, qui s'avancent en forme de bastion, doivent être également considérés comme de grandes forteresses, dont le rôle n'est pas seulement de défendre le point stratégique sur lequel elles ont été élevées, mais dont la garnison est chargée d'une mission plus importante encore et doit surtout chercher à inquiéter l'ennemi par des sorties qui le prendront de flanc et à revers pendant sa marche en avant et l'obligeront à détacher, pour cerner ou assiéger une semblable forteresse, des troupes dont l'effectif est supérieur à celui de la garnison qui la défend : il en résultera forcément que l'assaillant s'affaiblira plus que le défenseur.

Un corps de 6,000 à 8,000 hommes, opérant dans un pays de montagnes dont la position stratégique est favorable, et placé sous les ordres d'un chef vigoureux, énergique et libre de prendre l'offensive, rendra assurément plus de services, sur ce point, que si on l'avait rattaché à la principale armée d'opérations.

COMPOSITION DES TROUPES DES DIFFÉRENTES ARMES POUR LA GUERRE DE MONTAGNES.

Infanterie.

Il résulte de la nature des pays de montagnes qu'on y emploiera principalement des troupes d'infanterie et des chasseurs. Les troupes à pied sont seules à même de passer par les chemins difficiles, qui ne sont généralement que des sentiers. Elles seules aussi sont capables de satisfaire aux conditions spéciales des combats dans les montagnes. Comme on le verra plus loin, nous entendons parler ici des efforts qu'il faudra faire pour atteindre des points difficilement accessibles, des mouvements tournants qu'on aura à exécuter dans des massifs montagneux, manquant de chemins praticables, des combats opiniâtres qu'il faudra livrer pour conserver certains postes sans pouvoir la plupart du temps espérer d'être soutenu à propos par des troupes appartenant à d'autres armes, et souvent contre un ennemi numériquement supérieur; enfin, de la manière de tirer le plus grand parti possible de tous les avantages que le terrain présente pour l'exécution des feux.

Il est clair que les fantassins les plus aptes à cette guerre sont ceux qui, nés dans les pays de montagnes, sont, depuis leur enfance, familiarisés avec les difficultés du sol, avec les changements de température, en un mot, avec toutes les particularités de ces régions, et dont l'éducation militaire satisfait le plus complètement aux conditions énoncées ci-dessus.

Cavalerie.

Le terrain montagneux convient peu à la cavalerie, et ce n'est que dans les grandes vallées qu'on trouve çà et là quelques espaces favorables à son action.

Mais, comme le service des renseignements ne saurait guère être assuré que par la cavalerie, comme de plus cette arme peut être d'une utilité des plus réelles, lorsqu'on aura à livrer des combats dans de grandes et larges vallées, ou bien lorsqu'on voudra déboucher des montagnes et descendre dans les plaines adjacentes, on commettrait une grosse faute en négligeant de doter de quelques troupes à cheval un corps destiné à opérer dans les montagnes.

La cavalerie trouvera souvent, même dans les montagnes, l'occasion de porter la terreur et la ruine dans les rangs des colonnes ennemies engagées dans les vallées, en exécutant des marches hardies qui lui permettront de tomber à l'improviste sur les flancs et sur les derrières de ces colonnes, et ce sera, par suite, grâce à la petite guerre, qu'elle pourra rendre les plus grands services.

Si, conformément à ces principes, on attache une troupe de cavalerie à un corps chargé de faire la guerre de montagnes, il ne faut pas non plus que son effectif soit trop faible : un petit détachement de cavalerie serait bientôt épuisé par les fatigues inhérentes aux services de correspondance et des patrouilles si pénibles dans les montagnes.

Il va sans dire que la cavalerie légère peut seule y être employée.

De plus, il est bon de ne pas attendre le moment d'une guerre pour placer de la cavalerie dans les montagnes : il faut l'y envoyer en temps de paix, afin qu'elle s'exerce à son service et que le pied des chevaux se fasse au sol pierreux de ces régions. La cavalerie sera bientôt démontée, si elle n'est pas exercée aux marches dans les montagnes, si elle doit habituer tout d'un coup ses chevaux à cette allure lente nécessaire pour gravir les pentes.

L'auteur de ce livre en a fait lui-même l'expérience en 1866 avec l'escadron des uhlans de Trani qu'on avait attaché à son corps, troupes excellentes assurément, mais qu'il aurait fallu familiariser avec le caractère spécial aux marches dans les montagnes avant le commencement de la guerre.

Quant à l'effet moral que peut produire l'apparition subite, même d'une faible troupe de cavalerie, on en trouve la preuve dans la charge, très courte du reste, exécutée au coude d'un chemin, par le brave lieutenant, baron Toresani, avec huit uhlans seulement, contre quelques centaines de garibaldiens, dont ils firent un affreux carnage.

Artillerie.

Les batteries de montagne se prêtent mieux que toutes les autres aux conditions de la guerre de montagnes.

Elles se composent de batteries de canons et des batteries de fusées. Les canons, les affûts et les munitions sont placés sur le dos des bêtes de somme, en général sur des mulets. Chacun de ces animaux, pouvant d'ordinaire porter de deux à trois quintaux, c'est sur ces données qu'on se base pour déterminer le maximum du chargement.

Un cheval de montagne peut porter un poids aussi considérable que le mulet : et, comme ces chevaux sont plus dociles et plus obéissants, ils doivent être préférés aux mulets. C'est surtout dans une retraite et principalement lorsqu'il s'agit de redescendre des pentes que le mulet est très difficile à conduire : il en résulte qu'on est souvent obligé de retirer les batteries plus tôt qu'on ne le voudrait, afin de ne pas les exposer à être prises.

C'est principalement pour ce motif qu'il est nécessaire d'attacher à chaque batterie de canons au moins deux chevalets à fusées, car ces engins peuvent servir jusqu'au dernier moment et être enlevés par les servants lorsque l'infanterie se retire.

C'est ainsi qu'en 1866 l'artillerie de montagne s'est brillamment conduite, tant aux combats de Condino-Monte-Giovo, le 16 juillet, qu'à celui de Becca-Condino, le 21, et à celui de Vezza, de l'autre côté du Tonal, le 4 juillet.

Outre les batteries de montagne, il sera bon d'attacher au corps quelques batteries de campagne, car ces dernières ont une supériorité marquée sur les autres dans les vallées larges et au débouché de la montagne dans la plaine, et le défenseur qui ne posséderait pas de batteries de campagne aurait forcément le dessous contre un adversaire qui disposerait de pièces de ce genre.

ENTRAINEMENT A DONNER EN TEMPS DE PAIX AUX TROUPES DESTINÉES A LA GUERRE DE MONTAGNES.

Ce n'est pas au dernier moment, avant de commencer la guerre, que l'on apprend à gravir des montagnes et à surmonter les obstacles qu'elles présentent. Il faut, au contraire, une longue préparation, surtout quand de pareilles marches doivent être exécutées le sac au dos.

Tout amateur d'excursions dans les montagnes sait par expérience que la première ascension, qu'on entreprend dès que l'hiver a pris fin, ne s'exécute plus avec la même facilité et qu'il faut y refaire les membres par un exercice spécial.

Nous avons nous-même constaté que les troupes composées de montagnards, lorsqu'elles ont été employées pendant un certain temps dans les pays de plaine et qu'on les ramène ensuite dans la montagne, exécutent sans entrain leurs premières marches qui leur coûtent d'ailleurs de pénibles efforts et les obligent à une grande dépense de forces.

Il en est de même des chevaux dont, comme nous l'avons déjà dit, il faut en outre habituer le pied au mauvais terrain des montagnes.

Il est donc indispensable de faire dans les montagnes des exercices incessants depuis le printemps jusqu'à la fin de l'automne, exercices que les hommes doivent toujours exécuter avec leur chargement réglementaire complet.

Ces exercices sont indispensables même au point de vue intellectuel. Ils servent surtout à habituer les chefs à apprécier exactement le temps nécessaire pour parcourir une distance déterminée dans la montagne. C'est là une chose d'autant plus importante que les colonnes d'attaque ne peuvent arriver au moment voulu sur les points d'attaque choisis par le commandement que si les calculs sont justes.

L'appréciation du temps ne peut s'acquérir que par la pratique, et l'on ne saurait poser à cet effet aucune formule, aucune règle précise.

Quant aux indications fournies à ce propos par les montagnards, elles diffèrent tellement entre elles que l'on ne saurait baser sur elles aucun calcul.

On admet, en général, qu'il faut une heure pour gravir une hauteur de 1,000 pieds, indépendamment de la distance horizontale dont il faut tenir compte quand la distance est grande.

En dehors des marches d'entraînement, il faut encore faire exécuter toutes sortes d'exercices de campagne, pour que tout le monde, depuis les commandants en sous-ordre jusqu'au dernier sous-officier, apprenne à connaître exactement son métier et que le commandant en chef puisse en sécurité se fier à ses subordonnés dans toutes les circonstances. C'est en effet, surtout dans la guerre de montagnes qu'un chef, même d'un grade inférieur, peut être appelé à agir d'une façon absolument indépendante; il faut donc qu'il soit habitué à le faire en temps de paix.

C'est principalement aussi pour la guerre de montagnes qu'il est indispensable de développer l'intelligence des gradés inférieurs et des hommes : et le commandant des troupes stationnées en pays de montagnes ne saurait perdre de vue un seul instant cette partie si importante de l'éducation militaire de ses hommes.

Les troupes qui n'auraient été exercées qu'en plaine et sur le terrain de manœuvres seraient tout à fait dépaysées dans les montagnes et n'y rendraient que peu ou point de services.

Les troupes, au contraire, qu'on a soigneusement préparées à la guerre de montagnes, trouveront faciles et aisées toutes les autres missions qu'on pourra leur confier; conduites par un chef énergique, elles se précipiteront au moment des sorties dans la plaine comme un torrent furieux qui renverse tout en mugissant, puis, lorsque leur situation deviendra dangereuse, elles se replieront prudemment et habilement sur les débouchés de la montagne.

HABILLEMENT ET ÉQUIPEMENT DES TROUPES DE MONTAGNES.

Pour surmonter plus facilement les obstacles inhérents aux marches et aux combats dans les montagnes, il est nécessaire que l'habillement du soldat soit en corrélation avec la nature du terrain et que l'homme porte le moins de poids possible : il faut, par suite, rejeter tout bagage superflu.

Le sac et le paquetage de l'homme doivent ressembler à ceux portés par les montagnards pendant les marches qu'ils font dans les montagnes.

Le cou, la poitrine et les genoux doivent être libres, afin que l'homme puisse respirer sans gêne et grimper avec moins d'efforts.

Rien n'est plus fatigant pour marcher que d'avoir le genou serré par un pantalon collant : aussi le pantalon d'ordonnance ne convient nullement aux troupes destinées à la guerre de montagnes, ainsi qu'ont pu l'éprouver ceux qui en ont fait usage. Le mieux serait d'avoir le genou tout à fait libre, comme le font les montagnards tyroliens et écossais. Si, ce qui me paraît d'ailleurs absolument faux, on trouve que, pour des raisons de convenance et de décence, le soldat ne doit pas avoir le genou nu, on devra alors adopter un pantalon large, serré seulement au-dessous du genou.

Des souliers de montagnes lacés, avec des talons bien ferrés et avec des semelles épaisses débordant un peu l'empeigne et garnies de clous à grosse tête, doivent être sans hésitation aucune préférés aux bottes.

La poitrine devant être libre, il faudrait supprimer toute la buffleterie qui gêne le jeu de la respiration : toute la charge de la giberne et du sabre-baïonnette devrait être supportée par les épaules ; c'est en effet sur les épaules et sur le dos que l'homme peut porter les fardeaux les plus lourds.

Le ceinturon, qui supportant le sabre-baïonnette et la giberne, s'appuie sur les hanches, est à rejeter d'une manière absolue.

Tout le bagage doit être réparti également sur les épaules et sur le dos, et par conséquent être porté dans ou sur le sac. Ce sac ne doit pas être plus grand que de raison : il faut supprimer tout ce qui est inutile, c'est du reste ce que chaque soldat fait de son propre mouvement en campagne.

Deux chemises et deux caleçons par homme suffisent. La moitié de ces effets est placée dans le sac, qui contient en outre deux rations de pain.

La musette à pain est gênante pour la marche, parce qu'elle pend sur le côté. Elle doit par suite être aussi petite que possible, et l'on n'y placera que le tabac, la pipe et le morceau de pain que l'homme peut avoir besoin de manger en route.

Deux paires de bons souliers, allant bien à l'homme, sont indispensables : l'une de ces paires est placée sous la couverture du sac, sur lequel on boucle la gamelle.

La blouse aujourd'hui adoptée dans l'armée autrichienne est un vêtement tout à fait propre à la guerre de montagnes. Elle convient également pour l'hiver, quand on porte en dessous une chemise de laine et en dessus un manteau qu'on devra pourvoir d'un capuchon.

En été, on mettrait cette chemise dans le sac, et quand il ne pleut pas, le manteau plié à plat, comme celui des touristes, serait placé sous le sac.

Cet habillement et ce mode de paquetage seraient, du reste, avantageux pour toute l'armée et devraient être adoptés d'une manière générale.

En ce qui concerne le transport du bagage des officiers, l'expérience a démontré que les voitures à bagages ne rejoignent les corps que très rarement et que les officiers ne les trouvent presque jamais pendant toute la durée de la campagne. Or, comme ces voitures augmentent beaucoup le train, sans servir d'ailleurs aux officiers, on devrait les supprimer complètement. Dans la guerre de montagnes, il est, du reste, presque impossible de se faire suivre par des voitures à bagages.

L'officier n'a besoin que d'un peu de linge, d'un second pantalon et d'une seconde paire de bottes : son soldat-ordonnance pourrait fort bien porter ces effets. Comme compensation on augmenterait la solde de campagne de l'officier.

Enfin par cela même que, dans le cours des opérations, on arrivera toujours dans des localités où il sera possible de remplacer le linge et les bottes usés, il est inutile de se charger d'un plus gros bagage que celui que l'ordonnance peut porter sur son dos.

CHOIX DU COMMANDANT.

De même que le succès d'une guerre dépend surtout du choix d'un commandant en chef capable et expérimenté, de même aussi on doit, pour diriger les opérations dans les montagnes, choisir un homme porté par

son tempérament à l'offensive, doué d'une énergie et
d'une persévérance indomptables, jointes à la prévoyance et à la prudence nécessaires, connaissant parfaitement les montagnes et le caractère particulier de
cette guerre.

L'esprit d'initiative doit être inné en lui. Il faut, par
cela même que les opérations, qu'il est chargé de diriger,
sont appelées à exercer une influence des plus sérieuses
sur celles de l'armée principale, qu'il connaisse aussi la
grande guerre. Cet officier doit savoir saisir le moment
précis où son intervention sera efficace, posséder assez
de prévoyance et de prudence pour renoncer à l'offensive dès qu'elle devient dangereuse et revenir de nouveau à la défensive.

Un tel chef doit donc posséder, quoique à un degré
moindre, toutes les qualités qui caractérisent le général en chef.

Il faut, en outre, afin de pouvoir triompher de toutes
les difficultés physiques que présente la guerre de montagnes, qu'il soit vigoureux et habitué aux fatigues : il
ne doit se laisser arrêter par aucun obstacle, car ce
n'est que par des mouvements inexécutables en appa-
rence qu'il peut arriver à des résultats surprenants.

Si l'on choisit un chef qui ne réunisse pas ces qualités, il ne voudra combattre le plus souvent que dans
les vallées facilement praticables, et il arrivera alors
que si son adversaire est plus énergique, il lui échap-
pera, et que s'il est plus entreprenant, il descendra à
l'improviste des montagnes pour attaquer à revers les
troupes de la défense, pendant qu'elles chemineront
tranquillement dans la vallée.

Les campagnes des dix dernières années du xviiie siècle et même celles de 1805 et de 1809, démontrent suffisamment que c'est bien moins l'insuffisance de troupes, car il y en avait plus qu'il n'en fallait, que le man-

que de chefs énergiques, vigoureux et connaissant la guerre de montagnes, qui a été la cause de l'issue déplorable de ces guerres.

En 1809, ce furent les chefs des bandes de paysans qui durent réparer les fautes commises par les généraux autrichiens.

Après avoir considéré les montagnes au point de vue stratégique, après avoir déterminé l'effectif des forces nécessaires pour résoudre les divers problèmes de la guerre de montagnes, après avoir exposé la composition de leurs éléments au point de vue moral et physique, après avoir insisté tout particulièrement sur le choix d'un chef énergique, nous allons passer à l'étude de la défense et de l'attaque des pays de montagnes.

Nous allons d'abord exposer les avantages et les inconvénients de ces deux espèces d'opérations, en faisant ressortir l'influence qu'exerce sur les opérations la nature même des montagnes et en déduire les règles qu'on devra observer, pour assurer le succès à l'attaque et à la défense.

DÉFENSE.

A. *Force de la défense relative.*

C'est surtout à propos des pays de montagnes qu'on peut dire, avec le général Clausewitz, que la défense est la forme la plus puissante de l'art de la guerre.

On trouve souvent dans les montagnes, surtout dans les hautes montagnes, des positions qui, même au point de vue tactique, ne peuvent être forcées tant de front que de flanc que par des forces supérieures en nombre, qu'au prix de sacrifices considérables en hommes, et au bout d'un temps assez long ; on y trouve encore des positions qui sont absolument inattaquables.

Ce serait cependant une faute que de vouloir faire de ces positions favorables à la défensive absolue, des positions de défense purement passive d'un pays de montagnes. Comme on le verra plus loin, un semblable système de défense ne conduirait à aucun résultat avantageux.

C'est autrement qu'il faut tirer parti des avantages de ces fortes positions.

Le défenseur peut les utiliser en faisant occuper ces points par quelques faibles détachements, qui réussiront à arrêter l'assaillant assez longtemps pour donner aux réserves tactiques et stratégiques postées plus en arrière le temps d'arriver et leur permettront de tomber à leur tour sur un ennemi déjà affaibli par des attaques infructueuses et même de prendre l'offensive.

3.

Une semblable position peut encore servir de point d'appui aux grands mouvements stratégiques enveloppants, dont l'exécution sera naturellement confiée aux réserves stratégiques, tandis que les réserves tactiques arrêteront l'ennemi aussi longtemps que possible devant la position même.

Nous croyons donc que de telles positions relativement très fortes assureront, quand on saura en tirer intelligemment parti, des avantages réels à la défense d'un pays de montagnes, avantages qu'on pourra d'ailleurs rendre encore plus significatifs, en fortifiant certains points.

EXEMPLES : *La défense des Thermopyles*, dont l'histoire est suffisamment connue.

Défense du défilé du Strub en 1805 et en 1809.

En 1800, le défilé de Bodenbuchel, situé sur la route conduisant de Salzburg par Reichenhall à Zell-am-see, et qui barre avec les défilés de Stein et de Knie l'accès du défilé principal de Strub fut infructueusement attaqué à trois reprises par des forces supérieures en nombre ; le troisième assaut, tenté avec 2,500 hommes, fut vigoureusement repoussé par les chasseurs tyroliens et salzbourgeois qu'appuyaient de faibles détachements de troupes autrichiennes. L'ennemi laissa près de 400 morts sur le théâtre de la lutte.

Le défilé de Strub fut défendu avec un héroïsme semblable en 1805 et en 1809 contre des forces numériquement très supérieures.

La route qui conduit de Salzbourg par Lofer à Sanct-Johann dans le Tyrol, traverse le défilé de Strub, formé du côté du sud par les pentes escarpées du Steinberg et par les flancs du Strubkoff, qui s'élève à pic du côté du nord.

Le Steinberg se compose d'un massif montagneux

sauvage et désolé, dont les sommets, aux aspects bizarres, atteignent une altitude de plus de 7,000 pieds. Celle de ces montagnes qui est située le plus au sud, le *Flachhorn*, descend à pic avec le *Bauergeschoss* jusqu'au défilé de Strub.

A l'endroit le plus étroit du passage, on trouvait un ouvrage fortifié qui se composait d'un blokhaus et d'une tour. Un mur crénelé fermait le défilé. La route passait par deux portes. Cet ouvrage se trouvait sur le territoire du Tyrol. Un autre ouvrage élevé sur le territoire de Salzburg protégeait le défilé de Mollenstein qui commence à la frontière même du Tyrol.

Aux environs, un seul sentier, impraticable pour d'autres que pour les montagnards, le *Hulfersteig*, permettait de tourner ces deux défilés. Plus loin. on trouvait un chemin de traverse qui, partant de Saalfelden, traversant le Gricsen-Pass, passant par Hochfilzen et longeant ensuite le lac de Pill (Pillser-See) débouchait en arrière du défilé de Strub.

En 1805, ce défilé était occupé par 1,300 hommes de troupes régulières (deux bataillons de Klebeck, un bataillon de Kerpen, 110 dragons de Mélas), avec 2 canons et par 2,300 tirailleurs nationaux (Landes schützen); en tout 3,600 hommes sous les ordres du général comte de Saint-Julien.

La division bavaroise Deroy, composée des deux brigades Minuzzi et Marsigli, et forte de 7,000 hommes avec 24 canons, avait reçu le 30 octobre, du maréchal Bernadotte, l'ordre de pénétrer en Tyrol, par Reichenhall.

Le 1er novembre, elle s'emparait des défilés de Bodenbuchel, de Stein et de Knie, et se portait sur Lofer.

Le 2 novembre, à 9 heures du matin, le général Deroy s'avançait contre le défilé de Strub et tentait de le tourner avec trois compagnies, mais il échoua complètement. Vers midi il fit avancer toute la brigade Minuzzi, gardant en réserve la brigade Marsigli qui n'arriva à Lofer qu'à 5 heures du soir. Deux compagnies de la première brigade, commandées par le major Haynau, tournèrent les retranchements du défilé de Mollenstein, firent sauter la porte principale qui barrait la route, détruisirent les palissades, et permirent ainsi aux troupes de la brigade Minuzzi postées sur la route de pénétrer dans le défilé.

Mais, à ce moment, deux bataillons autrichiens sortirent du défilé de Strub et repoussèrent les Bavarois hors du défilé de Mollenstein en leur faisant subir des pertes considérables.

Le 3 novembre, à la pointe du jour, une attaque générale fut tentée par la division Deroy, mais fut repoussée par un feu terrible de mousqueterie.

Une seconde attaque eut le même sort.

Vers midi, le général Deroy, formant ses troupes en colonnes serrées, fit appuyer leur mouvement par des feux de salve, exécutés par 12 de ses pièces, tenta une troisième attaque qui fut également repoussée.

Un quatrième assaut, exécuté par la brigade Marsigli et dans lequel le général Deroy fut blessé, n'eut pas plus de succès.

Le combat, qui avait duré plus de huit heures, cessa et les Bavarois commencèrent à battre en retraite à 4 heures de l'après-midi ; ils avaient perdu 18 officiers dont 2 généraux, et 1,500 hommes.

Les pertes des Autrichiens n'étaient que de 170 hommes.

La défense du même défilé, en 1809, fut encore plus brillante, quoique moins heureuse dans ses conséquences, et doit, à cause de l'énergie et de la valeur déployées par une poignée d'hommes, être placée sur la même ligne que celle des Thermopyles.

Chose inexplicable, le défilé de Strub n'était gardé, cette année-là, que par 300 tirailleurs de la milice tyrolienne, par une demi-compagnie d'infanterie, par une demi-compagnie de chasseurs, en tout 400 hommes environ avec 2 pièces de 6.

Le 10 mai, la division bavaroise Wrède reçut, du maréchal Lefebvre, duc de Dantzig, l'ordre d'attaquer le défilé. Le 11 mai, 3,000 hommes, avec 4 pièces de 12 et 8 obusiers, furent désignés pour cette attaque. Les assaillants étaient donc huit fois plus nombreux que les défenseurs.

A 6 heures du matin, l'artillerie de l'attaque ouvrit le feu et réduisit bientôt au silence les deux pièces de la défense.

Le général Wrède porta alors la brigade Minuzzi en avant : les défenseurs se conduisirent vaillamment et repoussèrent quatre assauts exécutés par un adversaire bien supérieur en nombre.

Le combat durait déjà depuis neuf heures, la plus grande partie des défenseurs avait trouvé une mort héroïque, leurs rangs s'étaient éclaircis et leurs forces étaient épuisées quand, vers 3 heures de l'après-midi, Wrède donna l'ordre de recommencer l'attaque.

Ce ne fut qu'après un sixième assaut que les Bavarois purent s'emparer du défilé, dont la prise leur avait coûté 2,000 hommes, tués ou blessés.

L'histoire nous apprend encore que les avantages que présente la défense dans les pays de montagnes ont souvent pour conséquence d'amener le défenseur à prendre des mesures regrettables, à s'arrêter à des plans très défectueux, à éparpiller ses forces, à revenir au système dit du cordon, sur lequel nous nous proposons d'insister quand nous exposerons les inconvénients de la défense.

B. *Facilité des manœuvres.*

Le défenseur peut préparer à l'avance les lignes appelées à exercer une influence capitale sur le résultat final de la défense, telles que les lignes d'opérations et de manœuvres, et les rendre aisément praticables à toutes les armes. Il s'assure ainsi l'avantage de pouvoir jeter rapidement ses réserves sur le point le plus menacé, prendre l'offensive quand il a repoussé l'ennemi, faire passer ses réserves d'une vallée latérale dans la vallée attaquée, tomber sur les flancs ou sur les derrières de l'adversaire, et le couper de ses communications.

Toutes les fois que les communications auront été soigneusement préparées à l'avance, on se sera assuré le moyen de pouvoir exécuter rapidement et, avec plus de chance de succès, une attaque de ce genre.

C. *Facilité du ravitaillement.*

Quand on aura disposé et réparti les troupes conformément aux vrais principes que nous développerons ultérieurement, le ravitaillement s'opérera sans difficulté.

C'est d'après cette disposition des troupes, qu'on règle l'emplacement des magasins et la répartition des quantités de vivres, questions dont nous nous occuperons d'ailleurs spécialement plus loin.

Tous les retours offensifs du défenseur pourront donc être exécutés avec des troupes convenablement approvisionnées et, par conséquent, pleines de forces, toutes les fois que l'on aura judicieusement réparti et posté les différents corps. Si, au contraire, on les dispose en cordon, leur ravitaillement présentera forcément de grandes difficultés.

INCONVÉNIENTS DE LA DÉFENSE.

A. *Surveillance des passages nombreux conduisant dans le pays qu'on veut défendre.*

En raison de l'état actuel de la culture des terres et du déboisement toujours croissant des montagnes, naguère encore couvertes de forêts, beaucoup de chemins, les uns naturels, les autres artificiels, mais tous praticables à l'infanterie et à l'artillerie de montagne, pénètrent dans le massif qu'on se propose de défendre.

Plus il existe de passages et de chemins de ce genre, plus il faut employer de troupes à les surveiller, afin de pouvoir résister, ne serait-ce que momentanément à l'attaque de l'ennemi, et, plus par conséquent on est obligé d'affaiblir les réserves postées en arrière.

Le fait même, que l'ennemi peut, grâce à l'existence de communications aussi nombreuses, multiplier aisément ses démonstrations offensives, rend plus difficile pour la défense, la détermination du véritable point d'attaque.

Cette circonstance, jointe aux avantages développés plus haut et qui découlent de la force relative et même quelquefois de la force absolue de la défense des montagnes, a eu cependant dans la plupart des cas pour résultat l'adoption d'idées fausses, de mesures fausses, c'est-à-dire du système de cordon. On prétendait de la sorte, non seulement garder, mais défendre opiniâtrement tous les passages conduisant dans le pays, et en interdire l'accès à l'ennemi. On voulait, en un mot, commencer la défense absolue, sinon sur la frontière même, du moins dans son voisinage immédiat.

Pour atteindre ce résultat, il fallait naturellement occuper avec force toutes les entrées et tous les passages. En raison même de l'étendue du front stratégique à occuper, le nombre des troupes postées en première ligne atteignait des proportions telles, qu'il ne restait presque plus rien pour former plus en arrière les réserves stratégiques. On espérait ainsi arriver à résister sur tous les points, parce que des postes, encore plus faibles que ceux que l'on employait, avaient souvent réussi à opposer, dans des circonstances analogues, une longue résistance à l'ennemi; mais on se gardait bien de considérer que leur résistance avait été relative et non absolue, qu'en fait, cette résistance avait été longue par rapport à la force de la troupe chargée de la défense, mais que chaque poste avait fini par être enlevé, dès que l'attaque avait été menée avec quelque énergie.

Cette disposition en cordon augmentait encore singulièrement les difficultés du ravitaillement : les troupes souffraient de toutes espèces de privations; dans les hautes montagnes elles étaient exposées aux rigueurs de la température, elles s'affaiblissaient physiquement et moralement, surtout quand un semblable état de choses se prolongeait, avant même que l'ennemi eût prononcé une attaque énergique sur un point qu'il choisissait tout à son aise pendant ce temps, et qui lui semblait le plus favorable au double point de vue tactique et stratégique.

L'assaillant commençait par faire des démonstrations contre toutes les positions occupées par le défenseur, puis il sortait de ses cantonnements avec des troupes fraîches et bien nourries : il forçait ensuite le point qu'il avait choisi, soit en l'attaquant de front, soit en le tournant sur l'un de ses flancs par des sentiers moins bien gardés, et s'emparait du passage. Tout le cordon défensif se trouvait rompu du coup, et, comme on ne disposait pas de réserves suffisantes, prêtes à réparer cet échec, la défense se trouvait, en présence d'une offensive énergiquement poussée, dans l'impossibilité de réunir ses forces.

L'attaque devenait encore plus facile, quand l'assaillant maître des crêtes du massif montagneux, se trouvait en présence du défenseur établi sur de fortes positions dans les différentes vallées partant de cette montagne. La prise d'une seule de ces positions suffisait la plupart du temps pour faire tomber tout le système défensif.

On forçait les positions, soit de front, quand le défenseur, afin d'appuyer ses ailes au pied des montagnes, s'était par trop étendu sur sa droite ou sur sa gauche ; soit de flanc, quand il avait laissé en l'air une de ses ailes, par la raison qu'il ne croyait pas à la probabilité d'une attaque de ce côté.

C'est ainsi qu'eut lieu, en 1799, l'enlèvement tactique de la position de Taufers. De fortes colonnes, formant les ailes de l'attaque, descendirent des sommets jusque sur les derniers contreforts des montagnes qui côtoyaient la vallée qu'on voulait attaquer et tournèrent la position ennemie.

Le défenseur, qui n'avait pas de réserves stratégiques suffisamment fortes, dut s'estimer heureux de pouvoir réunir dans la vallée principale, située plus en arrière dans la plaine, ses troupes qu'il avait dispersées de tous côtés.

On peut citer, comme exemples de la défense des montagnes, à l'aide du système de cordon, la défense du Tyrol, en 1799, et celles des Alpes-Maritimes et de la Bocchetta, en 1796, par l'armée austro-piémontaise.

Une défensive absolue, basée sur les idées que nous venons d'exposer, porte en elle-même le germe de la défaite du défenseur et d'une catastrophe tragique.

B. *Difficulté de voir au loin, de découvrir le principal objectif de l'ennemi, et de le distinguer des fausses attaques.*

Par suite de la conformation du terrain, le défenseur se trouve dans l'impossibilité de deviner le plan d'attaque, de surprendre les manœuvres de l'adversaire.

Il en est réduit aux rapports de ses espions et, quand l'attaque commence, il n'a plus pour baser ses combinaisons et son plan que les avis envoyés par ses postes les plus avancés.

Cependant, dans la montagne bien plus que dans la plaine, il importe de connaître rapidement et d'une manière précise quel est le véritable point d'attaque. Car, si l'on n'y réussit pas et si le défenseur porte ses réserves dans une fausse direction, il lui sera très difficile de réparer cette faute, par cela même que les obstacles du terrain l'empêcheront le plus souvent de manœuvrer sur la ligne d'opérations de l'ennemi, de lui barrer le chemin. — Ce n'est que grâce à une indomptable énergie et à beaucoup d'audace que l'on parvient à échapper à une défaite complète, et pour cela, il faut, après avoir triomphé des obstacles naturels, venir opérer soi-même sur les flancs et sur les derrières de l'adversaire.

On ne réussira à éviter ces fausses manœuvres, la plupart du temps irréparables, qu'en ayant un service d'informations et de sûreté bien combiné et bien dirigé, qu'en choisissant de bonnes positions pour les troupes de première ligne qui sont appelées à résister les premières à l'ennemi, et qui seules peuvent fournir les renseignements d'après lesquels on jugera si l'ennemi tente sur un point une simple démonstration ou bien au contraire une attaque sérieuse.

Nous avons fait ressortir plus haut les défectuosités du système en cordon.

Des théoriciens, qui n'ont étudié la guerre de montagnes que dans des livres, ont voulu, pour éviter les inconvénients de ce système, poser en principe, *qu'on devait concentrer les troupes dans des positions stratégiques en arrière, et faire occuper les points en avant par de faibles détachements, tel qu'un peloton ou une demi-compagnie.*

Ce serait tomber de Charybde en Scylla.

Quelles nouvelles ces petits détachements pourront-ils donner sur la marche en avant de l'adversaire ?

L'ennemi les fera attaquer de son côté par de petits groupes, par exemple une demi-compagnie par deux compagnies, et l'on devra s'estimer heureux toutes les fois que ces faibles postes pourront effectuer leur retraite en bon ordre.

Leurs informations se borneront tout au plus à faire savoir qu'ils ont été attaqués par une ou deux compagnies ennemies et obligés de se retirer : et tous les postes feront parvenir des renseignements analogues. Quelle conclusion le commandant de la réserve stratégique pourra-t-il en tirer pour savoir si l'attaque de l'adversaire est vraie ou fausse ? Absolument aucune !

En outre, ces postes peuvent être culbutés si rapidement, que le terrain perdu par le défenseur en un temps relativement court sera souvent considérable, et que les réserves stratégiques arriveront quelquefois trop tard sur certains points importants et qu'on avait le plus grand intérêt à défendre.

Ce système de *concentration exagérée des forces* est donc également défectueux et conduirait, dans bien des cas, à une défense aussi peu fructueuse que le système du cordon.

ATTAQUE.

AVANTAGES DE L'INITIATIVE DANS LA MONTAGNE.

Quand une attaque tentée dans la montagne, est entreprise avec l'énergie voulue et poussée vigoureusement jusqu'au bout, elle donne toujours des résultats plus significatifs que dans la plaine.

Dès que l'assaillant, sur la foi de nouvelles favorables, et se basant sur la configuration du terrain et sur des reconnaissances habilement dirigées, aura déterminé le point favorable à une attaque décisive, il lui sera facile de donner le change à l'ennemi par de fausses manœuvres, par des démonstrations offensives et d'employer le gros de ses forces à l'attaque principale.

Avant que le défenseur ait pu reconnaître l'objectif véritable choisi par l'assaillant, avant qu'il ait pu exécuter les contre-manœuvres nécessaires, l'ennemi aura déjà culbuté ses postes avancés, se sera précipité comme une avalanche du haut des hauteurs dans la vallée, tentera d'atteindre les points de jonction de deux ou plusieurs vallées, afin de séparer les forces éparpillées de l'adversaire, et d'arriver sur ces positions importantes avant les réserves stratégiques appelées en toute hâte par le défenseur.

Alors même que le défenseur réussirait à occuper ces points et à y prendre position, l'assaillant, qui descend des hauteurs, pourra néanmoins chasser sans peine l'ennemi d'une de ces positions, en la tournant par l'un ou l'autre de ses flancs.

Même dans le cas, où l'attaque, partant de la plaine, cherchera à pénétrer dans une des vallées débouchant dans cette plaine, on pourra préparer cette attaque en occupant et en garnissant les hauteurs qui bordent la vallée, et l'on cherchera à s'en rendre maître en portant en avant chacune des deux ailes formées en échelon.

Les avantages, que l'assaillant peut s'assurer en s'avançant aussi énergiquement, sont incalculables et doivent aboutir à un résultat décisif, toutes les fois que *le défenseur conservera une attitude exclusivement passive.*

Que le défenseur organise la résistance, soit sur la crête des montagnes, soit dans les vallées ; qu'il dissémine ses forces ou qu'il les concentre, il sera forcément battu, s'il reste sur la défensive passive.

Comme, en outre, le défenseur ne dispose dans les montagnes que d'un petit nombre de lignes de retraite, ou même que d'une ligne unique de retraite, il s'expose d'autant plus à une catastrophe que les manœuvres de l'assaillant seront plus habiles et plus énergiques.

L'attaque a donc, dans un pays de montagne, une supériorité incontestable sur la défensive passive.

INCONVÉNIENTS DE L'ATTAQUE.

A. *Multiplicité des obstacles.*

L'attaque ne pourra pas toujours s'effectuer par des chemins frayés et praticables et même lorsqu'il existera de semblables chemins, les obstacles artificiels, que la défense y aura disposés, rendront sinon impossible, mais dans tous les cas difficile la marche des colonnes et ralentiront sensiblement les mouvements offensifs de l'assaillant.

Si l'assaillant est forcé de s'avancer par des sentiers et des chemins détournés, outre les difficultés qui résultent de marches de ce genre, il aura encore à surmonter des obstacles naturels si sérieux qu'il lui faudra la volonté la plus ferme jointe à la plus grande énergie pour en triompher, et pour réussir à ne pas perdre de vue le but qu'il se propose, l'objectif final.

Toutes les facultés intellectuelles, morales et physiques sont également mises en jeu et à un suprême degré dans la guerre de montagnes. Cette tension générale de toutes les facultés a naturellement pour conséquence un affaiblissement partiel qui prend des proportions encore plus significatives, quand il s'agit d'enlever au défenseur des positions qu'il a généralement choisies d'une manière très avantageuse pour lui.

Si l'attaque s'exécute de front, on subira alors dans tous les cas des pertes énormes, par cela même qu'en général les premiers assauts sont repoussés et que force sera de les recommencer.

Si l'assaillant veut au contraire tenter une attaque de flanc, il ne pourra, la plupart du temps y employer que de faibles détachements, dont l'action ne saurait exercer une influence décisive sur l'issue du combat.

Enfin, s'il détache à cet effet de grosses colonnes, ces troupes, ayant à traverser un terrain difficile, ne s'avanceront en général qu'au prix des plus grands efforts et toujours fort lentement : on perdra donc forcément beaucoup de temps, et il en résultera que le défenseur pourra réussir à faire arriver ses réserves encore en temps utile et peut-être même à jeter dans la vallée des forces considérables qui tomberont sur un adversaire affaibli.

B. *Difficultés de l'alimentation.*

Les renseignements statistiques démontrent que les

pays de montagnes ne produisent qu'une partie des vivres nécessaires à la consommation annuelle de leurs habitants, et que, par suite, il faut y importer la plus grande partie des approvisionnements. Le Tyrol, par exemple, ne produit, en fait de céréales, que ce qu'il lui faut pour cinq mois au plus; le reste lui est fourni par l'Italie, l'Allemagne ou l'Autriche.

Il en résulte que, dans un pays de montagnes, on ne pourra que fort rarement se procurer, par la voie des réquisitions, les vivres nécessaires; on sera donc obligé d'avoir recours au système de ravitaillement par les magasins et à l'aide de convois bien organisés.

Pour ce qui est toutefois de la viande, on pourra se la procurer en quantités suffisantes à l'aide des réquisitions, toutes les fois que le défenseur n'aura pas rendu impossible ce mode de ravitaillement en faisant conduire tout le bétail sur pied en arrière de ses lignes.

Il en résulte, qu'afin de pouvoir parer à toutes ces éventualités, l'assaillant fera bien, même sous ce rapport, de ne compter que sur ses magasins fixes et mobiles.

La dépendance, dans laquelle on se trouvera par rapport aux magasins, entrave forcément les opérations et les rend plus difficiles, leur enlève et la rapidité et l'énergie indispensables, enfin elle leur donne une tournure d'autant plus traînante que l'on ne dispose en général que de voies de communication détestables, par lesquelles les voitures des colonnes de vivres ne passent qu'avec peine et qui parfois même sont absolument impraticables pour elles.

On cherche à obvier à cet inconvénient en faisant transporter les vivres par des bêtes de somme : mais on n'a alors recours qu'à un simple expédient qui ne saurait être utilisé, quand il s'agit de pourvoir à l'alimentation d'une troupe d'un effectif quelque peu conséquent, par cela même que ces convois prendraient alors des pro-

portions telles qu'ils deviendraient une espèce de boulet
rivé aux pieds de l'assaillant, et dont le poids retarderait
et paralyserait presque tous les mouvements offensifs
qu'il voudrait tenter.

Les difficultés provenant du ravitaillement, et qui
croissent en raison directe de l'effectif des troupes, ont
pour conséquence naturelle de limiter le maximum des
forces, assez peu considérables d'ailleurs, qu'on devra
affecter à l'attaque d'un pays de montagne, maximum
que l'on ne saurait dépasser sous peine de s'exposer à
se voir arrêté presque immédiatement par l'impossibilité qu'on rencontrera à faire vivre son monde.

L'expédition tentée, en 1866, dans le Tyrol méridional
par les bandes de Garibaldi nous fournit une preuve à
l'appui de notre dire. Ces bandes s'étaient enfoncées dans
deux vallées, le val di Ledro et la Judicaria, et s'étaient
perchées sur les sommets étroits et escarpés des montagnes qui séparent ces deux vallées, de telle sorte que
le ravitaillement de cette grosse masse de 38,000 hommes
ne put s'effectuer d'une manière satisfaisante, malgré
l'accumulation des vivres qu'on avait préparés à cet effet
à Condino, Darzo, etc...

C. *Difficulté du déploiement.*

De ce que les vallées sont, la plupart du temps, très
étroites, les pentes et les crêtes des montagnes souvent
impraticables, il en résulte qu'il est fort difficile de déployer, comme on le voudrait, et de faire donner, en
temps voulu, une certaine quantité de troupes chargées
d'exécuter une attaque.

Tandis que le défenseur peut déployer ses forces dans
une position choisie et préparée à l'avance, et assigner
à chaque arme la place qui convient le mieux à son mode
d'action, l'assaillant est obligé de s'avancer en colonnes

profondes qui ne disposent que d'une ou deux routes dans la vallée et sur les flancs de la montagne, qui souvent ont à se frayer un passage au milieu des pierres et des rochers, et qui n'arrivent parfois devant la position occupée par l'ennemi qu'après avoir surmonté une multitude d'obstacles. Enfin, et c'est là chose facile à comprendre, les positions dominantes qu'occupe le défenseur donnent à son tir une supériorité marquée.

De tout ce qui précède il résulte, que le défenseur peut, avec des forces numériquement beaucoup plus faibles, arrêter souvent l'assaillant qui, à cause même de la nature du terrain, se trouve dans l'impossibilité de tirer pleinement et complètement parti de sa supériorité numérique.

D. *Difficulté du commandement.*

Pour obvier aux difficultés que nous venons d'énumérer, et que l'assaillant rencontrerait lorsqu'il s'agirait de faire vivre et de déployer ses troupes, il est obligé de diviser ses forces et de donner au front d'attaque une étendue bien plus considérable qu'en plaine.

Il faut, par suite, en raison même de cette division inévitable des forces, et, de plus, parce que l'horizon et les vues sont très bornés dans les montagnes, qu'on prépare avec un soin tout particulier les dispositifs d'attaque, qu'on s'attache avant tout à faire arriver en même temps les différentes colonnes sur le lieu du combat, qu'on examine, par conséquent, la route que doit suivre chacune d'elles, qu'on calcule exactement le temps qu'il lui faudra pour parcourir cette distance. Si l'on néglige ces précautions, l'attaque ne peut manquer d'échouer, chacune des colonnes peut être gravement compromise, et exposée même à une catastrophe qui se termine le plus souvent pour elle par une capitulation.

En un mot, il faut, dans les ordres, déterminer mathématiquement la marche de chaque colonne, après avoir longuement pesé et soigneusement examiné les obstacles naturels ou autres que chacune d'elles est exposée à rencontrer : car si un seul anneau de cette chaîne vient à se rompre, il arrivera la plupart du temps que la chaîne tout entière se brisera.

L'éloignement des différentes colonnes entre elles, la nature impraticable du terrain coupé et couvert qui les sépare, rendent absolument impossible l'action d'un commandement unique.

Chacune de ces colonnes doit donc bien comprendre le rôle qu'elle a à jouer, et doit être abandonnée à elle-même : elle a sa destinée entre ses mains, et, d'autre part, il faut que le général en chef puisse avoir confiance dans les chefs de ces colonnes.

Si ces chefs, en sous-ordre, ne sont pas vigoureux et intelligents, l'attaque doit fatalement aboutir à un échec.

Dans la montagne, comme dans une plaine couverte et accidentée, il est absolument nécessaire de déterminer le point sur lequel doit être dirigée la véritable attaque : le coup d'œil ne peut en effet servir à le découvrir.

L'établissement du plan d'opérations dans les montagnes sera par suite une œuvre des plus délicates et des plus difficiles pour le général en chef : il devra penser à tout, parce que dès que les colonnes auront commencé leurs mouvements, il ne les aura plus dans sa main ; parce qu'il lui sera dès lors impossible de réparer les fautes qui se seront glissées dans le plan primitif et que celles de ces fautes qui peuvent parfois passer inaperçues ou n'avoir pas de conséquences fâcheuses en plaine, aboutissent, en pays de montagnes, à des désastres, à des catastrophes.

La conception du plan d'attaque, la direction de la marche et du combat présentent donc de graves difficultés en pays de montagnes, des difficultés bien autrement grandes qu'en plaine et la direction générale y est même souvent impossible.

CONCLUSION.

Des avantages et des inconvénients que nous venons d'énumérer, il résulte, que l'assaillant a sur le défenseur une supériorité incontestable et évidente, s'il sait prendre habilement ses dispositions, préparer et conduire intelligemment ses opérations, s'il a su assurer l'alimentation de ses troupes, s'il est en état de surmonter tous les obstacles avec une indomptable énergie unie à une force physique et morale à toute épreuve, et que, d'autre part, le défenseur, comme l'histoire le prouve surabondamment, s'exposera à une fatale et effroyable catastrophe toutes les fois qu'il s'obstinera à persévérer dans la défensive absolue.

DÉFENSE D'UN PAYS DE MONTAGNES.

De ce qui précède, il résulte que la défensive pure aura forcément le désavantage sur l'attaque et que, d'autre part, le général ne pourra pas toujours, ni prendre lui-même l'offensive, ni la pousser énergiquement. Il s'agit donc de savoir maintenant comment on doit organiser la défense d'un pays de montagnes, de manière à pouvoir s'acquitter avec succès de cette tâche difficile.

Comme nous l'avons dit en commençant, les pays de montagnes ne constituent généralement que des théâtres d'opérations subordonnées, secondaires et même tertiaires. Les troupes employées dans les montagnes, dépendant des armées qui opèrent dans les plaines ou dans les grandes vallées formées par les principaux cours d'eau, doivent, par suite, régler leurs mouvements sur les opérations de ces grandes armées et ne peuvent, par conséquent, prendre l'offensive pour leur propre compte tant que l'armée principale reste sur la défensive.

Le commandant des troupes postées en pays de montagnes a pour mission de repousser toute attaque de l'ennemi et, par suite, d'assurer le succès et la défense dont il est chargé.

Il faut donc, sans avoir besoin de prendre absolument l'offensive, qu'il ait la possibilité de s'acquitter glorieusement et avec quelque chance de succès de la mission défensive dont il est chargé.

4.

C'est là, d'après ce que nous avons dit des avantages et des inconvénients de l'attaque et de la défense, ce qu'il ne pourra faire, que lorsqu'il aura réussi à s'assurer les avantages de ces deux sortes d'opérations, et lorsque, renonçant à la défensive passive, il lui imprimera, au contraire, un caractère offensif et ne reculera pas devant des mouvements en avant et des coups de main.

Pour qu'une défense active puisse être couronnée de succès, il faut que les troupes soient postées de telle manière, qu'il soit possible et facile d'arrêter, grâce à elles et pendant un certain temps, une attaque, d'en ralentir la violence et l'impétuosité et de prendre à son tour l'offensive.

Comme nous l'avons dit précédemment, ce n'est ni par le système du cordon, ni à l'aide de la concentration exagérée des troupes, qu'on obtiendra ce résultat.

Nous allons d'abord exposer la manière dont le défenseur doit répartir et disposer ses troupes pour arriver au but indiqué plus haut. Nous discuterons ensuite les mesures qui sont propres, d'une part, à augmenter les avantages de la défense, à faciliter les mouvements et l'alimentation des troupes ; de l'autre, à augmenter les inconvénients de l'attaque, à multiplier les difficultés que l'attaque rencontrera quand il s'agira pour elle de faire marcher et vivre ses colonnes.

DISPOSITION DES TROUPES DE LA DÉFENSE.

Afin de pouvoir défendre victorieusement un pays de montagnes, il est indispensable d'avoir recours à l'emploi combiné de la défensive et de l'offensive.

Il faut, pour arriver à ce résultat, diviser ses forces et les disposer sur deux lignes situées l'une derrière l'autre.

La première ligne est occupée par celles des troupes

qui sont destinées à observer l'adversaire et à lui opposer, si elles viennent à être attaquées, la plus grande somme de résistance.

C'est sur la seconde ligne qu'on poste les réserves stratégiques dont la mission est de prendre immédiatement l'offensive, dès qu'on a découvert la direction de la véritable attaque, de l'attaque principale.

Comme les points et les lignes stratégiques, sur lesquels sont postées ces réserves, sont presque toujours assez éloignés de la première ligne, de la ligne d'observation, l'assaillant pourrait réussir, sans trop de peine, et grâce à une attaque conduite énergiquement, à percer rapidement à travers toute la zone montagneuse, à pénétrer jusqu'aux positions occupées par les réserves stratégiques, à se rendre maître de points ou de lignes qui, situés dans cette zone, ont une importance capitale en ce qu'ils facilitent les retours offensifs du défenseur.

Afin de pouvoir se maintenir sur ces points assez longtemps pour permettre aux réserves d'entrer en ligne, afin d'affaiblir autant que possible l'attaque, il ne suffit pas par suite de se contenter d'une observation pure et simple, de se faire garder par quelques faibles postes.

Il faut, au contraire, faire occuper la première ligne par des troupes numériquement assez fortes pour tenir l'ennemi en échec ; ces troupes doivent à cet effet être disposées sur deux lignes : la première, qui n'est qu'une ligne d'observation ou d'avant-postes, et la seconde qui constitue une ligne de réserves dites tactiques.

OCCUPATION DE LA LIGNE DES AVANT-POSTES (1re ligne).

Les troupes postées en première ligne ont pour mission d'observer l'ennemi. On se conforme alors en général aux principes mêmes que la tactique recommande de suivre pour la disposition des avant-postes.

Comme la viabilité dans les montagnes, surtout dans les montagnes de hauteur moyenne et plus encore dans les hautes montagnes, est beaucoup moindre que celle des pays de collines ou de plaines, il faut généralement moins de troupes pour y surveiller une même étendue de terrain.

C'est là un grand avantage, car le service des avants-postes, qui, par sa nature même est extrêmement fatigant, exerce dans les montagnes une influence des plus nuisibles sur la force et le moral des hommes en raison des difficultés qu'on éprouve à ravitailler les troupes et de la rigueur souvent excessive du climat.

C'est pour ces motifs que, dans les montagnes plus que partout ailleurs, on ne devra affecter au service des avant-postes que le nombre d'hommes strictement nécessaire.

On éprouve d'autre part dans les montagnes de sérieuses difficultés à faire relever les troupes de la première ligne par les réserves postées en arrière, parce que ces réserves sont presque toujours fort éloignées de la première ligne, si ce n'est en ligne droite et à vol d'oiseau, mais du moins indirectement à cause même de la nature et de la rareté des communications. La même distance qui, calculée horizontalement, peut être franchie en *une heure* dans la plaine, ne peut être, la plupart du temps, parcourue qu'en six ou huit heures dans les hautes montagnes.

Il en résulte qu'on ne saurait relever fréquemment les avant-postes et qu'il importe de ménager davantage les troupes en ne leur faisant garder et occuper que les postes d'une importance réelle.

On peut d'ailleurs diminuer d'autant plus le nombre de ces postes, que le terrain est moins praticable et que, par cela même qu'ils sont placées sur les hauteurs, chacun de ces postes a des vues plus étendues.

Les postes principaux, réserve des avant-postes, doivent, au contraire, être plus rapprochés des grand'-gardes, afin de pouvoir plus rapidement entrer en ligne dans le cas où il serait nécessaire de soutenir la première ligne. Du reste, c'est surtout dans la montagne que la disposition des avant-postes doit affecter un caractère presque semblable à celui adopté pour une troupe qui s'arrête et qui prend la position de *halte gardée*.

Toutes les fois que le défenseur d'un pays de montagnes aura à sa disposition des francs-tireurs ou des miliciens fournis par le pays même, il devra les employer de préférence pour le service des avant-postes, par cela même que ces montagnards connaissent parfaitement tous les sentiers et tous les passages, et qu'ils ont, plus que personne, intérêt à garder eux-mêmes leur propre territoire.

Mais comme de semblables milices ne sauraient avoir une véritable instruction militaire, comme leur inexpérience pourrait les amener à abandonner prématurément en cas d'attaque certains postes importants, comme ces milices seraient naturellement portées, en présence de simples démonstrations faites par l'ennemi, à donner l'alerte aux troupes postées plus en arrière, comme il en résulterait pour ces dernières de grandes et inutiles fatigues, il sera sage et prudent de ne pas confier exclusivement à ces milices la garde des avant-postes, ou du moins des postes principaux et d'y placer à côté d'elles et avec elles quelques unités tactiques faisant partie de l'armée régulière.

En employant de la sorte les montagnards, on réussira à ménager les forces des troupes régulières et à les avoir concentrées de manière à pouvoir leur faire prendre au moment opportun une offensive énergique.

Disposition des réserves tactiques (2ᵉ ligne).

C'est aux réserves tactiques qu'incombe l'importante mission d'amortir autant que possible le premier choc de l'ennemi, de l'obliger à déployer ses forces ; c'est donc grâce à elles que l'on parviendra à reconnaître d'une manière positive si l'attaque est vraie ou simulée.

Les réserves tactiques doivent, par suite, prendre leur première position sur les points importants des vallées ou dans le voisinage des défilés importants.

Toutes les fois que la communication principale franchit la crête de la montagne, ou bien quand il n'y a que des passages latéraux peu nombreux et très difficiles, il y aura un grand avantage à poster la réserve tactique dans le voisinage immédiat du point de passage et sur la position tactique choisie sur ce point même.

Si, dans ce cas, on postait la réserve tactique dans la vallée, il serait à craindre que l'adversaire réussît par une attaque soudaine à s'emparer d'une position, souvent très avantageuse, qu'il eût été facile de défendre pendant longtemps et par suite relativement très forte, avant que cette réserve n'ait eu le temps d'arriver. L'ennemi pourrait alors descendre des hauteurs comme une avalanche, forcer peut-être les défenseurs à se retirer précipitamment et à se reporter même assez loin en arrière dans la vallée jusqu'à ce qu'il ait trouvé une autre bonne position sur laquelle il lui soit possible de s'arrêter.

Exemple : le Tonal et le Stilfser-Joch (*Stelvio*).

En 1866, la réserve tactique dut être postée sur les cols mêmes de ces deux montagnes.

Si, pour le Tonal, on l'avait placée près de Cusiano, au point de jonction des deux vallées de Vemigliana-di-

Pejo et de celle du Tonal, cette réserve n'aurait pas pu arriver à temps pour défendre cette position relativement très forte, dans le cas où l'adversaire usant de ruse aurait en même temps attaqué vigoureusement le col du Tonal.

La réserve tactique aurait été obligée de battre en retraite et n'aurait retrouvé une bonne position défensive qu'à quelques lieues en arrière, aux environs de Mala.

Il en aurait été de même pour le Stilfser-Joch (*Stelvio*), si l'on avait voulu placer la réserve tactique à Trafoi, par exemple, ou sur quelque autre point plus en arrière.

Si la position sur la crête de la montagne et au point de passage du défilé, ne paraît pas de nature à permettre une défense relativement longue, ou si la réserve tactique doit servir de soutien à plusieurs postes et s'il y a, par suite, plusieurs passages à garder, on devra s'efforcer de trouver une bonne position dans le voisinage du point de jonction de tous les chemins ou, du moins, du point auquel aboutissent la plupart de ces chemins. Dans ce dernier cas, la réserve tactique aura de plus pour mission d'assaillir les têtes des colonnes ennemies qui ne pourront s'avancer en général que par de mauvais chemins, de les forcer à reculer et de retarder par suite, le plus possible, le déploiement des forces ennemies dans la vallée principale. Mais comme il est facile de prévoir que cette lutte ne peut durer indéfiniment et ne saurait être continuée avec succès au delà d'un certain temps, le commandant de la réserve tactique doit avoir choisi en arrière une ou plusieurs fortes positions sur lesquelles il sera de son devoir d'opposer à l'ennemi une résistance aussi longue et aussi acharnée que possible.

Exemple : dans le Tyrol méridional en 1866. La position près de Campi pour garder les passages des monts Oro, Pari et Pichea.

C'est ce dernier passage qu'il importait surtout de surveiller.

On avait comme position en arrière, en cas de retraite, celle située entre Pranzo et Campi.

Le rôle de la réserve tactique, consistant à enlever à l'attaque de l'adversaire son impétuosité, à l'affaiblir le plus possible, afin de gagner le temps nécessaire aux réserves stratégiques pour arriver sur les lieux ou pour exécuter les manœuvres indispensables pour amener le coup offensif décisif, le commandant de cette réserve tactique doit par suite mettre tout en œuvre pour augmenter les difficultés de l'attaque.

Il peut y parvenir en multipliant les obstacles artificiels, en profitant de tous les obstacles naturels, en tenant tête à l'adversaire dans des positions relativement très-fortes, et préparées à cet effet à l'avance, et, si les circonstances le permettent, en tentant des mouvements offensifs qui affaibliront encore l'ennemi.

Pour réaliser la première partie de ce programme, on rend, autant que faire se peut, impraticables toutes les communications dont l'ennemi peut se servir pour se porter contre la première ligne et l'on dispose tout de manière à pouvoir détruire aisément, quand le besoin s'en fera sentir, les communications conduisant de cette première ligne aux positions des réserves tactiques et stratégiques.

On devra choisir avec un grand soin les positions sur lesquelles les réserves tactiques seront appelées à résister à l'assaillant, et augmenter leur valeur par la construction de retranchements et par l'établissement d'autres obstacles artificiels.

On devra, surtout, avoir soin d'assurer et de retrancher les flancs de ces positions, et c'est là ce que l'on obtiendra d'ailleurs facilement en disposant des abatis et en coupant les communications.

Les réserves stratégiques ayant à jouer un rôle presque exclusivement offensif et ne devant avoir que très rarement la mission de combattre défensivement et d'attendre l'attaque de l'ennemi sur des positions préparées à l'avance, il nous semble opportun, pendant que nous nous occupons des principes qui régissent l'emploi des réserves tactiques, de dire quelques mots du choix des positions dans les montagnes.

CHOIX DES POSITIONS DANS LES MONTAGNES.

On peut dans les pays de montagnes prendre position :

A. — Dans le fond de la vallée, le front tourné vers la naissance de cette vallée;

B. — Dans le fond de la vallée, le front tourné vers le débouché de cette vallée;

C.—Sur les hauteurs en avant desquelles s'étend une vallée parallèle au front;

D. — Sur les hauteurs, pour couvrir le point de passage, par conséquent, d'intersection de deux ou plusieurs vallées prenant naissance sur ce point.

A. — *Positions dans le fond d'une vallée, le front tourné vers la naissance de la vallée.*

Les positions dans le fond d'une vallée, avec le front tourné vers la naissance de cette vallée, sont en général désavantageuses, car les contreforts et les pentes du pied de la montagne, sur lesquels on se poste généralement dans ce cas, sont presque toujours dominés par les positions occupées par l'ennemi.

L'ennemi, qui descend de la tête de la vallée et qui

est maître de la ceinture des hauteurs, peut aisément tourner de semblables positions et les attaquer **de** flanc.

On peut remédier, en partie du moins, à ce grave défaut, en adoptant pour les flancs, qu'on portera en avant, une formation en échelons, en les couvrant par des abatis et d'autres obstacles artificiels.

Si l'un des flancs est appuyé dans la vallée à un cours d'eau ou à un ruisseau qui, comme la plupart des torrents de montagnes, est généralement profondément encaissé, on devra surveiller avec soin le lit de ce cours d'eau dans les temps de sécheresse et même alors qu'il ne sera pas tout à fait plein d'eau. On ne devra pas non plus négliger d'occuper la rive opposée : car, si l'on omet de prendre ces mesures de précautions, une colonne ennemie pourra réussir à se glisser sans être aperçue et en suivant le lit, la plupart du temps praticable, du cours d'eau et à prendre la position du défenseur en flanc et à revers.

Prenons pour exemple *la position et le combat de Tauffers, en* 1799.

Le général autrichien Laudon avait été envoyé, au commencement de la campagne de 1799, avec 8 bataillons et 16 canons, 6,200 hommes environ, dans la vallée de Munster, avec ordre de garder les passages qui conduisent du canton des Grisons par le Teirfser-Joch, et de la Valteline à travers le Wormser-Joch, dans le haut Vintschgau.

Le 18 mars, le général Dessoles se porta avec 5,000 hommes à peu près et 2 canons de montagne, contre Sainte-Marie, et les avant-postes autrichiens se replièrent sur la position préparée d'avance par Laudon près de Tauffers.

Cette position avait été choisie à un endroit où la vallée s'élargit et mesure environ 2,000 pas, sur la rive

gauche du *Rammbach*, près du point où le Vallarolabach, qui descend du Schœrl-Joch, se jette dans le
Rammbach. Le terrain à l'intérieur de la position est
ondulé : le Vallarolabach coule en avant du front et
constitue un obstacle assez sérieux.

L'aile droite de la position s'appuyait aux rochers de
la rive gauche du Vallarolabach ; l'aile gauche, au
Rammbach, qui coule entre des rives hautes et escarpées.

Ces deux ruisseaux étaient tout à fait à sec et leur lit
était parfaitement praticable.

Trois ouvrages, ouverts à la gorge et réunis par deux
lignes longues de 1,000 pas environ, avaient été élevés
en arrière et sur les bords du Vallarolabach et s'appuyaient à gauche au Rammbach, mais ils ne pouvaient
battre le lit ni de l'un, ni de l'autre, des deux cours d'eau.
A 500 pas en arrière et à droite de cette première ligne,
on trouvait derrière un autre petit ruisseau aux rives
encaissées, une seconde ligne de 500 pas, formée par
deux redoutes reliées entre elles.

Bien que l'emplacement des ouvrages ait été très mal
choisi, il n'en était pas moins impossible de les aborder
de front. Il ne restait donc à l'assaillant d'autres ressources que l'attaque indirecte, le mouvement tournant.

En conséquence, dans la nuit du 24 au 25, le général
Dessolles passa par Munster avec 4,500 *hommes et
2 canons* et refoula, à la pointe du jour, les avant-postes
ennemis ; il porta ensuite 3 bataillons, qui suivirent le
lit du Rammbach, contre le flanc et les derrières des retranchements, et attaqua en même temps les Autrichiens
de front avec le reste de ses forces.

Les trois bataillons pénétrèrent jusqu'à Tauffers sans
être vus, parce que les Autrichiens avaient négligé de
faire surveiller le lit et la rive droite du Rammbach,
prirent à revers les ouvrages ouverts à la gorge et le
général Laudon dut, après avoir perdu beaucoup de

monde, se retirer sur Landeck en passant par le Gebatschferner.

On ne trouve, en général, de bonnes positions de ce genre, ayant le front tourné vers la naissance de la vallée, qu'aux endroits où de grandes vallées latérales aboutissent à la vallée principale et servent, en quelque sorte de fossés à ces positions.

Dans ce cas, la pente de la montagne, sur laquelle on s'est alors établi, présente des pentes très roides du côté de l'ennemi ; les communications qui y aboutissent sont souvent fort éloignées, parfois même elles ne mènent que vers la tête de la vallée voisine ; on peut alors rendre facilement ces chemins impraticables et l'adversaire est par suite obligé à de grands mouvements excentriques qui lui font perdre beaucoup de temps, point essentiel dans la défense relative.

Un des plus grands inconvénients de presque toutes les positions que l'on prend dans la vallée consiste en ce que ces positions sont, dans la plupart des cas, à cheval sur le cours d'eau, et quelque grand que soit le nombre de points et de passages que l'on y établisse, on ne pourra jamais remédier qu'en partie à cet inconvénient.

Il faut donc renoncer à ces positions, surtout quand la vallée est un peu large, parce qu'on s'expose alors à un échec inévitable, sans arriver au résultat cherché, c'est-à-dire à immobiliser l'adversaire le plus longtemps possible. Il est, dans ce cas, bien plus avantageux de se retirer tout de suite et de se reporter jusqu'au point le plus proche où la vallée se rétrécit.

B. *Positions dans le fond de la vallée, le front tourné vers le débouché de la vallée.*

Les positions de ce genre ont, en général, l'avantage

d'être dominantes, par cela même que la vallée et les hauteurs, qui la bordent, montent et s'élèvent graduellement et de plus en plus à mesure qu'on remonte vers la naissance de la vallée.

Quand on occupera de semblables positions, on devra encore, pour garantir et protéger les flancs, adopter pour les troupes la formation en échelons dirigés en avant : il y a lieu de remarquer, du reste, que les mouvements tournants sont alors bien plus difficiles et devront s'étendre plus au loin, parce que, plus on remonte vers la naissance de la vallée, plus les montagnes deviennent escarpées, hautes et impraticables.

Tout ce que nous avons dit dans le chapitre précédent, à propos de la surveillance du lit des cours d'eau et de l'inconvénient des positions à cheval sur un cours d'eau, s'applique également à ce genre de positions.

C. Positions sur le versant de hauteurs avec une vallée courant parallèlement au front.

Ces positions sont généralement si fortes de front que l'on ne peut s'en emparer qu'en les tournant par l'un des flancs.

Si l'ennemi attaque de front, il s'expose à la supériorité des feux plongeants du défenseur et est obligé de passer le ruisseau ou le cours d'eau profondément encaissé qui coule en avant du front ; puis, quand ce passage de rivière a réussi, il lui faut donner l'assaut à des pentes escarpées et fortement occupées par l'adversaire. Il en résulte que si ce dernier oppose à l'attaque une résistance quelque peu énergique, il parviendra à repousser assez aisément tous les assauts et à infliger aux troupes assaillantes des pertes considérables.

Exemple : *l'attaque du mont Isel*, en 1809 :

Vers la fin de mai de l'année 1809, le gros de la division bavaroise Deroy occupait Innsbruck et avait poussé ses avant-postes : à l'ouest du Sil, sur une ligne passant par Natters, Mutters et allant jusqu'au Gärberbach ; à l'est du Sil, jusqu'à Igels-Lans.

Le 29 mai, ces avant-postes furent attaqués des deux côtés à la fois par les troupes autrichiennes et les tirailleurs nationaux du Tyrol, et rejetés dans la plaine, d'un côté par les sommets de Lanser, de l'autre côté par la Gallwiese et Hustelhof.

Les Autrichiens et les Tyroliens occupèrent aussitôt la forte position qui, passant par le mont Isel, s'étend d'Ambras jusqu'à la Gallwiese, et se relièrent, par Zirl, avec le landsturm de la vallée de l'Inn supérieur.

Le général Deroy porta alors le gros de sa division en avant. Toutefois, au lieu de chercher à tourner par la Gallwiese le flanc gauche de la forte position du mont Isel, il tenta, contre le front de son adversaire, plusieurs assauts désespérés qui furent naturellement tous repoussés. A l'aile gauche seulement, une colonne réussit à s'emparer du château d'Ambras. Mais elle ne put faire aucun progrès, parce que le terrain s'élève assez sensiblement à partir de ce point dans la direction d'Aldrans et de Lans.

Enfin, en présence du soulèvement des Tyroliens de la vallée de l'Inn inférieur et des dangers qui menaçaient sa ligne de retraite, le général Deroy dut se replier dans la nuit du 29 au 30 mai.

Ce n'est donc que de flanc qu'on peut forcer de pareilles positions, ou bien ce n'est qu'à l'aide d'un mouvement tournant qu'on peut contraindre le défenseur à les évacuer.

Mais comme l'exécution d'un mouvement tournant coûte beaucoup de temps à l'attaque, et comme le temps est un des facteurs essentiels de la défense relative, on doit en conclure que ces positions doivent être classées, en tout cas, parmi celles qui présentent le plus d'avantages en pays de montagnes.

Quant aux mouvements tournants et aux attaques de flanc, on pourra, sinon les empêcher complètement, du moins en augmenter sensiblement les difficultés, en rendant impraticables et en occupant tous les chemins aboutissant sur les flancs et sur les derrières de la position. C'est là, d'ailleurs, une mission que l'on pourra confier aux tirailleurs nationaux ou au landsturm, parce que ce dont il s'agit surtout dans ce cas, c'est d'empêcher l'ennemi d'escalader les pentes abruptes de ces hauteurs, en dirigeant sur lui un feu bien réglé, en faisant pleuvoir sur lui des quartiers de rocher et des arbres, en faisant éclater sous ses pas des fougasses-pierriers, etc.

D. *Positions sur un sommet, au point de jonction de deux ou plusieurs vallées.*

La nécessité, pour la défense, d'occuper de semblables positions avec des forces d'un effectif relativement considérable, s'impose tant au point de vue défensif qu'au point de vue offensif.

1° Au point de vue défensif.

Si l'assaillant a réussi à se rendre maître d'une pareille position, rien ne lui sera plus facile que de se jeter avec toutes ses forces dans les vallées qui prennent naissance sur ce point et qu'occupe le défenseur, puis de continuer énergiquement son mouvement offensif, soit dans la vallée elle-même, soit en restant sur les hauteurs.

Comme l'enlèvement et la possession de ces positions assurent à l'assaillant des avantages tellement significatifs, on doit, dans toute défense entendue et conduite rationnellement, se garder d'abandonner trop vite les cols et forcer, au contraire, l'adversaire à se résoudre à perdre beaucoup de monde pour s'en rendre maître.

On devra donc, au lieu de la disposer dans la vallée, poster, dès le principe, la réserve tactique au point de passage même, dans une position choisie le plus près possible du bord du versant tourné vers l'ennemi, et qu'on renforcera le plus possible à l'aide de retranchements, d'abatis, etc., etc.

Mais comme les positions de ce genre sont forcément commandées par des hauteurs qui les dominent, on devra, dans ce cas, comme lorsqu'il s'est agi de positions dont le front est tourné vers le débouché de la vallée, garantir la sécurité des flancs en adoptant pour les troupes la formation en échelons dirigés en avant.

2° Au point de vue offensif.

L'occupation de ces positions assure au défenseur des avantages très significatifs en ce qu'elle lui permet de prendre l'offensive quand il le juge à propos et de porter la guerre sur le territoire ennemi.

Afin de pouvoir plus facilement prendre l'offensive, on devra, surtout lorsque les sommets affecteront la forme de vastes plateaux d'une grande étendue, présenteront des inégalités de terrains, ou renfermeront plusieurs positions, disposer les troupes sur le bord extrême de la pente.

EXEMPLES : *Positions du Tonal et du Stilfser-Joch (Stelvio). positions du Brenner*, etc.

Les avantages que de pareilles positions présentent, tant au point de vue défensif qu'au point de vue offensif, sont tellement considérables que le défenseur a été plus d'une fois amené à masser le gros de ses forces sur des points semblables et que l'on a attribué une importance exagérée à cette sorte de nœuds de montagnes, au Saint-Gothard, par exemple.

Si un nœud de montagnes de ce genre était en même temps l'*unique* point de passage existant, on pourrait comprendre que, malgré la difficulté du ravitaillement, l'insuffisance et la défectuosité des abris pour les troupes, etc., on y postât le gros des troupes. Mais il y a toujours, si ce n'est dans le voisinage immédiat, du moins sur le périmètre du front stratégique du massif montagneux qu'on est chargé de défendre, plusieurs passages aboutissant à ce massif. Il en résulte que, quels que soient les avantages présentés par une semblable position, elle peut toujours être tournée.

C'est ainsi, par exemple, que le célèbre massif montagneux du Saint-Gothard peut être tourné stratégiquement : à l'est, par les vallées du Rhin moyen et de Medels, en passant par le Luckmanier du côté de Faido, en débouchant par la vallée de Saint-Peter vers Olivone dans le val Blegno, ou par la vallée du Rhin supérieur et du Rheinwald (forêt du Rhin), par le Bernardin et le Splügen ; à l'ouest, par le défilé de Nufenen en passant par le val Bedretto pour aller vers Airolo : par la vallée de Binna, en passant par le mont Albrun dans le val Formazza, puis dans le val Bovano et la vallée de Campo jusqu'à Locarno, sur le lac Majeur ; enfin, le Saint-Gothard peut être tourné plus à l'ouest encore par le Simplon.

Il n'y a donc, par suite, aucun avantage à poster le gros des forces sur un semblable nœud de montagnes. Il suffit, en effet, que l'assaillant déploie une certaine énergie dans son attaque, pour que le défenseur s'expose à une véritable catastrophe. Enfin, il faut encore considérer de plus que l'on rencontre de grandes difficultés à faire vivre des corps de troupes d'un effectif aussi considérable à de pareilles hauteurs, qu'on ne peut abriter les troupes que dans des baraques et que souvent, par suite du manque de bois, ces troupes seront exposées à des influences climatériques des plus nuisibles et qui, engendrant des maladies, déciment ces troupes avant que l'ennemi ait commencé son attaque.

Ce sont, par suite, les hommes qui ne connaissent point les montagnes, qui ne comprennent rien au genre de guerre qu'on y fait ou qui n'ont, sur ce sujet, que les idées qu'ils ont conçues dans leur cabinet, qui seuls peuvent attacher une aussi grande importance à l'occupation et à la possession des nœuds de montagne.

COMPOSITION DE L'EFFECTIF DES TROUPES DESTINÉES A OCCUPER LES DEUX PREMIÈRES LIGNES.

On emploie généralement du tiers à la moitié de l'effectif total des troupes pour occuper les deux premières lignes, quand on veut que les réserves tactiques puissent remplir, dans toute l'acception du mot, la mission qui leur a été assignée plus haut. Si l'on augmentait cette proportion, on serait obligé d'affaiblir les réserves stratégiques postées plus en arrière et on retomberait alors, plus ou moins complètement, dans ce système du cordon qu'on doit absolument rejeter, par cela même qu'il est essentiellement dangereux et nuisible.

Il résulte, et de la destination même de ces réserves et de ce que nous avons dit précédemment du rôle des avant-postes dans la montagne, qu'on devra employer, comme réserve tactique la plus grande partie de ces troupes. L'effectif de ces réserves tactiques devra varier en raison de l'importance des différentes lignes d'opérations et de la plus ou moins grande probabilité d'une attaque tentée par l'ennemi.

Si, par exemple, un point est moins menacé, soit parce qu'on ne peut l'attaquer qu'en traversant une zone neutre, soit parce que l'ennemi trouverait en arrière de ce point une population hostile, qu'il serait facile de fanatiser et de pousser à un soulèvement général, on peut assurément l'occuper plus faiblement.

Exemple : Le *Stilfser-Joch* (*Stelvio*), en 1866 (1).

Dès que la position de l'ennemi est parfaitement connue, dès que l'on a reconnu que quelques points de la ligne de défense sont moins menacés, on peut alors les affaiblir et même les dégarnir en partie.

Exemple : Le *Tonal*, en 1866 (2).

---

(1) En 1866, la demi-brigade du major de Metz, désignée pour occuper le Vintschgau n'était forte que de 1700 hommes environ ; on n'avait, en effet, à craindre d'attaque que du côté de la Valteline dans la direction du Stilfser-Joch (Stelvio) et du Wormser-Joch, et encore cette attaque ne pouvait être exécutée que par des forces secondaires, d'abord à cause de la distance par trop considérable qui séparait cette région du principal théâtre de la guerre dans la haute Italie, en second lieu, parce que cette attaque aurait conduit l'assaillant dans des pays purement allemands dont les habitants montraient une attitude des plus hostiles à ses projets d'invasion.

(2) Le 22 juillet 1866, après que la demi-brigade postée dans le val de Sole eût fait savoir que l'ennemi avait évacué Edolo, et que ses détachements, qui occupaient le val Camonica, s'étaient dirigés du côté de la Guidicaria, dès que l'on apprit que les troupes autrichiennes postées dans le val Sugana avaient été attaquées au même moment par la division Médici, enfin que le corps des volontaires de Garibaldi était échelonné dans la Guidicaria et dans le Val di Ledro, on connaissait exactement et la position et les intentions de l'ennemi. Il résultait de ces nouvelles, que la demi-brigade, postée au Tonal, n'avait à redouter aucune attaque ; en conséquence, on emprunta à cette demi-brigade 4 compagnies du régiment archiduc Régnier, nº 59, qu'on envoya comme renfort aux troupes occupant les positions menacées d'un danger immédiat.

DISPOSITION **DES RÉSERVES** STRATÉGIQUES EN 3e LIGNE.

Force des réserves stratégiques.

Les réserves stratégiques doivent, afin de pouvoir entreprendre avec chance de succès les mouvements offensifs nécessaires à la défense, se composer de la moitié ou des deux tiers environ des forces affectées à la défense d'un pays de montagnes et comprendre des troupes de toutes armes.

Considérations générales sur la disposition des réserves stratégiques.

Afin de pouvoir entreprendre ces mouvements offensifs, et s'assurer la faculté de se porter dans toutes les directions par lesquelles l'ennemi peut prononcer son attaque et sur tous les points sur lesquels le défenseur veut porter ses coups, il faut que les réserves stratégiques ne soient pas postées trop près des réserves tactiques, mais au contraire un peu plus en arrière, sur les lignes et sur les points où se réunissent les lignes d'opérations de l'ennemi.

En les portant trop à proximité des réserves tactiques, on leur fait perdre la liberté de leurs mouvements et l'on donne à l'ennemi le moyen de percer et de tourner plus aisément toute la ligne de la défense.

L'ensemble du système, la disposition générale de la défense, doit donc, depuis la première ligne jusqu'aux réserves stratégiques, présenter une certaine profondeur.

Cette distance ne doit pas, toutefois, être exagérée, afin que les réserves tactiques ne soient pas exposées, dans le cas où l'ennemi prendrait énergiquement l'offensive, à être coupées et anéanties avant que les réserves stratégiques aient eu le temps d'accourir.

La distance qui sépare la première ligne des réserves stratégiques est donc déterminée par un minimum et par un maximum qu'on ne saurait dépasser.

On devra, d'ailleurs, pour déterminer cette distance, tenir compte et des forces de la défense et de celles de l'attaque, de la configuration du pays de montagne et des conditions dans lesquelles le ravitaillement peut s'effectuer.

Le même calcul conduira la plupart du temps, dans chaque cas particulier, à un résultat différent et la justesse du calcul est la preuve manifeste du talent du général.

Disposition des réserves stratégiques dans un pays de montagnes formant la ceinture d'une vallée encaissée, où toutes les communications viennent aboutir au même point.

Si les montagnes forment ceinture autour d'une vallée encaissée, de manière que toutes les lignes d'opérations viennent, comme des rayons, aboutir à un seul et même point, c'est sur ce point ou à proximité de ce point qu'il faudra poster les réserves stratégiques : car, c'est de là qu'on pourra le plus facilement prendre l'offensive pour se porter dans les vallées menacées.

Cependant, si ce point est trop éloigné de la frontière, et si les diverses lignes rayonnantes d'opérations sont réunies par plusieurs lignes de manœuvres courant parallèlement à la frontière, on doit naturellement établir les réserves stratégiques sur une de ces lignes de manœuvres, sur celle qui présente le plus d'avantages.

Dans ce cas, il ne sera pas toujours nécessaire de

concentrer et de masser les réserves sur un *seul* et *même* point : il y aura, au contraire, le plus souvent avantage à les partager en plusieurs groupes.

En tout cas, la plus grande partie de ces réserves devra être postée sur le point stratégique le plus important de la ligne de manœuvres, c'est-à-dire au point où cette ligne est coupée par la principale ligne d'opérations de l'ennemi.

Ce partage des forces permet de faire vivre plus facilement les troupes et d'exécuter plus aisément les mouvements et les manœuvres nécessaires pour prendre l'offensive.

D'autre part, l'ennemi, dans le cas même où il aurait réussi à rejeter la réserve tactique sur une ligne secondaire d'opérations, vient se heurter contre la résistance énergique que lui opposera la partie de la réserve stratégique postée sur ce point. Si ces troupes sont à leur tour forcées de se retirer, elles ne devront pas opérer leur retraite en suivant la ligne de manœuvres conduisant au point central principal, mais bien une ligne de manœuvres excentrique, de manière à se porter à la rencontre du gros de la réserve qui se sera mis en route en toute hâte pour leur porter secours.

Dispositions des réserves stratégiques quand les lignes d'opérations, au lieu de se réunir en un point, débouchent sur une ligne de défense.

La réserve stratégique doit, dans ce cas, être postée sur la ligne de défense et être répartie en plusieurs groupes ; le gros de cette réserve sera alors placé au point stratégique le plus important de la ligne.

Quand la ligne de défense, qui est généralement formée par une vallée principale, est trop éloignée de la première barrière stratégique formée par la montagne, et quand il y a en avant de cette ligne de défense plu-

sieurs lignes de manœuvres, c'est sur l'une de celles-ci
que doit être postée la réserve stratégique.

On devra surtout agir de la sorte quand l'ennemi aura
déjà groupé ses forces, quand, par suite, il sera facile
d'en conclure que l'attaque ne sera dirigée que sur *un
seul point de toute la zone d'occupation* et de déterminer
ce point; c'est là surtout ce qu'on devra faire lorsqu'il existera dans la direction de la position ennemie, une ligne
de défense, secondaire, il est vrai, mais que les contre-
manœuvres de la défense peuvent rendre assez facilement
presque imprenable et qui, si elle venait à tomber au
pouvoir de l'assaillant, rendrait extrêmement difficiles
les retours offensifs du défenseur. Exemple : la disposition
adoptée en 1866 sur la ligne de l'Adige et de la Sarca.

Tant que l'armée autrichienne du Sud restait en Vénétie, la mission principale des troupes placées dans le
Tyrol consistait à défendre ce pays, depuis Roveredo
jusqu'au lac d'Idro, en passant par Riva, et, depuis ce
lac, en longeant la frontière occidentale jusqu'à la vallée
de Tauffers.

L'Adige, entre Malsch et Roveredo, forme la base de
cette défense.

Les lignes d'opérations, partant de cette base dans la
direction de l'Italie, sont :

1° Celle de Prad à Bormio et à la Valteline, par le
Stelfser-Joch (Stelvio);

2° Celle de Trente, par Clés, Malé et le Tonal, à
Edolo, et d'Edolo vers le val Camonica, d'une part, et
vers la Valteline, de l'autre ;

3° Celle de Trente, par Vezzano et Alle-Sarche, puis
de là vers Tione et le lac d'Idro, d'une part, et vers
Riva dans la vallée de la Sarca, de l'autre ;

4° Celle de Roveredo, par Loppio, à Torbole, Riva
et Pieve-di-Ledro, dans la Giudicaria.

Ces quatre lignes sont formées par de belles routes en

bon état ; seule, la route qui constitue la deuxième ligne est en très mauvais état, depuis la frontière du Tyrol, au col du Tonal, jusqu'à Edolo, mais on peut néanmoins y faire passer des équipages de campagne.

Ces lignes principales d'opérations sont reliées entre elles par les lignes transversales suivantes :

1° La ligne de Tione qui mène, par le col de Madonna-di-Campiglio, vers Dimaro et Malé, puis, de là, dans le val Rabbi, vers San-Bernardo, et par le col qui se trouve à 6,000 pieds de haut et domine le lac de Corvo, dans l'Ultenthal, pour se diriger sur Méran. Cette ligne ne se compose, dans tout son parcours, que de chemins de traverse, par lesquels on peut cependant en cas de besoin, et après y avoir exécuté quelques travaux, faire passer des voitures ;

2° Celle de Riva, par Pranzo, Balin, Bad-Comano, Molveno, à Clés, Revò, puis, par le défilé de Liebfrauen-im-Walde, dans la haute vallée de l'Adige. Cette route a été rendue, en 1866, accessible aux équipages de campagne et entretenue pendant la guerre par les communes.

Quand l'armée autrichienne eut évacué la Vénétie, le Tyrol se trouva exposé aux attaques de l'ennemi, du côté de l'est et du sud-est, et il fallut dès lors s'occuper de la défense de la zone, qui s'étend depuis l'Adige jusqu'aux frontières de la Carinthie, en passant par les monts Lesiniens, le col de Piano-delle-Fugazze, Primiero, etc...

Les lignes d'opérations qui, partant de la partie du Tyrol méridional, située à l'est de l'Adige, conduisent en Vénétie, sont :

1° Celle de Roveredo à Vicence, par Piano-delle-Fugazze et Schio ;

2° Celle de Trente à Primolano et Bassano, par le val Sugana.

Ces deux lignes ne comprennent que des routes bien construites, bien entretenues et pouvant être classées parmi les chemins de première classe;

3° Celle du Fleimserthal, de Predazzo, par Paneveggio et le mont San-Martino-di-Castrozza, à Primiero, et, de là, à Feltre et Trévise, par Fonzaso. — Cette ligne se compose, en partie, de sentiers, de chemins de charroi et de chemins vicinaux en bon état;

4° Celle du Pusterthal, par la route dite d'Allemagne, de Toblach à Bellune, en passant par Hœllenstein, Peutelstein, Cortina d'Ampezzo et Cadore.

Les deux meilleures lignes d'opérations ne pouvaient jouer qu'un rôle tout à fait secondaire : il était, en effet, impossible de supposer que des forces considérables tenteraient de s'avancer, soit par la route qui mène à Primiero à cause des obstacles naturels et des difficultés que rencontrerait l'alimentation des troupes, soit par Cadore, à cause du voisinage du corps d'armée autrichien posté sur l'Isonzo.

Comme les principales lignes d'opérations, dont nous venons de parler, sont séparées par des chaînes de grande et de moyenne élévation, qui s'élèvent entre ces lignes, on divisa, au début des hostilités, toute la zone qu'on se proposait de défendre en quatre secteurs principaux, puis en six secteurs quand l'armée autrichienne du sud eut évacué l'Italie, savoir :

1° Le secteur de la haute vallée de l'Adige :

2° Celui du val di Sole :

3° Celui de la Giudicaria ;

4° Celui de la Sarca inférieure avec Riva ;

5° Celui du val Sugana :

6° Celui du Pusterthal.

Les forces dont le commandement pouvait disposer en Tyrol, c'est à-dire 12 bataillons, 12 1/2 compagnies, 1 escadron, 6 batteries et 39 compagnies de tirailleurs nationaux du Tyrol (*Landeschützen*) constituèrent les réserves tactiques et stratégiques de ces secteurs, ainsi qu'il suit :

I. RÉSERVES TACTIQUES.

Demi-brigade du major von Metz, dans le haut Vintschgau, avec l'état-major à Malsch ;

Demi-brigade du major von Albertini, dans le val di Sole, avec l'état-major à Malé ;

Demi-brigade du lieutenant-colonel de Höffern, dans la Giudicaria, avec l'état-major à Tione ;

Demi-brigade du lieutenant-colonel de Thur, à Riva et sur la basse Sarca, avec l'état-major à Riva ;

Détachement du major von Pichler, dans le val Sugana où l'on porta ce détachement le 9 juillet, c'est-à-dire aussitôt après la retraite de l'armée autrichienne du sud, avec l'état-major à Primolano ;

Détachement du major baron Bernkopf, dans le Pusterthal, avec l'état-major à Cortina d'Ampezzo.

Chacune de ces demi-brigades était chargée de la défense de son secteur et devait y faire le service de sûreté en observant les frontières du secteur et en occupant les divers défilés de la montagne.

Les compagnies de tirailleurs nationaux, attachées aux demi-brigades, étaient particulièrement chargées d'occuper les différents passages de la montagne et d'assurer les communications des différents secteurs entre eux.

II. RÉSERVES STRATÉGIQUES.

La brigade du général de Kaim, composée de 5 1/2 bataillons, de 1/4 d'escadron, de 1 1/2 batterie, et la brigade du colonel baron de Monthuisant, comprenant 2 2/3 bataillons, 1 batterie.

Les états-majors de ces deux brigades étaient établis à Trente, point central de la défense du Tyrol méridio-

nal, et jusqu'au 18 juin leurs troupes étaient échelonnées dans la vallée de l'Adige, depuis Botzen jusqu'à Mori.

Ces brigades devaient, à l'aide de mouvements offensifs, prêter un appui efficace et décisif aux secteurs
attaqués.

Le général Garibaldi, avec 38,000 hommes groupés
en cinq brigades, était chargé de l'attaque du Tyrol
méridional.

Lorsque Garibaldi eut établi son quartier général à
Brescia, on pensa que l'attaque viendrait de la Valteline
et du val Camonica ; aussi, les réserves stratégiques fu-
rent-elles concentrées, dès le 18 juin, à Trente et à Mez-
zolombardo.

Mais, comme la petite rencontre qui eut lieu au Tonal,
le 24 juin, et le combat plus important qui résulta de
la reconnaissance offensive exécutée le 25, et qu'on livra
à Ponte-Caffaro sur le lac d'Idro, démontrèrent la possibilité d'une attaque qui pouvait être dirigée contre le
Tonal ou contre la Giudicaria, c'est-à-dire d'une attaque
dans deux directions absolument divergentes, on crut
devoir, le 26 juin, poster les réserves stratégiques sur
les points suivants :

La brigade Kaim reçut l'ordre de s'établir entre Dermo
et Spormaggiore, de manière à pouvoir se porter avec
une égale facilité tant dans le Nonsthal et le Soulzthal
que sur Stenico en passant par Molveno.

Quant à la brigade Montluisant, on lui prescrivit de
prendre un cantonnement resserré à Stenico dans la vallée
de la Sarca.

Mais le 26 et le 27 juin, dès qu'on eut reçu les renseignements, envoyés par les demi-brigades Albertini
et Höffern, renseignements qui faisaient savoir que la
première de ces demi-brigades avait poussé des reconnaissances au delà du Tonal jusqu'à Vezza sans avoir
rencontré l'ennemi, et avait pris position à Ponte-di-

Legno, c'est-à-dire sur le territoire ennemi, pendant que le lieutenant-colonel Höffern mandait de son côté que l'ennemi se montrait dans la vallée de la Chiese, sur les hauteurs et dans les vallées voisines, on savait, à n'en plus douter, que l'ennemi avait concentré celles de ses forces destinées à l'attaque et qu'il leur avait donné pour objectif, désormais nettement indiqué, la zone comprise entre la Giudicaria et Riva.

La présence de la brigade Kaim, dans le Soulzthal, devenait dès lors inutile, et, dès le 28 juin, on fit passer cette brigade dans la vallée de la Sarca.

Les réserves stratégiques étaient, par suite, postées, à cette date :

La brigade Montluisant, de Tre-Arche vers Fiavé ;

La brigade Kaim, entre Bad-Comano et Santa-Croce.

Les réserves occupaient dès lors des positions satisfaisant à toutes les conditions que nous avons énoncées plus haut.

Elles étaient postées assez à proximité pour pouvoir soutenir à temps les demi-brigades établies dans le val di Ledro et la Giudicaria, dans le cas où l'ennemi aurait cherché à les inquiéter sérieusement: leur disposition présentait la profondeur voulue, et ces troupes se trouvaient, de plus, assez près du point de jonction des lignes d'opération de l'ennemi, dans la Giudicaria et dans la vallée de la Sarca. Les réserves stratégiques étaient postées au point d'intersection des lignes d'opérations de la Giudicaria à Trente, avec la ligne de manœuvres passant par Riva, Balin, Stenico et Molveno ; elles pouvaient, en marchant par plusieurs routes, et, par conséquent, en plusieurs colonnes, se porter sans peine sur un point quelconque de la frontière méridionale, comprise entre Riva et le lac d'Idro.

Cette disposition était encore justifiée par la nécessité d'empêcher l'ennemi de s'emparer de ce point important de croisée des routes. En effet, maître de ce point, l'ennemi pouvait rendre, extrêmement difficile toute tentative faite par le défenseur pour reprendre l'offensive et fort problématique la défense même de la vallée de l'Adige. Au contraire, tant qu'il occupait la position Comano-Campi, le défenseur pouvait se porter aussi facilement du côté de Riva que du côté de la Giudicaria, et s'assurait de plus les moyens d'arrêter le moindre mouvement offensif tenté par l'ennemi dans la Giudicaria en le menaçant d'une contre-attaque sur son flanc droit.

DISPOSITIONS DES RÉSERVES STRATÉGIQUES DANS LES VALLÉES LONGITUDINALES.

Lorsque les vallées ou la vallée principale courent parallèlement aux crêtes qui constituent la barrière stratégique, les dispositions des troupes de la défense doivent être conformes aux principes que nous avons exposés quand nous avons parlé de la défense des ceintures de montagnes servant de barrières stratégiques.

On devra encore dans ce cas, si l'on poste la réserve stratégique en arrière de la barrière, la diviser en plusieurs groupes et faire occuper par le gros le point stratégique le plus important.

EXEMPLE : *la défense du Tyrol septentrional.* (Voir à ce propos les exemples donnés à la fin de ce volume).

En étudiant la défense des chaînes de montagnes nous ferons ressortir, et nous démontrerons par des exemples, quand et comment il est possible de prendre position en avant de la barrière de montagnes qui constitue la principale ligne de défense.

PASSAGE DES RÉSERVES STRATÉGIQUES A L'ATTAQUE.

Nous faisons ici complètement abstraction du cas où le défenseur, soit que l'armée principale ait réussi dans ses opérations, soit que la défense agisse d'une manière indépendante et pour son propre compte, en profitant de la supériorité numérique ainsi que d'autres circonstances favorables, sera à même de prendre l'offensive sur une grande échelle.

Cette défense devient alors une véritable offensive, une offensive absolue dans le sens le plus large du mot et des opérations de ce genre doivent par suite être conduites d'après les règles que nous poserons plus tard pour l'attaque d'un pays de montagnes.

Nous ne nous occuperons ici que des retours offensifs de peu de durée qui sont nécessaires à la défense d'un pays de montagnes, et sans lesquels cette défense restant absolument passive est fatalement condamnée à aboutir à un désastre.

Cette contre-attaque peut être poussée jusque sur le territoire ennemi ou se faire à l'intérieur de la zone qu'occupent les troupes du défenseur.

A. *Sur le territoire ennemi.*

Il y a et il y aura toujours un avantage considérable à porter la guerre sur le territoire ennemi, par cela même qu'en agissant de la sorte on épargne à son propre pays les horreurs de la guerre et qu'on relève du même coup le moral du défenseur. Il faut donc, toutes les fois que la chose sera seulement possible, prendre l'offensive et la pousser en territoire ennemi.

De semblables opérations ne peuvent réussir que lorsqu'elles sont favorisées par le terrain : leur résultat dépend de plus de l'effectif des forces dont disposent les deux adversaires ainsi que des travaux de défense que l'ennemi a fait exécuter pour protéger son territoire.

B. *A l'intérieur de la zone de défense.*

Si les circonstances ne permettent pas de porter l'offensive sur le territoire ennemi, il ne reste plus qu'à l'exécuter sur la zone de défense même.

Exemple : Campagne de 1866 contre Garibaldi. (Voir la défense du Tyrol, tome V des campagnes de l'Autriche en 1866).

Genre d'attaque.

On peut l'exécuter, soit directement, soit par un mouvement stratégique enveloppant.

Attaque directe.

Il faut, pour réussir dans un retour offensif exécuté directement contre un ennemi qui a pénétré dans une vallée, avoir sur lui une supériorité numérique marquée, surtout quand on veut attaquer la tête de la vallée, parce que la position dominante de l'adversaire augmente dans ce cas la puissance de son attaque. Une pareille attaque n'a donc de chance de succès que si l'assaillant disperse ses forces et que si, voulant observer quand même et exagérer le principe de la concentration des forces, il néglige d'occuper les vallées latérales.

Dans ce dernier cas, le défenseur peut, en effet, se servir des réserves tactiques qu'il a postées dans les vallées latérales pour attaquer de flanc et tourner en même temps les forces ennemies postées dans la vallée principale.

La contre-attaque doit, du reste, être conduite d'après les règles que nous exposerons plus loin quand nous parlerons de l'attaque.

Exemple : La bataille de Condino et l'attaque dirigée par le mont Giovo sur les flancs et les derrières de l'ennemi, le 16 juillet 1866. (Voir page 103).

Retour offensif par un mouvement tournant.

L'attaque enveloppante contre l'ennemi qui a pénétré dans la vallée, est à la fois plus efficace, plus décisive et souvent aussi plus facile à exécuter.

Pendant que la réserve tactique, les retranchements que l'on a élevés, et d'autres obstacles affaiblissent et ralentissent l'attaque de l'ennemi et arrêtent aussi long-temps que possible son mouvement en avant, la réserve stratégique, profitant de la position avancée d'une des lignes de manœuvres se porte par une vallée latérale dans la vallée principale et prend en flanc et à revers l'ennemi qui s'y est engagé.

Les mouvements tournants n'ont nulle part une in-fluence aussi capitale que dans les pays de montagnes, par cela même qu'une troupe qui est tournée ne dispose dans la plupart des cas, que d'une seule ligne de re-traite. La confusion, qui se met par suite dans les ré-serves et dans les convois qui marchent en arrière des colonnes, ne tarde pas à se propager et à se répandre dans les troupes mêmes ; leur moral lui-même s'affaisse en raison de l'énergie que le défenseur met à pronon-cer son mouvement offensif et un découragement géné-ral s'empare des soldats de l'ennemi.

Même dans le cas où la contre-attaque vient à échouer, le défenseur a toujours sa retraite assurée par la ligne de manœuvres latérales qu'il a suivie dans son mouve-ment offensif et sur laquelle il trouvera certainement de bonnes positions de flanc. Il en résulte que si l'ad-versaire continue son mouvement offensif, le défenseur peut toujours réussir à lui échapper par d'audacieuses marches de nuit exécutées sur cette ligne de manœuvres et à le précéder sur les lignes de défense stratégiques situées plus en arrière.

Il faut naturellement que le défenseur déploie la plus grande énergie dans cette retraite, par cela même que la perte de ces lignes de communication lui ferait courir les plus grands dangers.

Nous venons donc de démontrer que le défenseur, en exécutant une contre-attaque, a pour lui un avantage marqué et peut, dans la plupart des cas, compter sur des succès presque certains et des plus significatifs.

DÉFENSE CONTRE LES DIFFÉRENTES FORMES DE L'ATTAQUE STRATÉGIQUE.

Pour résister aux différentes formes que peut affecter l'attaque stratégique, c'est-à-dire au mouvement tournant simple, au double mouvement tournant stratégique et à la percée stratégique, le défenseur devra se conformer à toutes les règles posées par la théorie.

Si l'on résume en quelques lignes le système de défense d'un pays de montagnes, on verra qu'il importe avant tout de poster judicieusement les réserves tactiques et stratégiques en tenant compte des circonstances, d'arrêter, aussi longtemps que possible, les mouvements de l'ennemi en multipliant sur sa route les difficultés et les obstacles, de ne pas se laisser tromper par des démonstrations, de reconnaître à temps la véritable attaque, puis de donner le maximum de force et d'énergie à la contre-attaque, soit qu'on l'exécute directement, soit, au contraire, qu'on la fasse indirectement à l'aide d'un mouvement tournant.

POURSUITE ET PARTI TIRÉ DE LA VICTOIRE.

A. *En territoire ennemi.*

Le défenseur d'un pays de montagnes peut prendre énergiquement l'offensive, dans les cas suivants : quand il opère isolément, quand les forces principales sont concentrées dans la montagne et que c'est là aussi que doit être porté le coup décisif, enfin quand le gros de l'armée prend de son côté l'offensive.

Dès qu'il en sera différemment, le défenseur ne devra ni pousser trop loin la poursuite de l'ennemi vaincu, ni chercher à tirer démesurément parti de sa victoire, parce qu'une pareille manière de faire pourrait le mettre dans une situation des plus critiques.

Quoi qu'il en soit, le chef des troupes postées en pays de montagnes pourra et devra toujours, à l'aide de pointes énergiques faites sur le territoire ennemi, chercher à affaiblir son adversaire et à l'obliger à détacher du gros de son armée des forces considérables.

Les pointes hardies poussées de la montagne dans les plaines pourront d'une part, singulièrement faciliter les opérations de l'armée principale et de l'autre contraindre l'ennemi à s'arrêter dans sa marche offensive.

Voilà comment un général qui commande des troupes postées dans la montagne peut et doit conduire et comprendre la guerre, toutes les fois qu'il disposera de forces numériquement supérieures et qu'il pourra, par suite, remporter des avantages signalés sur un ennemi plus faible. Ce serait commettre une faute capitale que de laisser paralyser et immobiliser des forces supérieures par une poignée d'hommes.

Le commandant des troupes postées dans la montagne a alors une magnifique occasion de remporter les plus brillants succès et, en opérant énergiquement, il peut alors, sans courir de grands risques, exercer une influence capitale sur l'issue de la campagne; se trouve-t-il menacé ou des forces considérables viennent-elles à se porter contre lui, il pourra toujours se replier en toute sûreté et sans être harcelé sur la montagne, prêt à reprendre ensuite ses opérations offensives, dès que l'ennemi cherchera à porter toutes ses forces contre l'armée principale.

Tout chef d'un corps posté dans les montagnes doit d'ailleurs, agir, autant que possible, isolément et pour son compte : ce n'est pas, en effet, le chef de l'armée principale qui peut lui prescrire chacun des mouvements qu'il doit exécuter.

Il faut seulement qu'il soit simplement prévenu à temps des opérations de cette armée et que, pour le reste, on le laisse complètement libre de ses actions.

Que n'eût pas fait, par exemple, en 1859, le chef du 6e corps autrichien, qui était posté dans le Tyrol, avec près de 25,000 hommes de troupes régulières, s'il eût été libre de ses mouvements et si on l'eût laissé opérer sur le flanc de l'armée franco-sarde, pendant qu'elle exécutait sa marche en avant. Il n'avait devant lui que les 5,000 ou 6,000 hommes de Garibaldi établis au Stilfser-Joch (Stelvio) et une seule brigade en observation devant Rocca d'Anfo, place qui était, du reste, au pouvoir des Autrichiens.

La mission donnée au général commandant dans le Tyrol aurait dû consister à concentrer une forte réserve stratégique, composée de 10,000 à 12,000 hommes, sur la ligne de Trente à Saint-Michel, à renforcer la brigade qui était au Stilfser-Joch (Stelvio), de manière à lui permettre de rendre impossible l'occupation des fortes et importantes positions de Spondalounga et du Stilfser-Joch (Stelvio) par les bandes de Garibaldi.

Enfin, l'adjonction d'un certain nombre de compagnies de tirailleurs nationaux aux 5,000 hommes de troupes régulières, aurait de plus mis cet officier général à même de prendre l'offensive.

Avec la réserve principale, forte de 10 à 12,000 hommes, et renforcée par les réserves tactiques postées dans la Giudicaria et aux environs de Riva, on aurait pu culbuter la brigade ennemie qui avait pris position devant Rocca d'Anfo, et se porter ensuite sur Gavardo. Si le jour même de la bataille de Solférino, ou bien encore au moment où l'armée autrichienne passait le Mincio, on avait pu pousser jusque vers Lonato, l'armée franco-sarde aurait été obligée de détacher des forces considérables pour couvrir le fleuve menacé et pour garder ses communications, et la grande armée autrichienne n'aurait plus eu devant elle, le jour de la bataille, que des forces moins considérables, que très probablement elle aurait réussi à vaincre.

Il n'en fut pas ainsi. Le commandant du Tyrol reçut de l'armée principale des instructions qui lui imposèrent tous ses mouvements. On lui prescrivit, il est vrai, d'exécuter une manœuvre semblable à celle que nous venons d'exposer : mais l'ordre lui parvint si tardivement et ses troupes étaient, du reste, tellement disséminées, qu'il n'eût pu déboucher des montagnes qu'après la bataille décisive de Solférino, et réussir qu'à donner un coup d'épée dans l'eau.

Les manœuvres de ce genre sont d'autant plus faciles à exécuter que le pays de montagnes que l'on est chargé de défendre, occupe, par sa forme bastionnée, une position flanquante, par rapport au principal théâtre d'opérations et forme, par suite, une base très étendue.

Tels sont les avantages que présente la position du Tyrol, par rapport au théâtre de la guerre soit en Allemagne, soit en Italie et l'Autriche a, par conséquent, le plus grand intérêt à s'assurer la possession de ce pays et à le mettre complètement et pleinement en état de défense.

B. *Les forces de l'ennemi en d'autres circonstances rendent la poursuite impossible.*

Quand l'ennemi aura la supériorité numérique, ou si les ouvrages de fortification qu'il a élevés sur son territoire, ne permettent pas de tirer parti de la victoire qui a couronné la contre-attaque, le défenseur du pays de montagnes se verra forcé de rester sur la défensive : il n'a plus dans ce cas qu'à rentrer dans ses anciennes positions après avoir effectué son attaque et à se tenir prêt pour de nouvelles opérations, pour de nouveaux retours offensifs, surtout si l'adversaire vient à être obligé d'interrompre son mouvement en avant et en est réduit à prendre en face de lui une position d'expectative.

Ces retours offensifs, fréquemment répétés, mais dont le caractère est essentiellement variable, s'imposent d'autant plus puissamment à la défense lorsqu'elle vient à être menacée d'un autre côté et lorsque, par conséquent, elle peut craindre de se voir obligée à porter, dans un laps de temps assez court, le gros de ses forces dans une autre direction.

Le défenseur doit alors chercher à tirer le plus grand parti possible de sa position centrale, c'est-à-dire qu'il doit se conformer aux règles qui régissent la défense contre un double mouvement tournant et multiplier ses forces en augmentant la rapidité des mouvements, en déployant en toutes choses la plus grande énergie. Le combat de Bececa, que nous relatons à la page 119, peut servir de modèle et d'exemple en pareil cas.

6.

COMBAT DE CONDINO ET ATTAQUE DU MONTE GIOVO SUR LES FLANCS ET SUR LES DERRIÈRES DE L'ENNEMI.

16 juillet 1866.

APERÇU DE LA SITUATION GÉNÉRALE DANS LE TYROL MÉRIDIONAL.

Au moment même où l'armée autrichienne du sud passait le Mincio, dans les premiers jours de juillet 1866, les troupes du Tyrol méridional entraient en Lombardie : le gros passant par le Tonal, se portait dans le val Camonica ; et les demi-brigades des lieutenants-colonels Thur et Von Höffern, marchaient par les deux bords du lac d'Idro, pour bloquer la Rocca d'Anfo. Quatre compagnies du 6ᵉ bataillon de chasseurs de l'Empereur assuraient les communications entre ces deux colonnes et afin d'empêcher l'ennemi de sortir de cette place, occupaient Monte-Suello et Ponte di Caffaro.

Mais ce mouvement offensif ne devait être que de courte durée. Les échecs éprouvés par l'armée du nord obligèrent les troupes autrichiennes à rentrer dans la Vénétie et dans le Tyrol.

Le mémorable combat de Monte-Suello, le 3 juillet, démontra clairement que les volontaires de Garibaldi se préparaient à attaquer vigoureusement le Tyrol et le combat soutenu par la demi-brigade du major Albertini, le 4 juillet, à Vezza, prouva, de plus, que les troupes de Garibaldi étaient aussi destinées à agir contre le Tonal.

Le commandant des troupes du Tyrol ordonna par suite à la demi-brigade du lieutenant-colonel Thur de se replier sur le secteur défensif du val di Ledro, à celle du lieutenant-colonel Von Höffern, de se reporter sur les excellentes positions de Lardaro, Roncone et Dos-dei-Morti, dans la vallée de Giudicaria et aux brigades de réserve, de réoccuper la position centrale de Bad-Comano et Ponte-alle-tre-Arche.

Les avant-postes extrêmes de la demi-brigade Höffern occupèrent la ligne Monte-Nossol-Castello-Monte-Narone, jusqu'à l'Alpa-Clef, près du Passo-di-Bruffione. Le val Bona, bien que ne permettant pas une défense directe, ne fut pas occupé par la demi-brigade Höffern, mais était défendu d'une manière indirecte par la demi-brigade Thur qui, postée dans le val di Ledro, s'appuyait sur le fort du val Ampola, et maîtresse du Monte-Giovo, aurait pu sans peine rendre extrêmement difficile tout mouvement en avant que l'ennemi aurait voulu tenter du côté du val Bona.

Le 7 et le 10 juillet, les troupes de la demi-brigade Thur débouchèrent du val Ampola et livrèrent les combats de Darzo, Lodrone et Ponte-di-Caffaro, qui prouvèrent que le gros des forces de Garibaldi avait commencé son mouvement en avant vers la Giudicaria et s'était solidement établi à Darzo, Lodrone et Storo.

Sur ces entrefaites, l'armée autrichienne du sud reçut l'ordre de se reporter sur le théâtre septentrional de la guerre et d'évacuer toute la Vénétie à l'exception des forteresses. On devait, par suite, s'attendre à une attaque générale et enveloppante, tant du Tyrol méridional que de la frontière sud-est de ce pays, frontière qui avait été complètement à l'abri jusqu'à ce jour et répartir en conséquence les forces relativement faibles dont on disposait.

Il semblait hors de doute que la principale attaque de Garibaldi allait être dirigée contre la Giudicaria ; Garibaldi concentrait en effet des forces de plus en plus considérables dans le val Bona, surtout autour de Storo ; le 13 juillet il occupait la position de Condino-Brione dont la possession favorisait ses projets, et s'étendait à l'ouest par les Alpes de Narone et de Cingolo-Rosso vers l'Alpe-Clef et vers le Passo de Bruffione. Les faibles avant-postes de la demi-brigade Höffern durent alors se replier dans le val di Daone sur la rive gauche de la Chiese, et dès lors il devenait presque impossible de déboucher sur Storo en passant par le val Ampola.

CONCENTRATION DES TROUPES POUR L'EXPÉDITION DU 16 JUILLET.

Le commandant des troupes stationnées dans la Giudicaria, fixé dès lors sur les projets de l'ennemi et appréciant sainement la situation, résolut d'attaquer Garibaldi, d'une part, afin de l'intimider, de l'autre afin de pouvoir jeter selon les besoins ses réserves sur un point quelconque du pays exposé désormais de tous côtés à des attaques.

En exécution des dispositions prescrites par le commandant du Tyrol, l'état-major de la brigade du colonel Montluisant avec 4 compagnies du 3e bataillon du 11e régiment d'infanterie du prince royal de Saxe et la batterie de montagne de 3 livres n° 4 (4e batterie du 5e régiment) se dirigea sur Roncone, et le 4e bataillon du 14e régiment d'infanterie grand-duc de Hesse sur Breguzza. 2 des compagnies du premier de ces deux bataillons occupèrent l'une, le Passo-di-Lansciol et l'autre, le val Valentino. La brigade de réserve du général-major de Kaim s'établit le 14, avec l'état-major, à Ponte-alle-tre-Arche et à Stenico. La demi-brigade du major comte Grünne (précédemment commandée par le lieutenant-colonel Thur) fit occuper le Monte-Giovo par des détachements du 6e bataillon de chasseurs de l'empereur.

Le 15, le quartier général du commandant en chef fut transféré de Riva à Tione où arriva le même jour la brigade de réserve Kaim.

DISPOSITIONS POUR LA JOURNÉE DU 16 JUILLET.

Le 15 au soir, le lieutenant-colonel Höffern et le colonel Montluisant, mandés à Tione, y reçurent l'ordre verbal d'attaquer le lendemain l'ennemi à Condino, Brione et sur les hauteurs qui s'élèvent à l'ouest jusqu'au Passo Bruffione et sur lesquelles de nombreux renseignements parvenus au quartier général signalaient la présence de forces assez considérables.

Le colonel baron Montluisant devait avec la colonne principale s'avancer par la vallée de Chiese sur Condino, tandis que le lieutenant-colonel Höffern avait pour mission de protéger et de couvrir ce mouvement sur son flanc droit en longeant le versant occidental de la vallée.

La brigade Kaim devait suivre en réserve dans la vallée de la Chiese.

Le major Grünne, chef de la demi-brigade qui occupait le val di Ledro, reçut par le télégraphe l'ordre de faire exécuter le même jour par les troupes dont il pouvait disposer, des démonstrations partant de Monte-Giovo dans la direction de Condino sur le flanc droit et sur les derrières de l'ennemi.

MOUVEMENT EN AVANT.

A. *Aile droite.*

La colonne Höffern, qui se composait des 7e, 8e, 10e 15e, 16e et 18e compagnies, du régiment d'infanterie prince royal de Saxe, dont les trois dernières avaient été détachées de la brigade Montluisant, de la batterie de fusées de montagne n° 1, et de la 3e compagnie de chasseurs de l'empereur, se mit en marche, le 16, à cinq heures et demie du matin, se dirigeant de Roncone vers Prezzo, à l'exception de la 3e compagnie de chasseurs qu'on porta directement de Duone sur Narone.

Des renseignements arrivés pendant la nuit ayant fait connaître que de forts partis ennemis s'avançaient de Clef vers Boazza dans le val di Daone, le lieutenant-colonel Höffern laissa à Daone, afin de couvrir les flancs et les derrières de sa colonne, les compagnies de chasseurs d'Innsbruck et de Brixen, qui avaient été employées au service des avant-postes, ainsi que la 12e compagnie du régiment prince royal de Saxe avec la batterie de montagne de trois livres, n° 3/V. (3e batterie du 5e régiment).

La 7e compagnie du régiment prince royal de Saxe, la compagnie de volontaires formée par les étudiants d'Innsbruck et la compagnie des tirailleurs d'Innsbruck et de Mieders restèrent dans leurs positions de Dos-Dei-Morti où elles avaient été postées, afin d'empêcher l'ennemi de descendre du haut val di Breguzzo.

La 11e compagnie du régiment prince royal de Saxe et la 4e compagnie de chasseurs de l'empereur, qui fournissaient les avant-postes à Pieve-di-Buono, reçurent l'ordre de rejoindre la colonne Montluisant.

La colonne du lieutenant-colonel Höffern était arrivée

à huit heures du matin à Prezzo, point situé à une grande hauteur au-dessus de la vallée.

Cet officier ordonna alors au major Krynicki de gravir les hauteurs qui s'élevaient au sud-ouest de Prezzo et de se porter sur Castelert avec les 15e et 16e compagnies du régiment prince royal de Saxe, tandis que lui-même avec le gros de la colonne, continuait son mouvement dans la direction de Narone.

B. *Centre.*

La colonne du colonel Montluisant, composée du 4e bataillon du 14e régiment d'infanterie grand-duc de Hesse, de la 14e compagnie du 11e régiment d'infanterie prince royal de Saxe, de la section de pionniers de la brigade et de la batterie de montagne de trois n° 4/V (4e batterie du 5e régiment) quitta Roncone à six heures et demie du matin.

Les 4 compagnies du 1er bataillon de chasseurs de l'empereur lui servaient de réserve et devaient le diriger de Tione vers Prezzo et Cologna.

C. *Aile gauche.*

Le 15 juillet, à la tombée de la nuit, le major Grünne avec trois compagnies du 6e bataillon de chasseurs de l'empereur, les 7e et 8e compagnies du 59e régiment d'infanterie archiduc Régnier et la 1re compagnie du 11e régiment prince royal de Saxe, arriva à Monte-Rango où se trouvait déjà la 18e division de chasseurs de l'empereur chargée de la garde du défilé.

Les deux compagnies du 11e régiment, prince royal de Saxe avec les portions disponibles des compagnies et les tirailleurs de Schwaz et de Rattenberg, la batterie de montagne de 3 livres n° 2/V (2e batterie du 5e régiment) occupaient une bonne position, au débouché du val-di-Conzei, près de Bececa : une compagnie du 6e bataillon de chasseurs de l'empereur était postée au Monte-Ginel, près du fort Ampola.

La compagnie des tirailleurs de Kitzbüchel gardait le défilé de Monte-Nossol.

Le 16 juillet, à la pointe du jour, le major Grünne se porta contre Rocca-Pagana avec 2 compagnies de chasseurs de l'empereur, 2 compagnies du 59e régiment archiduc Régnier et 1 compagnie du 11e régiment prince royal de Saxe, pendant que le capitaine Gredler, avec 2 compagnies de chasseurs de l'empereur, était chargé de faire une démonstration du côté de Condino. On laissa pour assurer la retraite une compagnie de chasseurs sur le Monte-Giovo.

COMBAT DU CENTRE DANS LA VALLÉE.

A 7 heures et demie du matin, la colonne du colonel Montluisant était arrivée à Agron, où ses avant-postes lui firent savoir que l'ennemi portait des forces considérables dans la direction du pont de Cimego.

La marche de la colonne Montluisant était couverte à droite, dans la direction de Prezzo, par 3 pelotons de la 13e compagnie, à gauche, dans celle de Cologna, par le 4e peloton de cette même compagnie : ces deux détachements côtoyaient la colonne dont l'avant-garde était formée par la 24e compagnie du 14e régiment d'infanterie grand-duc de Hesse avec 2 canons.

Au débouché du val di Daone, à Pieve-di-Buono, le colonel Montluisant reçut un nouvel avis lui annonçant que l'ennemi avait passé le pont de Cimego.

La 11e compagnie du 11e régiment d'infanterie (prince royal de Saxe), qui avait fourni les avant-postes, reçut à ce moment l'ordre de former avec la moitié de la 4e compagnie de chasseurs de l'empereur, la colonne flanquante de gauche et de se porter en avant en passant par Cologna et Castel-Romano : on prescrivit à l'autre moitié de la compagnie de se porter sur la droite pour rejoindre la 13ᵉ compagnie du même régiment : enfin on ordonna à la 23ᵉ compagnie du 14ᵉ régiment d'infanterie grand-duc de Hesse de marcher par la rive droite de la Chiese, et en suivant le chemin qui longe cette rivière, de Pieve-di-Buono sur Castelert.

Ainsi formée, la colonne Montluisant reprit sa marche vers 9 heures du matin, le gros suivant la chaussée de la vallée.

A Casamorte, bâtiment situé à 500 pas environ du pont de Cimego, l'avant-garde autrichienne vint donner contre l'ennemi et une fusillade assez vive commença aussitôt.

Le colonel Montluisant fit faire au gros de la colonne une halte d'un quart d'heure pour donner le temps d'arriver aux colonnes flanquantes qui s'avançaient sur les pentes peu praticables des hauteurs qui bordent la vallée ; l'une de ces colonnes, celle de gauche, commandée par le capitaine Pelzel, ne tarda pas à diriger sur l'ennemi un feu très vif et des plus meurtriers. Celui-ci avait disposé, on put d'ailleurs s'en apercevoir sans peine et au bout de peu de temps, des forces assez considérables, savoir tout le 6ᵉ régiment de volontaires en avant et en arrière du pont, sur la rive droite de la Chiese, le long des pentes de Cimego et de Castelert, sur la rive gauche de la rivière au pied du Monte-Giovo.

Le colonel Montluisant ne fit envoyer par les pièces de l'avant-garde que deux salves, puis il donna aussitôt aux 22ᵉ et 24ᵉ compagnies du régiment d'infanterie grand-duc de Hesse, commandées par le major Josa, l'ordre de prendre d'assaut avec la section de pionniers de la brigade le pont de Cimego sous le feu très nourri de l'ennemi. Les Garibaldiens furent repoussés, le pont enlevé et les Autrichiens prirent position sur l'autre rive. Les deux canons de l'avant-garde furent rapidement amenés de l'autre côté du pont et canonnèrent vivement l'ennemi qui s'était retiré dans la Casa del Diavolo, grand bâtiment qu'il avait crénelé, barricadé et entouré de retranchements.

La marche à la fois rapide et prudente exécutée par la colonne flanquante, ainsi que l'intervention de la compagnie de tirailleurs de Kitzbüchel et d'un peloton de la 4ᵉ compagnie des chasseurs de l'empereur qui, descendant du Monte-Nossol, avaient dirigé sur les flancs de l'ennemi un feu nourri et meurtrier, n'avaient pas peu contribué au succès de l'attaque.

Ce fut dans l'attaque si brillamment exécutée du pont de Cimego que le capitaine von Meyern du 14ᵉ régiment tomba à la tête de ses soldats.

Pendant que la colonne principale remportait cet avantage, la 23ᵉ compagnie du 14ᵉ régiment, qui s'avançait par la rive droite de la Chiese, était vivement pressée par des détachements ennemis venant de Castello. Le colonel Montluisant se vit par suite contraint à la faire soutenir par la 21ᵉ compagnie du même régiment.

Grâce à l'arrivée de ces renforts et à l'intervention énergique du capitaine Stofer, on réussit à repousser et à mettre en désordre l'ennemi, qui laissa un grand nombre de prisonniers entre les mains des Autrichiens.

La colonne de gauche fit de son côté beaucoup de prisonniers aux Garibaldiens qui cherchaient à passer la Chiese à gué en aval du pont : beaucoup d'autres se noyèrent dans le torrent.

A 10 heures du matin les troupes garibaldiennes complètement battues, et qui occupaient le matin Ponte-di-Cimego et Castello dans la vallée de la Chiese, étaient en pleine retraite sur Condino.

ÉVÉNEMENTS A L'AILE DROITE.

A ce moment, la colonne Höffern arrivait au col de Buoni-Prati où se trouvait déjà le capitaine Cramolini avec la 3e compagnie de chasseurs de l'empereur : des partis ennemis occupaient en face de ces troupes les cimes boisées du Monte-Castello et les hauteurs dans la direction de Narone et de Clef. Le lieutenant-colonel Höffern déploya ses troupes sur le col de Buoni-Prati et porta, afin de faire reculer l'aile gauche de l'ennemi, la 3e compagnie de chasseurs de l'empereur dans la direction de Narone.

Mais, à cause même des difficultés qu'on rencontra dans ce terrain presque impraticable, ce mouvement ne put s'exécuter que très lentement et ce ne fut qu'entre 1 et 2 heures de l'après-midi que, grâce au mouvement hardi et habile de la 3e compagnie de chasseurs de l'empereur et au tir de la batterie de fusées, on réussit à déloger l'ennemi qui, avec le bataillon de Cacciatori di Genova et quelques fractions tirées d'un des régiments de volontaires garibaldiens, avait jusqu'à ce moment dirigé contre la colonne un feu, incessant il est vrai, mais d'ailleurs peu efficace.

L'ennemi, laissant un grand nombre de morts et de blessés sur le terrain et 10 prisonniers aux mains des Autrichiens, se retira d'une part sur le val Giulis, de l'autre sur Castelert. Celles de ces troupes, qui se repliaient sur Castelert, vinrent donner dans la colonne du major Krinicky, qui leur prit 1 officier et 40 bersagliers.

Le lieutenant-colonel Höffern s'établit solidement sur la position abandonnée par l'ennemi.

CESSATION DU COMBAT AU CENTRE.

Pendant que ces évènements se déroulaient, le commandant en chef recevait par le télégraphe un avis lui annonçant que des troupes régulières italiennes menaçaient d'une attaque le val Sugana et le val Corsa.

Il ordonna par suite au colonel Montluisant de cesser le combat et de se retirer : cet officier se reporta d'abord sur Creto, puis sur Roncone où il arriva le soir même, sans avoir été inquiété dans son mouvement rétrograde par l'ennemi qu'il venait de mettre en déroute.

L'ordre écrit de battre en retraite n'étant pas parvenu au lieutenant-colonel Höffern, cet officier, qui continuait à entendre le canon gronder sans relâche dans la direction du sud et qui pensait que la colonne Montluisant devait être arrivée jusqu'aux environs de Condino. résolut de descendre dans le val Giulis pour attaquer l'ennemi posté sur les hauteurs de Brione.

Mais le bruit de la canonnade qu'il entendait provenait, comme on le verra plus loin, du feu d'artillerie que Garibaldi avait fait diriger contre les troupes de la demi-brigade du major Grünne qui avaient poussé jusqu'à la chapelle San-Lorenzo.

CONTINUATION DE L'OFFENSIVE A L'AILE DROITE
ET RETRAITE DÉFINITIVE.

Le lieutenant-colonel Höffern reprit sa marche en avant vers trois heures de l'après-midi. Il porta la 3e compagnie de chasseurs de l'empereur contre l'aile gauche ennemie par une gorge conduisant du Monte-Castello dans le val Giulis et lui-même suivit avec le gros de sa troupe les pentes méridionales du Monte-Castello, seule direction dans laquelle on pouvait faire passer les mulets de la batterie de fusées.

A 4 heures, le lieutenant-colonel Höffern opérait sa jonction avec la colonne du major Krynicky et apprenait alors que, malgré l'envoi de nombreuses patrouilles dans la direction de Cimego et de Condino, le major Krynicky n'avait pas réussi à se relier à la colonne Montluisant, et que, du reste, à en juger par le bruit de la mousqueterie et de la canonnade, celle-ci ne devait pas être parvenue jusqu'à Condino.

Le lieutenant-colonel Höffern put alors reconnaître complètement les dispositions prises par l'ennemi à Brione : il vit qu'il s'y était établi en force avec de l'infanterie et de l'artillerie, et il remarqua de plus, que son adversaire prolongeait et renforçait son aile gauche.

Il résolut donc, en attendant des nouvelles de la colonne Montluisant, de cesser son mouvement en avant : à 6 heures, n'ayant encore rien reçu, il donna l'ordre de se replier sur Castelert où il arriva à 7 heures et où il trouva l'ordre de se retirer sur la position de Roncone.

La retraite de la colonne Höffern s'effectua d'abord par le chemin qui longe la rive droite de la Chiese jusqu'à Creto, puis par la chaussée : à 11 heures du soir cette colonne était rentrée à Roncone.

Les avant-postes restèrent dans le val di Daone, leur gauche appuyée au Monte-Nossol.

La 3e compagnie de chasseurs de l'empereur, qui avait déjà pénétré dans le val Giulis, se replia sur Daone.

ÉVÉNEMENTS À L'AILE GAUCHE.

Pendant que les colonnes Montluisant et Höffern exécutaient leur mouvement en avant, le major Grünne avait, comme nous l'avons dit plus haut, porté ses troupes le plus rapidement possible contre la Rocca-Pagana dont les plus hauts sommets étaient fortement occupés par les tirailleurs ennemis. La colonne Grünne, en présence de l'impossibilité qu'il y avait pour elle à gravir cette masse de rochers, dut poursuivre son mouvement sous le feu incessant, mais peu efficace, des tirailleurs ennemis. C'est ainsi que vers 9 heures du matin, c'est-à-dire à peu près au moment où l'avant-garde de la colonne Montluisant rencontrait l'ennemi, la colonne Grünne atteignait de son côté le plateau situé au pied de la Rocca-Pagana, au-dessus de Storo.

Le major Grünne, qui avait laissé une compagnie du 59e régiment archiduc Régnier pour couvrir sa ligne de retraite et pour protéger ses derrières contre les partis ennemis placés sur les hauteurs qui s'élevaient au-dessus de lui, déploya les 35e et 36e compagnies des chasseurs de l'empereur sur le plateau et leur ordonna de diriger un feu des plus nourris sur les troupes garibaldiennes, assez nombreuses d'ailleurs, campées aux environs de Storo.

Cette brusque attaque surprit complètement l'ennemi, qui courut aussitôt aux armes et fit prendre rapidement position à Ponte-Dazio à une batterie que l'artillerie de la colonne Grünne cribla de ses obus.

Au même moment Garibaldi, qui venait évidemment de recevoir la nouvelle de la prise du pont de Cimego par la colonne Montluisant, transportait son quartier-général de Condino à Storo, point sur lequel les convois de l'ennemi se reportaient en toute hâte.

Malgré la confusion et l'ébranlement causés à l'adversaire par sa brusque attaque, le major Grünne, voyant le gros de l'ennemi concentré à Storo, dut d'autant plus renoncer à continuer son mouvement offensif que sa retraite pouvait être menacée et compromise par des forces assez nombreuses postées par l'ennemi sur les crêtes de la Rocca-Pagana.

Il se contenta d'envoyer encore quelques volées d'obus, puis il reporta vers le Monte-Giovo sa colonne qui, chaque fois qu'elle traversait un espace découvert, était canonnée de la façon la plus vive par l'ennemi posté sur la Rocca-Pagana.

Le capitaine Gredler était arrivé avec sa colonne jusqu'à la chapelle San-Lorenzo et dirigeait de ce point un feu concentrique des plus vifs contre les renforts que l'ennemi envoyait en toute hâte de Storo dans la direction de Condino.

Celui-ci mit en batterie quelques pièces, et canonna, mais sans succès, les chasseurs autrichiens qui s'étaient postés en s'abritant parfaitement à San-Lorenzo.

La retraite de la colonne Grünne s'effectua en même temps que celle de la colonne Montluisant, et ces troupes rétrogradèrent sur Pieve-di-Ledro où elles arrivèrent à la tombée de la nuit.

Le défilé du Monte-Rango ou Monte-Giovo resta gardé par la 16e division des chasseurs de l'empereur et par la compagnie des tirailleurs de Kitzbüchel.

Ces combats avaient permis de constater que presque tout le corps des volontaires de Garibaldi, fort de 35,000 hommes environ, et pourvu d'une nombreuse artillerie de gros calibre, était concentré entre Condino et Storo.

Quoique bien inférieurs en nombre, les Autrichiens ne réussirent pas moins à ébranler l'ennemi grâce à une attaque bien combinée et énergiquement exécutée malgré les difficultés sans nombre que présentait le terrain.

Le 16 juillet, à Condino, le corps de Garibaldi laissa 2 officiers et 233 hommes, dont 60 blessés, entre les

mains des Autrichiens, dont les pertes dans cette journée se décomposent comme suit :

Morts : 1 officier, 1 homme ;
Blessés : 1 officier, 26 hommes :
Disparu : 1 homme.

7.

COMBAT DE BECECA.

(21 juillet 1866).

Le 19 juillet 1866, dès que l'on sut, à n'en plus douter, que l'armée de Cialdini avait fait partir de Padoue
des forces considérables qui, passant par Bassano, se
portaient contre le val Sugana et n'envoyait du côté de
Vicence et de Schio que des détachements d'une importance secondaire, et que, par suite, on pouvait considérer une attaque sur Trente comme imminente, le commandant des forces autrichiennes du Tyrol résolut de
reprendre l'offensive contre les corps de volontaires de
Garibaldi, afin de les battre et de les disperser plus
complètement qu'il ne l'avait fait dans la journée du 16
et de pouvoir se jeter ensuite en toute sécurité sur les
troupes ennemies qui avaient pénétré dans le val Sugana.

PRÉPARATION DE L'OPÉRATION.

La brigade du colonel Montluisant, postée à Tre-
Arche et à Bad-Comano, reçut, le 20 juillet, l'ordre de
se porter à Campi, d'y faire la soupe, de s'élever ensuite
sur les hauteurs du Monte-Pichea, d'y opérer sa jonction avec les troupes disponibles de la demi-brigade du

major Grünne, puis, après s'être suffisamment couverte du côté de Pieve-di-Ledro, d'attaquer énergiquement Ampola, le 21 juillet.

Le colonel baron Montluisant fut investi du commandement supérieur de toutes les troupes chargées d'opérer contre le val di Ledro.

La demi-brigade Höffern qui, après les combats du 16 juillet s'était retirée sur Roncone dans la Giudicaria, reçut l'ordre d'exécuter, le 21, dès 6 heures du matin, des démonstrations offensives contre les positions occupées par l'ennemi à Cimego, Brione et Condino, et de chercher surtout à l'obliger à diviser ses forces en perçant ses lignes et en les rejetant sur les deux versants des hauteurs.

La 4e division du régiment d'infanterie archiduc Régnier qui, le 19, s'était repliée du Monte-Pari sur Riva, devait, le 21 au matin, suivre la route de Ponal, pour pénétrer dans le val di Ledro, afin d'appuyer, par une démonstration, l'attaque de la brigade Montluisant.

En cas de succès, on devait, mais en protégeant tout particulièrement le flanc gauche, se porter aussi en avant que possible dans la direction de Storo et faire occuper aussitôt les passages du Monte-Giovo par des troupes prises dans la demi-brigade Grünne.

En cas d'échec, on avait ordre de défendre jusqu'à la dernière extrémité les passages des monts Pichea, Laval, Pari et Oro.

La brigade du général-major de Kaim, postée à Alle-Sarche, et composée des 1er et 2e bataillons du régiment d'infanterie archiduc Régnier, n° 59, chacun à 4 compagnies, de 6 pièces de 4, de quelques pelotons de cavalerie, d'une section du génie et du reste du détachement sanitaire, reçut l'ordre d'en partir le 19, après avoir mangé la soupe, de se porter à Bad-Comano et à

Tre-Arche, d'y camper et d'y rester comme réserve à la disposition du commandant en chef.

Le 20, cette brigade reçut l'ordre de continuer, après avoir mangé la soupe, sa marche jusqu'à Roncone et d'attaquer vigoureusement l'ennemi, le 24, de concert avec les troupes disponibles de la demi-brigade Höffern.

DISPOSITIF DE MARCHE.

Les troupes placées sous les ordres du colonel Montluisant marchèrent formées en deux colonnes.

La première colonne (aile gauche), commandée par le major comte de Grünne, quitta, à 4 heures du matin, son bivouac de Malga-Tratt et passa par le val dei Morti.

La seconde colonne (aile droite), sous les ordres du major baron Krynicky, partit à 3 heures du matin, du col du Monte-Pichea et se porta par le val Sordu dans le val Conzei.

Les deux colonnes devaient se former à la même hauteur à Lensumo, afin de pouvoir attaquer l'ennemi simultanément.

Deux compagnies du 4e bataillon du 14e régiment (grand-duc de Hesse), de la brigade Montluisant, furent, pour plus de sûreté, envoyées au col de Monte-Laval, gardé jusque-là par la 4e compagnie du 11e régiment (prince royal de Saxe), dès qu'on sut que l'ennemi avait dirigé de ce côté une colonne d'un effectif assez considérable.

PRÉLIMINAIRES DE COMBAT.

L'avant-garde de la colonne Grünne vint se heurter près de Lensumo contre les avant-postes de l'ennemi ; renforcée presque aussitôt, elle les rejeta au delà de Lensumo et d'Enguiso.

Cette colonne prit position sur la hauteur située à l'est d'Enguiso, et jusqu'au moment où la deuxième colonne arriva à sa hauteur, ses deux batteries de fusées agirent seules contre Locca, le point le plus fort et la clef de la position ennemie ; trois quarts d'heure se passèrent avant que cette colonne n'arrivât à Lensumo.

La batterie de montagnes, n° 2/V (2e du 5e régiment), qui faisait partie de la seconde colonne, prit position près de l'église de Lensumo et ouvrit de ce point un feu des plus efficaces dirigé contre Locca.

La position ennemie s'étendait de la hauteur située à l'est de Locca jusqu'à l'église haute de Bececa : elle était occupée par le 5e régiment de volontaires, sous les ordres du colonel Chiassi : le 9e régiment, qui formait la réserve, se tenait à Bececa et sur la route de Tiarno. L'ennemi avait mis en batteries 2 pièces près de l'église de Locca et 2 autres sur la colline qui s'élève entre Locca et Bececa.

ATTAQUE ET PRISE DE LOCCA.

Dès que l'on crut l'ennemi suffisamment ébranlé par le feu des 1re et 2e batteries de fusées, et surtout par celui de la batterie de montagnes n° 2/V (2e du 5e régiment), le major Krynicky prescrivit à une division (1) du 1er bataillon de chasseurs de l'empereur de coopérer à la prise de Locca, de se porter contre le flanc gauche du village, afin d'arriver, de concert avec les troupes de la colonne Grünne, à couper complètement Locca de Bececa.

C'est à la colonne Grünne qu'incombait d'ailleurs la mission principale, la tâche la plus difficile, c'était elle,

---

(1) 2 compagnies.

en effet, qui devait s'emparer de la hauteur à l'est de Locca, clef de toute la position ennemie.

Le major Grünne donna à une compagnie du 6e bataillon de chasseurs de l'empereur à laquelle il prescrivit de suivre le lit du torrent qui descend du mont Laval à l'est d'Enguiso, l'ordre de tourner et de déborder le flanc droit de l'ennemi.

Celui-ci s'aperçut de ce mouvement, renforça son aile droite et commença à se retirer en échelon, en se portant de plus en plus à l'est de Locca et sur des positions de plus en plus dominantes. Mais, peu de temps après, dès que la colonne principale du major Grünne, composée de 3 compagnies de chasseurs de l'empereur et des 3 compagnies de tirailleurs nationaux (compagnies de Kitzbichl (1), Hopfgarten, Schwaz et Rattenberg) déboucha à la fois de face par la route qui mène à l'église de Locca et par les terrains couverts de cultures assez hautes qui se trouvent au-dessus de cette route et attaqua les 2 bataillons postés sur ce point, l'ennemi cessa de s'occuper de la colonne qui exécutait le mouvement tournant.

Attaqué vigoureusement de front et menacé surtout sur son flanc droit, il dut évacuer la position qu'il avait choisie près de l'église de Locca, ainsi que les hauteurs situées à l'est.

Il se retira alors en toute hâte sur le village assez proche de Locca.

Les troupes de la colonne Grünne, soutenues d'abord par la division (2) du 14e régiment (régiment du grand-duc de Hesse), puis par la division (2) de chasseurs de l'empereur, de la colonne Krynicky, pénétrèrent à sa

---

(1) Également appelée compagnie de Kitzbüchel.
(2) 2 compagnies.

suite dans le village, pendant que la compagnie envoyée comme nous l'avons dit plus haut, pour déborder son flanc droit, le prenait à revers.

Chaque maison et chaque ferme étaient bondées de troupes ennemies et il fallut les enlever une à une après un combat meurtrier : les Autrichiens firent prisonnier presque tout un bataillon du 5ᵉ régiment de volontaires, en tout plus de 600 hommes.

ATTAQUE ET PRISE DE BECECA.

Après avoir enlevé Locca, le colonel baron Montluisant se porta immédiatement contre Bececa où l'ennemi, défalcation faite des 600 prisonniers et des 300 hommes tués ou blessés qu'il avait perdus à Locca, avait pris position avec 7 bataillons environ.

3 de ces bataillons au moins occupaient la colline, l'église et le cimetière, situés près de Bececa, le village et l'éperon qui s'élève au nord-ouest.

Ses réserves étaient postées sur la route au sud du village ainsi que sur le chemin de Santa-Lucia et de Tiarno.

2 pièces d'artillerie étaient en batterie au sud de Bececa sur l'un des gradins de Ciusa-Casette : l'ennemi avait déjà retiré ses 2 autres pièces et les 2 bouches à feu dont il vient d'être question ne tardèrent pas à en faire autant et à venir prendre une nouvelle position sur un mouvement de terrain au nord de Santa-Lucia.

Après que l'artillerie du colonel Montluisant, établie sur la hauteur à l'est de Locca, eut vigoureusement canonné pendant un certain temps la colline voisine de Bececa et le village lui-même, on donna le signal de l'attaque générale de Bececa.

Cette attaque générale fut préparée par la colonne Krynicki qui porta contre les escarpements rocheux si-

tués au nord de Bececa, une division (1) du 1er régiment
de chasseurs de l'empereur et s'en empara après en
avoir chassé quelques partis ennemis.

La colonne Grünne se porta alors de Locca contre
Bececa, pendant qu'une division de chasseurs de l'empereur et une division du 11e régiment (régiment de
Saxe), de la colonne Krynicky attaquaient le front nord
du village.

Après un violent combat, l'ennemi céda sur tous les
points.

Les troupes autrichiennes pénétrèrent dans le village de tous les côtés à la fois avec une impétuosité telle
qu'elles y firent environ 500 prisonniers.

Dès que l'ennemi battu et mis en déroute eut évacué
Bececa, la division de chasseurs de l'empereur, qui s'é-
tait peu à peu avancée des rochers situés au nord du
village jusqu'à l'éperon, et qui avait été peu après re-
jointe par une division du 11e régiment (régiment de
Saxe), ouvrit sur les fuyards un feu si violent que les
pertes subies par l'ennemi s'élevèrent à environ 400
hommes tués et blessés.

Pendant que l'on attaquait et que l'on enlevait ce village à la baïonnette, le commandant de la batterie de
montagne No 2/V (2e du 5e régiment) porta 2 de ses pièces
sur la colline entre Locca et Bececa, pendant qu'il restait lui-même encore momentanément sur son ancienne
position de Locca. Peu de temps après cependant il s'a-
vançait lui-même avec ses 2 autres pièces jusqu'à la
hauteur sur laquelle s'élève l'église de Bececa et dirigeait de ce point un feu d'une précision étonnante
contre l'ennemi en fuite.

Celui-ci ne put échapper aux projectiles qu'en se jetant dans la gorge formée par le torrent qui, descendant

---

(1) 2 compagnies.

de la Ciusa-Casette, débouche près de Santa-Lucia. Il trouva encore un abri derrière la hauteur au nord de Santa-Lucia, hauteur sur laquelle il avait placé 2 de ses pièces.

Pendant que ces évènements se déroulaient à Locca et à Bececa, la réserve, formée par une division du régiment d'infanterie grand-duc de Hesse et qu'on avait postée à Lensumo, avait à surveiller attentivement le lit parfaitement praticable du torrent qui descend du Monte-Viesch sur Lensumo.

La crête de cette hauteur était, en effet, fortement occupée par l'ennemi qui épiait le moment où l'on aurait dégarni Lensumo pour descendre de la montagne, se jeter sur la ligne de retraite des Autrichiens et pouvoir changer facilement un échec des troupes impériales en une défaite des plus graves.

A 11 heures et demie du matin, les Autrichiens étaient maîtres de la clef du val di Ledro, l'ennemi était en pleine déroute et hors d'état de tenter un retour offensif.

Le combat avait déjà cessé depuis trois quarts d'heure, lorsque les différents détachements firent connaître que les munitions étaient presque complètement épuisées.

La réserve seule en avait encore.

Les batteries de fusées n'en avaient plus, sauf quelques charges à mitraille.

La batterie de canons disposait de 47 coups.

La certitude que les forces ennemies concentrées entre Tiarno et Ampola étaient considérables, qu'il y avait là 12,000 hommes que l'on ne pouvait songer à repousser, et le manque de munitions empêchèrent de poursuivre l'ennemi dans la direction d'Ampola.

L'échec qu'on venait de lui faire subir était d'ailleurs si grave qu'il allait lui falloir assez longtemps pour se remettre et qu'on n'avait pas à craindre de sitôt une nouvelle attaque de sa part.

RETRAITE SUR LE MONTE-PICHEA APRÈS AVOIR OBTENU
LES RÉSULTATS DÉSIRÉS.

Le but assigné par le commandant en chef ayant été atteint, la retraite s'effectua dans l'ordre le plus parfait et fut couverte par une division du 11ᵉ régiment, (régiment de Saxe) et par une division du 14ᵉ(régiment du grand duc de Hesse). On emmena les blessés.

Le transport des blessés jusque sur le Monte-Pichea présentait des difficultés inouïes : aussi fût-on obligé d'en laisser quelques-uns pendant cette nuit, mais sous bonne garde, à la briqueterie du sentier qui court à travers le val Sorda. Le 22 au soir, tous les blessés étaient transportés à Riva.

Le combat de Bececa avait coûté :

A l'ennemi, environ 700 hommes tués et blessés, 1104 prisonniers, dont 2 officiers supérieurs et 19 autres officiers ;

Aux Autrichiens, 6 officiers et 19 hommes tués : 7 officiers et 75 hommes blessés.

Le lieutenant Hammel, du 1ᵉʳ bataillon de chasseurs de l'empereur qui, avec 91 hommes placés sous ses ordres, avait été coupé de son corps, rejoignit le lendemain son bataillon avec tout son monde, après avoir passé par le val Gaverdina et Bondo.

La 4ᵉ compagnie du 11ᵉ régiment, qui fournissait le poste bien chargé de garder le passage du Monte-Laval, avait eu pendant ce temps, de son côté, avec l'ennemi, un engagement tout à fait indépendant du combat de Bececa.

Dès la pointe du jour, le 21, l'ennemi avait dirigé des troupes dont l'effectif s'élevait à plus d'un bataillon contre ce défilé.

La compagnie se porta à la rencontre de l'adversaire jusqu'à un point qui se prêtait parfaitement à la défense ;

elle repoussa vigoureusement l'ennemi, à 5 heures du matin, lui tua 38 hommes et lui fit 4 prisonniers.

Pendant l'après-midi, une patrouille de cette compagnie découvrit encore un officier et 34 hommes qui s'étaient cachés dans les broussailles et les fit prisonniers.

Enfin, la 4e division du 59e régiment (régiment de l'archiduc Régnier), qui devait se porter de Riva sur Pieve-di-Ledro par la route du Ponal, se trouva, à Legot et à Molina, en présence d'une troupe ennemie bien supérieure en nombre, le 2e régiment de volontaires, et fut forcée de se retirer après un engagement de peu de durée.

SERVICE DES RENSEIGNEMENTS ET DES INFORMATIONS DANS LA MONTAGNE.

La défense ayant le plus grand intérêt à se procurer avant tout et aussi rapidement que possible des renseignements certains sur la direction de la véritable attaque de l'ennemi, sur le caractère et le dispositif de ses marches, de même que sur la force et la composition de ses colonnes, il est absolument indispensable :

1° De songer à organiser à l'avance un bon système de renseignements ;

2° De prendre toutes les mesures qui permettent de transmettre rapidement la nouvelle des évènements qui se produisent sur la ligne des extrêmes avant-postes.

Pour ce qui est du service des renseignements et des reconnaissances, on se conformera aux principes d'expérience admis et recommandés par les règlements et qu'on adaptera à la guerre de montagne.

Il ne nous reste donc plus qu'à dire quelques mots sur le mode de transmission des renseignements recueillis.

Ce n'est que par des signaux, par le télégraphe ou par des ordonnances montés ou transportés en voiture que l'on peut transmettre la nouvelle d'une attaque de l'ennemi.

Signaux.

Les signaux dont on se sert à cet effet sont, les uns, des colonnes de fumée ou des signaux faits à l'aide de

feux qu'on allume; les autres, des coups de mortiers e
de canon, dont le nombre fixé à l'avance est porté à la
connaissance des troupes.

Les colonnes de fumée et les feux présentent, entre
autres inconvénients celui de n'être pas perceptibles par
les temps de brouillard et de pluie et ne répondent donc
pas au but proposé. Il faut, en outre, pour pouvoir être à
même de bien les observer pendant la nuit, noter exactement leur emplacement et leur direction pour ne pas être
exposé à les confondre avec les feux ou avec la fumée des
feux que quelque berger pourrait allumer par hasard
dans le voisinage de ces signaux et dont la lueur pourrait occasionner des alertes intempestives.

Les coups de canon ou de mortiers doivent être par
suite préférés aux signaux exprimés à l'aide de la fumée et des feux : mais comme on ne peut, dans les
pays de montagnes, amener des canons que sur certains
points, on aura plus d'avantage à se servir des petits
mortiers que l'on trouve en pays de montagne dans
presque toutes les localités. En cas de besoin, on peut
suppléer à l'absence des mortiers à l'aide de trous pra-
tiqués dans la terre ou dans les rochers, comme on le fait
d'ailleurs très souvent dans les montagnes.

Comme tous ces signaux ne peuvent servir à faire connaître au défenseur que l'imminence, et tout au plus, la
direction de l'attaque, mais ne peuvent le renseigner
sur la nature et la force de cette attaque, il faut, afin de
se procurer le plus rapidement possible les indications
dont on a besoin, avoir recours au télégraphe et mettre
les réserves stratégiques postées plus en arrière, en re-
lation avec les réserves tactiques placées en avant, en
établissant des communications télégraphiques, autant
que faire se pourra, sur toutes les lignes d'opérations
principales et secondaires.

Dans le cas où le réseau télégraphique aboutirait jusqu'à la ligne d'observation, les postes d'observation ne devront se servir du télégraphe que pour correspondre avec les réserves tactiques. Les commandants de ces réserves jugent seuls si les nouvelles qu'ils reçoivent de la sorte, sont de nature à être transmises à la réserve stratégique qui, sans cette précaution, aurait trop souvent à prendre les armes inutilement.

Ce sont aussi ces commandants qui décident, s'il y a lieu, d'avoir recours aux colonnes de fumée et aux feux, ou aux signaux faits à l'aide de mortiers.

Quand les réserves stratégiques, au lieu de former une masse concentrée en un seul point, sont réparties en plusieurs groupes sur une ligne de défense ou de manœuvre, on doit les relier entre elles par le télégraphe.

Même lorsqu'on se servira des signaux optiques et du télégraphe, il sera bon et même indispensable, dans la plupart des cas, d'expédier aux commandants de la réserve des gendarmes ou des courriers montés ou transportés en voiture qui seront chargés de remettre un rapport écrit et détaillé des évènements; on doit surtout avoir recours à ce mode de correspondance, lorsqu'on ne peut pas se fier complètement à la population et qu'il y a par suite lieu de craindre que la malveillance cherche à interrompre les communications télégraphiques.

Corps de signaux.

Dans la guerre de montagnes, alors que les différentes colonnes séparées les unes des autres par des massifs montagneux, par des gorges, par de larges vallées, etc., etc., ne peuvent correspondre entre elles, parfois qu'en faisant faire de grands détours aux porteurs de dépêches, mais toujours en perdant énormément de temps, on aura tout avantage à se servir, tant en station que pendant le cours des opérations, de la *télégraphie optique volante* qu'on a employée avec beaucoup de succès dans la guerre de Sécession.

L'exécution de ce service est confiée à un corps de signaux, dont l'instruction peut se faire en deux mois, et dont les troupes fournissent les éléments à raison de trois à cinq hommes par bataillon, et que l'on place sous le commandement d'un officier.

Les appareils, très simples et très faciles à transporter dont on dote ces corps, sont :

1° Une perche de signal à coulisses, sur laquelle on fixe les drapeaux ou les fanaux ;

2° De petits disques en fil de fer, recouverts de morceaux de laine de couleur ;

3° Une jumelle, un pliant, un chevalet et un carnet.

L'alphabet est formé par les combinaisons de deux signaux élémentaires, l'un à droite, l'autre à gauche, d'après les mêmes principes que dans le système Morse: on convient, en outre, de combinaisons particulières pour les signaux généraux, tels que les signaux d'*appel*, ceux destinés à réclamer l'attention de la station voisine, les signaux d'alerte, ceux qui font connaitre la transmission défectueuse d'une dépêche incompréhensible, ou bien encore ceux destinés aux avant-postes, aux colonnes latérales et qui comprennent les phrases suivantes : « on a rencontré l'ennemi, attaquez l'ennemi, l'ennemi est en retraite, le défilé est franchi. »

Le service télégraphique est fait par des stations de signaux qui se composent, en général, chacune d'un sous-officier et 4 hommes, et qui peuvent être séparées l'une de l'autre par une distance variant de 2,000 pas à 7,000 et même 15,000 mètres en raison des conditions locales, atmosphériques et climatériques.

Les stations reçoivent les dépêches qui leur sont envoyées et les transmettent, en raison des distances, soit à la station suivante, soit directement au destinataire.

Chacune d'elle doit contenir l'adresse, le texte, la signature et l'heure de l'expédition.

Un personnel suffisamment exercé peut expédier en 4 minutes une dépêche de 10 mots; on gagnera donc ainsi énormément de temps, surtout en pays de montagnes.

Comme, pour constituer un pareil système de télégraphie, on n'aura pas besoin d'un personnel possédant des aptitudes spéciales, la formation de ces corps de signaux sera chose aisée : en outre, comme les appareils fort légers dont on se sert peuvent être, une fois repliés, enveloppés et portés sur le dos, les difficultés que pourrait présenter le terrain n'influeront en rien sur leur établissement : il sera facile de les installer sur le haut des rochers, sur les sommets les plus escarpés, de les établir au-dessus des forêts, et de faire correspondre entre eux des corps séparés même en passant par-dessus la tête de l'ennemi.

On reliera de la sorte les lignes d'observation aux réserves tactiques, parfois même aux réserves stratégiques; on établira toujours la communication entre les colonnes latérales et le corps principal, même pendant le combat, et l'on parviendra ainsi à donner un caractère d'unité et une sécurité presque absolue à la direction des opérations.

ÉTABLISSEMENT DES COMMUNICATIONS NÉCESSAIRES
AUX OPÉRATIONS.

Même dans le cas où, grâce à l'existence d'un service bien organisé d'espionnage et de renseignements, le commandant chargé de la défense d'un pays de montagnes sera complètement au courant des projets et des préparatifs de l'ennemi, lors même que le plan, auquel il se sera arrêté afin de déjouer les intentions de son

8

adversaire, sera parfaitement logique et judicieux, et en admettant de plus qu'il soit en mesure d'assurer l'exécution énergique de ses projets, de se porter rapidement sur le point menacé, ou de couper de ses lignes de communication et grâce à un mouvement tournant l'ennemi qui aura pénétré à l'intérieur du massif montagneux, il faut en outre qu'il puisse lui-même profiter à chaque instant des lignes qui conduisent aux réserves tactiques, ainsi que des lignes principales de manœuvres, qui, seules, lui permettent d'exécuter des manœuvres enveloppantes de ce genre. Il faut par suite que ces lignes soient toujours praticables, en tout temps et pour toutes les armes.

Dans le cas où ces lignes comporteraient des chemins autres que des grandes routes et des chaussées, on devra réparer ces voies de communication et les rendre aussi viables que possible.

Il est absolument ridicule de croire, comme le font encore certains esprits étroits et peu pratiques, qu'afin de rendre l'accès des montagnes difficile ou même impossible à l'ennemi, on doive y établir le plus petit nombre possible de bonnes communications. De mauvais chemins n'arrêtent pas l'ennemi, mais causent en revanche un préjudice des plus sérieux à la défense.

Quand une route est bonne pour l'assaillant, elle l'est aussi pour le défenseur qui doit forcément avoir recours à l'offensive, s'il tient à voir ses opérations couronnées de succès.

Aujourd'hui, par suite des proportions inouïes données au déboisement, les montagnes sont privées de leurs antiques ornements et l'on ne rencontre plus que très rarement de grandes forêts capables d'arrêter la marche de l'ennemi. Les mamelons à pentes douces qu'on trouve en général dans les régions les plus élevées des hautes montagnes sont presque toujours couverts de pâturages qui sont en général praticables en une foule d'endroits, même en dehors ou en l'absence de chemins : il en résulte par conséquent que le manque de bonnes routes n'arrêtera pas et ne saurait arrêter les mouvements de l'ennemi.

Si, par suite, on abandonne une des routes existantes, on ne devra en chercher les motifs que dans le changement de direction du trafic, etc., et dans le fait que les frais fort coûteux d'entretien de cette route cessent d'être en proportion avec les services qu'elle rendrait.

C'est pour ce motif et non pas en raison des considérations stratégiques que l'on a délaissé la magnifique route du Stilfser-Joch (Stelvio).

Les considérations stratégiques auraient, au contraire, milité en faveur du maintien de cette route, mais, malgré leur importance, elles n'étaient pas de nature à justifier les dépenses considérables qu'aurait occasionnées l'entretien de cette voie.

De bonnes routes, loin d'être un désavantage pour la défense, lui assurent, au contraire, en pays de montagnes, des avantages fort appréciables.

Dès le début des hostilités, le défenseur doit, dans le plus bref délai possible, rendre en certains points les routes complètement impraticables à l'ennemi afin de l'obliger à perdre un temps précieux qu'il sera forcé d'employer à leur réparation.

On devra surtout procéder à une destruction aussi complète que possible des voies de communication, toutes les fois que le défenseur sera obligé de porter le gros de ses forces sur un autre théâtre d'opérations plus important et plus menacé.

Dans ce cas, en effet, il importe par-dessus tout de retarder le plus possible la marche des forces ennemies auxquelles on faisait tête dans le principe, afin de gagner le temps nécessaire à l'exécution des contre-manœuvres et de pouvoir battre l'ennemi en détail.

C'est encore pour augmenter les difficultés de l'attaque que le défenseur doit rendre impraticables les voies de communications secondaires et latérales par lesquelles l'ennemi pourrait se glisser entre les différents postes de la ligne d'observation et tourner la position des réserves tactiques.

FORTIFICATION D'UN PAYS DE MONTAGNES.

La plus ou moins grande importance des points stratégiques sert dans un pays de montagnes, comme sur les autres théâtres, à faire connaître l'étendue et la nature des travaux qu'il y aura lieu d'y exécuter en raison même du caractère qu'on compte y donner à la résistance, et permet par suite de déterminer ceux pour lesquels il s'agira d'avoir recours à la fortification permanente ou à la fortification passagère.

Il découle des principes que nous avons exposés au chapitre précédent que l'on doit, lorsqu'il s'agit de la mise en état de défense d'un massif montagneux, s'occuper tout particulièrement des points qui peuvent servir de position centrale aux réserves stratégiques, tels que, par exemple, les points d'intersection des lignes d'opérations et de manœuvres.

Les réserves stratégiques qui, pour faire une manœuvre stratégique, s'éloignent de leurs positions, qui s'enfoncent dans une vallée latérale pour exécuter une contre-attaque directe ou indirecte, ne peuvent entreprendre de semblables mouvements qu'autant qu'elles n'ont rien à craindre pour l'importante position qu'elles viennent de dégarnir et dont la possession assure seule la possibilité de leur retraite.

Il n'en sera ainsi que lorsque cette position aura été suffisamment fortifiée pour être à même de résister à des forces ennemies qui viendraient l'attaquer d'un autre côté pendant le temps qu'il faudra au défenseur pour exécuter sa contre-attaque.

Les points stratégiques les plus importants en pays de montagne et qu'il faut par suite fortifier d'une manière permanente sont, et de là découlent les principes que nous avons émis précédemment :

Les points d'intersection des principales lignes d'opérations et des principales lignes de manœuvres ;

Les points de rencontre de toutes les lignes d'opérations qui rayonnent à l'intérieur de montagnes formant la ceinture d'une vallée concentrique ;

Les principaux bassins, dans un pays de montagnes formé de vallées longitudinales, par cela même que leur possession assure celle de toute la vallée. Dans ce cas, ce sera en raison de la nature des chaînes parallèles que l'on verra s'il y a lieu de poster les réserves stratégiques, chargées de les défendre, en avant ou en arrière de ces chaînes et que l'on déterminera l'emplacement des ouvrages de fortification.

On devra dans ce cas se conformer aux principes préconisés pour la mise en état de défense de ceintures de montagnes servant de barrières stratégiques.

NATURE DES DÉFENSES DES PRINCIPAUX POINTS STRATÉGIQUES.

Les principaux points stratégiques d'un pays de montagnes étant, en raison de leur nature même, généralement entourés de hauteurs dominantes, il en résulte que la fortification, qui doit évidemment embrasser auss ces hauteurs, s'étendra forcément à une certaine zone de terrain montagneux et que, pour assurer la défense d'un pareil point stratégique, on devra souvent se résoudre à la construction d'un camp retranché.

8.

Mais la grande extension donnée aux travaux de défense serait tout à fait hors de proportion avec les forces de second et même de troisième ordre que l'on emploie dans la guerre de montagnes et occasionnerait des dépenses par trop considérables. Comme il importe, soit qu'il s'agisse de ces points stratégiques ou de camps retranchés, de s'assurer surtout la possession des lignes extérieures de la défense, de ces lignes qu'on désigne sous le nom de lignes offensives, on pourrait donc réaliser une notable économie sur les travaux de mise en état de défense d'un point central stratégique important situé en pays de montagnes, en se bornant à ne fortifier d'une manière permanente que les seules lignes stratégiques extérieures et à ne s'occuper de la mise en état de défense du noyau qui aura le caractère d'une place du moment, que lorsque les hostilités commenceront.

Souvent même, la construction d'un semblable ouvrage central sera chose absolument superflue. C'est là ce qui arrivera quand il n'y aura ni une ville ni un centre de population au point stratégique important. Un fort suffira dans ce cas pour compléter tout le système défensif et lui servir de réduit. C'est à ce système de fortification qu'on devra avoir recours toutes les fois que la position principale choisie et occupée par la défense se trouvera en avant de la chaine de montagnes et lui permettra de commander la vallée et les plaines qui s'étendront à ses pieds.

Exemples : les fortifications de Lans et de Mutters, au sud d'Innsbruck.

FORTIFICATION D'UN POINT CENTRAL AVEC NOYAU
(*voir* PL. I).

Supposons que le point central d'un pays de montagnes se trouve situé à l'intersection de la principale

ligne d'opérations avec la principale ligne de manœuvres de la région, et que toutes les lignes d'opérations
importantes convergent soit en ce point, soit dans son
voisinage immédiat, il est clair que de la possession
de ce point dépendra celle de tout le pays.

Supposons, en outre, que l'ennemi puisse s'avancer
par les quatre lignes principales A, B, C, D, et que la
réserve stratégique soit, par suite, obligée à prendre
position au point central. Ce sera également de ce
point que devront partir les retours offensifs dirigés contre
l'assaillant.

Par conséquent, si l'on veut n'avoir rien à redouter
pour cette position très importante et pour que, au
moment où les réserves stratégiques s'en éloigneront
afin de tenter un mouvement offensif dans une des directions A, B, C, D, on n'ait pas à compter, à propos
de la possession de la ligne de retraite, avec des crain-
tes, des inquiétudes qui paralysent l'offensive et lui
feraient perdre toute son énergie, il est indispensable
que le point X soit solidement fortifié.

Les lignes d'opérations A, B, D franchissent, par des
défilés et des cols, les chaînes de montagnes M, N, O et
P, Q, R, parallèles à la vallée principale, chaînes que
traverse en outre une ligne de communication latérale conduisant dans la vallée principale. En raison
même de la configuration du terrain, il faut que les
hauteurs qui dominent et commandent la ville située
au point d'intersection des routes soient comprises dans
le système défensif, afin d'empêcher l'ennemi de bombarder efficacement cette ville.

En dehors même de la considération que nous venons
d'exposer, on devra pour déterminer la distance qu'il y
aura lieu de mettre entre les forts et le point central
tenir compte du fait suivant. Supposons qu'après avoir
exécuté un mouvement offensif dans la direction B, le

défenseur vainqueur rentre dans sa position centrale, mais qu'il trouve l'ennemi, qui a marché par la direction D, maître des hauteurs G, H, que l'on ne peut attaquer que de front et réussir à enlever qu'en perdant et beaucoup de monde et beaucoup de temps. Si le défenseur est hors d'état de s'emparer en très peu de temps des points G, H, et si l'ennemi, reprenant l'offensive dans la direction B, se reporte en avant avec une énergie nouvelle, le défenseur posté en X s'expose alors à tous les dangers d'un enveloppement tactique et peut même se faire écraser.

Il faut donc que les points G, H soient repris par le défenseur, avant que l'adversaire n'ait eu le temps d'accourir par la direction B, ou pour faire mieux on devra fortifier d'une manière permanente les points G, H, afin que l'ennemi, venant de D, ne puisse s'en emparer. Il y aura un grand avantage à interdire complètement à l'ennemi l'accès des environs du point X, à l'arrêter par suite devant la chaîne parallèle M, N, O. Ces deux motifs militent en faveur de l'établissement sur la chaîne M, N, O d'une ligne de défense active qu'il y aura lieu de porter presque jusqu'à l'extrémité du versant occidental de cette chaîne.

Il est clair que l'on devra en même temps songer à barrer les routes en S et en R par de simples forts d'arrêt.

Les points situés sur la ligne offensive extérieure par rapport au point central, c'est-à-dire sur la ligne qui servira de base à des mouvements offensifs et permettra de les exécuter énergiquement et sans obstacles, devront être fortifiés d'une manière permanente, afin que l'ennemi ne puisse s'en rendre maître qu'après un siège d'une certaine durée, et aussi afin de pouvoir abandonner ces ouvrages à eux-mêmes pendant un laps de temps assez long. Il faut à l'avance songer à se ménager en arrière d'autres défenses, c'est-à-dire que ces ouvrages doivent être également forts de tous les côtés.

Quand les principaux points situés sur la ligne extérieure, dont l'importance est tellement capitale, seront réellement forts, il suffira en cas de besoin d'élever, à côté d'eux sur des points secondaires des ouvrages de fortification passagère et enfin, lorsque le terrain le permettra, d'établir une deuxième ligne composée d'ouvrages de fortifications passagères et d'un noyau du même genre.

Les dépenses occasionnées par l'établissement de semblables ouvrages sont peu considérables, la garnison chargée de les garder et de les occuper n'absorbe qu'un nombre peu considérable de troupes et enfin, dans la main d'un général habile sachant imprimer un caractère offensif aux opérations exécutées dans la montagne, de semblables postes rendront de réels et sérieux services, en un un mot tous les services qu'on était en droit d'attendre de leur part.

FORTIFICATION D'UN POINT CENTRAL SANS NOYAU (PL. II).

Supposons que A B soit une chaîne de hautes montagnes formant une barrière stratégique, et que la vallée principale C D, dans laquelle est situé le point important d'intersection X, se trouve en arrière de cette chaîne. La principale ligne de retraite qui se dirige sur M s'élève d'abord sur le plateau peu élevé J K, et s'engage ensuite dans le défilé compris entre les deux chaînes de hautes montagnes R S.

Ces deux massifs, R S, ne peuvent être tournés qu'à une grande distance par des colonnes considérables formées de troupes de toutes armes.

Les pentes abruptes des hautes montagnes des massifs R S s'élèvent en amphithéâtre au-dessus du plateau J K.

La mise en état de défense du point d'intersection X présenterait des difficultés très réelles, coûterait trop cher, et absorberait de plus une trop forte garnison.

Au contraire, si l'on construit quelques forts permanents sur le plateau inférieur J K, qui domine toute la vallée, avec un fort central qui barrera la route, l'ennemi ne pourra ni s'avancer ni se répandre dans la vallée principale C D, et l'attaque qu'il tenterait de faire serait d'autant plus sûrement entravée, par cela même que le mouvement tournant, auquel il cherchera à avoir recours, ne peut se faire qu'à une grande distance, et nécessitera plusieurs jours de marche.

NOMBRE DES POINTS CENTRAUX AYANT UNE IMPORTANCE STRATÉGIQUE EN PAYS DE MONTAGNES.

La configuration, l'étendue d'un pays de montagnes et sa position stratégique par rapport aux théâtres d'opérations adjacents, permettent de déterminer : 1° quel sera le nombre des fronts stratégiques ; 2° s'il suffit de fortifier un seul point central à ces derniers, ou si la direction de la ligne d'opérations et la gravitation vers l'intérieur du pays rendront nécessaire l'établissement de plusieurs réduits de ce genre.

Quand il y a plusieurs points centraux, il faut les fortifier et les occuper comme nous l'avons dit plus haut ; et l'obligation de faire front à divers théâtres d'opérations détermine le choix des points qui doivent, dès le début des opérations, être complétés et renforcés à l'aide d'ouvrages de fortifications passagères.

FORTIFICATION DES LIGNES D'OPÉRATIONS.

Les points stratégiques situés sur les lignes d'opérations que l'on peut, en raison de leur caractère de défilé, barrer facilement, dont la possession, indispensable pour le défenseur, peut seule lui permettre de prendre l'offensive et qui, s'ils tombaient entre les mains de troupes ennemies, même d'un effectif assez faible, augmenteraient dans des proportions très grandes les difficultés que présenterait l'exécution d'un mouvement offensif, ont une importance telle qu'il est de toute nécessité de fortifier ces points d'une façon permanente.

Si l'on veut simplement barrer la ligne, il suffira alors de donner à la fortification un caractère purement défensif. Mais si le défenseur veut se créer un point d'appui pour prendre et poursuivre l'offensive, il faut que les défenses élevées sur ce point aient, elles aussi, un caractère offensif.

Si, par exemple (pl. 1), la réserve stratégique veut prendre l'offensive et se porter du point S contre le point A, et s'il existe, à portée de canon du fort d'arrêt placé en avant du défilé J, une position favorable K L, il serait complètement insuffisant de donner à la fortification du point J un caractère purement défensif, mais il faudrait de plus élever en K L T des forts qui permettront au défenseur de prendre l'offensive et de se porter en avant.

La construction d'un fort sur la communication latérale E qui relie les lignes d'opération C et D, remplit le même rôle de ce côté.

En général, les points qu'on devra fortifier en leur donnant ce caractère offensif seront les points d'intersection des lignes de manœuvres.

FORTIFICATION DES LIGNES DE MANŒUVRES.

Les points d'intersection dont nous venons de parler doivent rester entre les mains du défenseur pour qu'il puisse exécuter avec quelque chance de succès les manœuvres qu'exige la défense active, par cela même que leur possession peut seule rendre possible l'exécution des mouvements tournants.

C'est encore pour la même raison qu'il y aura intérêt à rester maître des défilés et des cols par lesquels on est obligé de passer pour se porter d'une vallée dans une autre, au moment où l'on procède à l'exécution de semblables manœuvres, et c'est en tenant compte de la configuration du terrain et de l'importance de ces points qu'on pourra voir s'il y a lieu d'y élever des ouvrages de fortifications passagères ou permanentes.

Il en est de même pour les points qui font communiquer entre eux les divers encaissements des longues vallées, et dont la possession assure la possibilité du passage de l'un à l'autre de ces encaissements.

NATURE ET CARACTÈRE DES FORTIFICATIONS PERMANENTES
EMPLOYÉES DANS LES MONTAGNES.

Les fortifications ont, en général, pour but de rendre faciles et possibles les opérations du général : elles doivent donc être en rapport avec le caractère même de ces opérations. Or, ces opérations affectant dans la montagne un caractère essentiellement offensif, les fortifications offensives seules rempliront les conditions voulues.

Le caractère de toutes les fortifications élevées dans les montagnes, à l'exception des forts d'arrêt, sera donc purement offensif.

Comme ces ouvrages ne peuvent être protégés contre les effets foudroyants et destructeurs des canons rayés, que fort rarement par l'abaissement du terre-plein, et plus rarement encore par la disposition du glacis, comme en leur donnant la forme de tour on les découvre depuis le pied jusqu'au sommet du rempart, on ne devra fortifier que les positions et les points contre lesquels l'artillerie ennemie sera dans l'impossibilité d'ouvrir le feu à petite distance. Toutes les fois qu'on ne pourra pas satisfaire à cette dernière condition, on devra blinder les revêtements, et employer des tours mobiles en fer. Il faudra alors, dans le dernier cas, ménager et creuser dans le roc des logements pour la garnison, des magasins pour les vivres, etc., en sorte que le cône métallique avec ses embrasures émerge seul au-dessus de l'horizon du terrain naturel.

ÉTABLISSEMENT DE MAGASINS D'APPROVISIONNEMENTS DANS LES OUVRAGES DE FORTIFICATIONS PERMANENTES.

Le ravitaillement étant en général très difficile dans les montagnes, surtout quand il faut y pourvoir en se faisant suivre par les convois de vivres, ou en les traînant avec soi, il est indispensabls de parer à cet inconvénient par l'établissement de magasins mis à l'abri d'un coup de main.

Les forts bâtis sur les points stratégiques les plus importants sont appelés à servir, pendant un certain temps, de base aux manœuvres offensives du défenseur. Dans ce cas, la troupe devra pouvoir en tirer les vivres et les munitions dont elle aura besoin au moins pour quelques jours.

Les magasins de ces forts ne doivent pas être approvisionnés seulement en raison de l'effectif de la garnison, et, en tenant compte de la durée probable de leur résistance, mais aussi en raison de la force des troupes appartenant à la réserve stratégique qui pourraient être appelées à opérer dans leur voisinage. Sous ce dernier rapport on devra y rassembler de quatre à six jours de vivres.

DIMENSIONS DES FORTS DE MONTAGNE.

Les dimensions des forts de montagne sont déterminées en raison de leur destination, de leur but, de la configuration du terrain, de la quantité des provisions en vivres et en munitions qu'ils doivent contenir.

L'effectif de la garnison doit être fixé au chiffre le plus faible possible : quarante à cinquante hommes d'infanterie devraient, en général, suffire pour un fort. Mais, en revanche, on devra doter chacun de ces forts d'une puissante et nombreuse artillerie.

L'effectif de la garnison de ces forts doit être peu considérable, parce que ces forts ne peuvent être abandonnés pendant longtemps à eux-mêmes, et qu'il faut absolument chercher à avoir le plus grand nombre possible de troupes disponibles pour les opérations en rase campagne.

On serait par suite dans l'impossibilité de se conformer à ce dernier principe, par cela même qu'il y a dans la montagne nombre de points fortifiés à occuper, et qu'ils sont assurément en plus grand nombre que dans la plaine, si l'on donnait à ces forts des garnisons d'un effectif trop considérable.

Il est, en outre, très avantageux de composer les garnisons à l'aide des meilleurs tireurs.

Il faut aussi apporter un grand soin au choix des commandants des forts : ces officiers doivent être des hommes sur lesquels on puisse compter, doués d'un caractère énergique, ferme et résolu. Ils sont, en effet, destinés à être souvent isolés et à opposer à l'ennemi une résistance opiniâtre.

Comme il n'y a dans ces forts que peu de place pour loger les hommes, le commandant doit en interdire l'entrée à toute troupe battant en retraite, ou coupée du reste de son corps : c'est bien plus l'effectif exagéré de la garnison que l'effet produit par le bombardement qui oblige un fort à capituler.

EXEMPLE : Ampola en 1866 (1).

EMPLOI DES FORTIFICATIONS PASSAGÈRES.

Nous ne parlerons ici que des défenses artificielles dont on se sert pour augmenter la valeur du terrain, et que l'on établit immédiatement avant le début des hostilités, ou pendant le cours des opérations, afin de multiplier les obstacles et de retarder l'attaque.

Le défenseur d'un pays de montagnes, de même que tout général à qui incombe la tâche si importante de la défense d'un pays, doit, d'après les circonstances de la guerre, d'après ses propres idées et sa manière de conduire les opérations, être libre d'élever tous les ouvrages de fortifications qui lui semblent nécessaires.

Le commandant doit jouir à cet égard de la plus grande initiative, de la liberté la plus absolue, et ne pas dépendre d'un chef d'état-major général ou d'un directeur du génie, peut-être moins familiarisés que lui avec la guerre des montagnes.

Mieux que personne il peut en effet reconnaître s'il y a lieu de construire de nouveaux ouvrages, de déterminer les points qu'il importe de couvrir à l'aide de fortifications; afin d'avoir à sa disposition les forces nécessaires pour les retours offensifs, il se conformera assurément au principe capital de l'économie des forces, et à ce grand principe qui s'applique à toute espèce de fortification, à savoir que l'effectif des garnisons doit être en rapport avec l'effectif total des forces destinées à la défense d'un pays.

La théorie et la pratique ont prouvé surabondamment que les ouvrages fortifiés assurent de grands avantages

____

(1) Voir Oesterreichs Kampfe, tome 5.

au défenseur, pour peu qu'ils soient bien construits et placés sur des points importants, et pour peu qu'on sache s'en servir : il faut donc, par suite, qu'on laisse le défenseur libre de tirer parti du rôle et de l'emploi de ses ouvrages.

Si l'on n'a pas songé d'avance en temps de paix à établir des ouvrages permanents sur les points stratégiques les plus importants, il faudra combler cette lacune avant le commencement de la guerre en y élevant des ouvrages de fortification passagère, transformer en places du moment les localités et les villes situées sur les points stratégiques les plus importants, assurer par l'établissement de têtes de pont les points sur lesquels les lignes d'opérations franchissent les cours d'eau et les ponts jetés sur des rivières encaissées, renforcer les deux premières lignes à l'aide de tranchées-abris et de redoutes disposées sur les points où l'on se propose d'opposer à l'ennemi une résistance d'une durée relativement longue, fortifier par suite les positions sur lesquelles les réserves tactiques doivent résister le plus longtemps possible aux attaques de l'ennemi, afin de faciliter les mouvements des réserves stratégiques, tels sont, en général, les travaux qu'il faudra faire afin de pouvoir renforcer la défense et favoriser ses manœuvres offensives.

Comme le défenseur doit, en outre, se tenir en garde contre des mouvements tournants stratégiques, il faudra que les flancs stratégiques soient plus particulièrement renforcés par des ouvrages de fortification et des obstacles artificiels sur tous les points où l'on ne peut employer que peu de troupes régulières et qui serviront alors de noyau à la population des montagnes, appelée à concourir à la défense du pays.

Exemple : En 1866, les fortifications dans le Fleimserthal, en Tyrol, sur la Seiser-Alpe, à Lugano, etc.

APPROVISIONNEMENT ET ÉTABLISSEMENT DES MAGASINS DANS LES MONTAGNES.

Comme nous l'avons déjà dit précédemment, la défense a généralement l'avantage de ne pas être arrêtée dans ses opérations, dont la durée est toujours limitée à quelques jours, par la difficulté qu'on éprouve à se faire suivre par les convois de vivres et les colonnes de munitions, pour peu que le commandant ait eu le soin d'établir à l'avance des magasins sur ceux des points stratégiques importants qui sont appelés à exercer une influence décisive sur les opérations de défense active du défenseur.

L'établissement d'un seul magasin principal ne suffit pas pour assurer la rapidité et la sûreté du ravitaillement : il faudra, à cet effet, placer deux magasins sur la base principale et la principale ligne de manœuvres toutes les fois que ces lignes se trouvent à plus de deux jours de marche.

Il faut, en effet, partir de ce principe que la troupe ne peut et ne doit pas emporter plus de deux jours de vivres : l'expérience démontre que, si l'on fait porter à l'homme un poids exagéré, le soldat cherchera, surtout dans la montagne où il a tant de fatigues à supporter, à se débarrasser de son fardeau, et que, en présence des difficultés de viabilité que présentent les vallées et les montagnes, on doit chercher autant que possible à n'avoir pas besoin de se faire suivre par des colonnes d'approvisionnement.

En conséquence il faudra établir, sur les points les plus importants de jonction des lignes d'opérations et de manœuvres, des magasins annexes ou intermédiaires, séparés les uns des autres par deux journées de marche, et qu'on devra placer de préférence dans des ouvrages de fortification permanente. Toutes les fois qu'on ne pourra pas installer ces magasins dans les forts, ils ne devront contenir qu'un approvisionnement de quatre à six jours de vivres, pour l'effectif total des réserves stratégiques. Ces magasins seront naturellement chargés de faire vivre les réserves tactiques postées en avant et les troupes d'observation : on devra donc avoir soin de maintenir au complet, grâce à des arrivages réguliers, les approvisionnements de ces magasins.

On assure le plus complètement les transports des approvisionnements tirés des magasins principaux en passant des marchés pour la location des voitures et en donnant aux convois une escorte suffisante.

En 1866, le commandant des troupes du Tyrol méridional fit établir les magasins suivants :

1° Un magasin mobile à Trente avec des détachements à Lavis et à Matarello.

Un dépôt de viande sur pied à Innsbruck.

Un dépôt de distribution de viande à Salurn, avec des annexes à Schlanders et à Trente : ces deux établissements étaient approvisionnés à quatre jours de vivres pour toutes les troupes, les tirailleurs nationaux et les établissements et services qui se trouvaient dans le Tyrol méridional.

2° Un magasin principal d'approvisionnement à Trente.

3° Quatre annexes ayant chacune les rations nécessaires pour nourrir 2,000 hommes pendant un mois à Glurns, Clés, Tione et Riva.

4° Enfin, il fit déposer sur les points fortifiés des différents secteurs les approvisionnements disponibles.

Dans le secteur du Vintschgau :

> Au fort de Nauders. . . . . 14,664 rations.
> Au fort de Gomagoi. 8,132   —

Dans le secteur des vallées de la Nons et de la Soulz :

> Au fort de Val di Strino. . . . . 3,544 rations.

Dans le secteur de la Giudicaria :

> Au fort de Lardaro.. . . . . 24,772 rations.

Dans le secteur de Riva :

> Au fort d'Ampola. . . . . 6,114 rations
> Au fort de San-Nicolo. 5,980   —
> Au fort de Nago. 4,764   —

Dans ou tout près de la vallée de l'Adige :

> Au fort de Bucco di Vela.. . . . . 8,408 rations
> Au fort de Rochetta. 10,696   —

Sur ces points fortifiés, on avait encore emmagasiné, en fait de munitions d'infanterie et des chasseurs :

> Au fort de Nauders.. . . . . 20,484 cartouches.
>   —   de Gomagoi. 19,980   —
>   —   de Val-di-Sbino.. 49,980   —
>   —   de Lardaro.. 22,200   —
>   —   d'Ampola.. 6,660   —
>   —   de S. Nicolo et de Riva . . . 45,540   —
>   —   de Nago. 22,200   —
>   —   de Rochetta.. 8,880   —

Dès que les approvisionnements en vivres placés dans les forts venaient à s'épuiser, on les remplaçait aussitôt par des vivres tirés des magasins intermédiaires, qui n'en étaient séparés que par une marche de quelques heures et qui se ravitaillaient à leur tour au grand magasin principal établi à Trente.

Cette répartition des magasins d'approvisionnement et l'existence dans les forts de dépôts de cartouches, mettaient le commandant des troupes en état d'entreprendre avec ses réserves stratégiques, fortes de 6,900 combattants environ (1), dans chacun des secteurs énoncés ci-dessus, des opérations offensives pouvant durer plusieurs jours, sans avoir à s'inquiéter des mesures à prendre pour assurer leur ravitaillement en vivres et en munitions.

Ce fut grâce à ces dispositions que, même pendant le cours des opérations les plus difficiles, on put non seulement assurer la régularité des distributions, mais encore faire bien vivre les troupes et leur donner toujours et partout une ration double.

____

(1) La brigade du général major Von Kaim comptait 4.400 hommes.
— du colonel baron Monthuisant — 2.500 —

ATTAQUE D'UN PAYS DE MONTAGNES.

Avant d'exposer les principes auxquels on doit se conformer quand on attaque un pays de montagnes, il est bon de rappeler en quelques mots les avantages et les inconvénients que présente l'offensive : c'est, en effet, en se basant sur les considérations tirées de l'examen des avantages et des inconvénients inhérents à l'attaque qu'on pourra le plus logiquement déduire et développer les vrais principes de l'offensive dans les montagnes.

Parmi ces avantages, nous avons déjà signalé le suivant :

L'initiative, qui, par sa nature même, présente des avantages réels, quelle que soit la forme du terrain, a une importance encore plus considérable dans la montagne que dans la plaine.

Nous avons indiqué, en fait d'inconvénients :

1° La multiplicité des obstacles ;

2° La difficulté du ravitaillement ;

3° La difficulté du déploiement des troupes ;

4° Les difficultés qu'on rencontre dans la direction des troupes et dans la transmission des ordres.

Afin de tirer pleinement parti des avantages que lui assure l'offensive, l'assaillant doit, par conséquent, chercher à réduire à leur plus simple expression les inconvénients inhérents à l'attaque.

1° On devra s'efforcer de surmonter les obstacles qui,

résultent, soit de la configuration du terrain, soit des travaux exécutés par le défenseur, en déployant une persévérance inouïe, en mettant en œuvre tous les moyens nécessaires pour en triompher, enfin en ayant recours, quand il sera impossible d'agir autrement, à des mouvements tournants sagement entendus.

2° Pour ce qui est du ravitaillement, nous avons déjà fait ressortir, en parlant de la défense, que le système des réquisitions n'est applicable qu'aux petites colonnes, qu'il faut, par suite, pour assurer complètement le ravitaillement des troupes, organiser des magasins mobiles.

Mais le système des magasins mobiles présente, lui aussi, de graves inconvénients : les convois, en effet, ne peuvent se mouvoir que très difficilement et sont même parfois dans l'impossibilité de suivre les mouvements des troupes. Le transport des vivres à l'aide de bêtes de somme nécessite l'emploi d'une quantité considérable de conducteurs et d'animaux de bât, dont ces colonnes doivent, outre les subsistances destinées aux troupes, transporter les vivres et les fourrages. Les hommes devraient donc emporter au moins trois ou quatre jours de vivres.

Mais c'est là chose à peine possible, du moins pour le pain et la viande, parce qu'en agissant de la sorte on chargerait les hommes outre mesure.

Il ne reste donc d'autre moyen que de renoncer à un ravitaillement régulier pendant les trois ou quatre premiers jours, et de distribuer aux hommes 2 rations de viande cuite et 2 rations de lard au lieu de viande, enfin de remplacer le pain par le biscuit, qui est à la fois plus léger et plus nourrissant.

C'est d'ailleurs par les réquisitions que l'on arrivera à se procurer le plus facilement la viande.

De plus, il sera sage de donner à chaque homme, en

outre de la ration de sel, quelques grammes de paprica (1), qui serviront à assaisonner la viande et le lard, à les rendre plus agréables au goût, et qui permettront de préparer, en peu de temps, avec les moutons réquisitionnés, une nourriture substantielle, agréable au goût, qu'on appelle gulyas (2).

Le café ne doit jamais faire défaut aux troupes dans les montagnes : il paralyse les effets nuisibles de la température et conserve les forces de l'homme bien mieux que l'eau-de-vie, par exemple.

L'assaillant doit chercher, toutes les fois que la chose est seulement faisable, à s'emparer le plus vite possible des magasins de 1re ligne du défenseur et à l'empêcher de détruire les approvisionnements qu'ils contiennent.

Les colonnes de vivres, qu'elles se composent de voitures ou d'animaux de bât, doivent suivre les troupes à une journée de marche : il faut, de plus, que ces convois soient constamment approvisionnés à 2 jours de vivres à l'aide d'un ravitaillement assuré et fourni par les magasins mobiles, qu'on déplacera à mesure que l'attaque gagnera du terrain.

On forme ainsi une première ligne de magasins mobiles en arrière de laquelle on constitue une seconde ligne à 2 ou 3 journées de marche de la précédente.

Tel est le seul système grâce auquel l'assaillant arrivera à ravitailler complètement et sûrement les troupes.

De tous les transports, c'est celui de l'avoine et du foin nécessaires pour les bêtes de somme, pour les che-

---

(1) Paprica, sorte de poivre de Cayenne.

(2) Gulyas, ragoût de mouton très épicé : c'est la nourriture favorite du paysan hongrois, qui est devenue également un plat national en Autriche. (*Note du traducteur.*)

vaux de selle et de trait, qui offre le plus de difficultés.

On réussira parfois à trouver du foin dans les montagnes : si l'on n'en trouve pas, on le remplacera en partie par de l'avoine et par de l'orge : si cette substitution est impossible, on a recours aux fourrages verts.

C'est à ce dernier procédé qu'on aura forcément recours dans des pays incultes où la durée des opérations sera, par suite, subordonnée aux saisons.

Nous voyons, par exemple, que dans les guerres contre les Turcs, les opérations en Serbie et en Bosnie n'ont jamais commencé qu'au printemps, c'est-à-dire quand il y avait déjà suffisamment d'herbe et qu'elles se terminaient toujours à l'entrée de l'hiver. Une campagne d'hiver faite dans ces pays coûterait, en effet, un nombre d'hommes et de chevaux hors de proportion avec les résultats qu'elle pourrait donner.

3° et 4° On arrivera à réduire à leur strict minimum les inconvénients relatifs au déploiement et à la direction des troupes, en tenant scrupuleusement compte des conditions dans lesquelles on opère et en basant sur les circonstances locales un calcul plus rigoureux. Nous développerons d'ailleurs cette idée quand nous exposerons en détail les principes fondamentaux de l'attaque.

PARTI A TIRER DES DÉSAVANTAGES DE LA DÉFENSE.

Quelle que soit celle des formes de l'attaque, que nous étudierons d'ailleurs plus loin, à laquelle on donne la préférence, il n'en est pas moins certain que l'assaillant doit, par tous les moyens en son pouvoir, chercher à tirer le plus grand parti possible des inconvénients inhérents à la défense.

Nous avons vu jusqu'ici que ces inconvénients étaient les suivants :

1° La nécessité de couvrir de nombreux points de passages, nécessité qui peut facilement conduire le défenseur à adopter le système du cordon ;

2° Le manque de vues et les difficultés qu'on éprouve à découvrir à temps l'objectif de l'attaque principale.

DÉMONSTRATIONS ET FAUSSES ATTAQUES.

Pour transformer les inconvénients de la défense en avantages au profit de l'attaque, et pour en tirer complètement parti, l'assaillant doit chercher à tromper le défenseur sur le point d'attaque, le décider à porter ses réserves stratégiques sur des points secondaires, peut-être même l'obliger à disperser ses forces et, par suite, l'amener à avoir recours au système du cordon.

Pour atteindre ce but, on peut utilement employer les démonstrations et les fausses attaques.

Mais, pour que des opérations de ce genre produisent un effet utile, il faut qu'elles aient lieu parfois même quelques jours avant l'attaque principale et qu'elles soient exécutées au moment voulu pour que le défenseur ait encore le temps d'être renseigné et de prendre ses dispositions pour s'opposer à ces fausses attaques, avant que l'attaque réelle ne se produise.

C'est uniquement, quand l'assaillant aura su attendre le moment où ses démonstrations auront commencé à produire leur effet qu'il pourra dessiner sa véritable attaque avec une chance presque certaine de la voir réussir.

L'attaque faite pendant les guerres d'indépendance de l'Amérique du Sud, par le général Saint-Martin sur les Cordillères et la province espagnole du Chili nous fournit un très bel exemple du système à sui-

vre pour arriver à tromper le défenseur sur la direction
de la véritable attaque. Nous reproduirons d'ailleurs cet
exemple un peu plus loin.

ATTAQUE RÉELLE.

Quand les démonstrations et les fausses attaques auront réussi, et c'est là un fait difficile à remarquer dans
la montagne, où les vues sont bornées, un fait qu'on arrivera plutôt à deviner qu'à percevoir matériellement,
l'assaillant devra se porter immédiatement en avant sur
les lignes principales d'opération qu'il a choisies et employer toute son énergie, toutes ses ressources pour surmonter les obstacles qu'il rencontrera sur sa route, et
remporter un avantage décisif.

FORMATION DE MARCHE OFFENSIVE EN PAYS DE MONTAGNES.

Pour parer aux entreprises que le défenseur pourrait,
soit avec sa réserve principale, soit avec des forces
moindres, chercher à diriger, en passant par les vallées
latérales, contre les derrières de l'assaillant, et pour se
garder le mieux possible contre ces sortes de manœuvres si dangereuses, l'assaillant doit, après avoir pénétré dans la vallée, faire marcher ses colonnes, non pas
en ordre compacte, mais bien par échelons ; la dernière
des colonnes sert alors de réserve générale.

Pour protéger ses flancs et se conformer complètement aux principes de la tactique, pour se prémunir
contre une surprise et contre les dangers souvent très
grands que présentent les embuscades, enfin, pour être
à même de pouvoir, le cas échéant, attaquer une position occupée par l'ennemi, sans perdre de temps et sans
employer à cette attaque des forces par trop considérables, l'assaillant devra, en général, exécuter sa marche

— 159 —

en échelons en poussant en avant ses ailes, auxquelles il fera suivre les hauteurs.

La forme tactique de l'attaque sera donc presque toujours celle que représente la planche III. En supposant qu'AB représente la position ennemie, deux colonnes des ailes de l'assaillant, *a*, *b*, qui, dès qu'on aura commencé à pénétrer dans la vallée CD, auront été détachées et auront reçu l'ordre de suivre les hauteurs qui forment les berges de cette vallée, doivent, au moment où l'on attaquera la position A, B, opérer contre les flancs de l'ennemi. Si l'on ne détachait du gros du corps les colonnes chargées d'attaquer les flancs de l'ennemi qu'au moment où l'on arrive devant la position, il en résulterait d'abord que l'on perdrait un temps précieux, ensuite, qu'à cause de la forte inclinaison des pentes de la montagne, on imposerait des fatigues énormes aux troupes et que, par suite, les troupes qui constituent les colonnes latérales seraient harassées et épuisées précisément au moment où il leur faudra commencer leur attaque dirigée contre les flancs de l'ennemi.

Toutes les fois que l'assaillant aura à franchir des lignes de manœuvres que le défenseur peut utiliser pour des mouvements tournants, il devra laisser en arrière, pour surveiller ces lignes, un corps de troupes d'un effectif suffisant qui, dans le cas où il restera au point de jonction des routes, fera observer les passages conduisant dans les vallées latérales, ou bien, lorsqu'on n'aura à redouter une attaque que d'un seul côté, occupera lui-même ces passages.

Si, par exemple (pl. III), une ligne de manœuvres venant d'une vallée latérale débouche près du point R, il est évident qu'on devra faire garder ce point. Les troupes chargées de ce service peuvent alors, ou bien prendre position au point R même, ce qui sera nécessaire surtout dans le cas où la ligne de manœuvres se prolongerait vers N, ou bien occuper la crête M et pousser des avant-postes en avant dans la direction de la vallée latérale.

Le rôle attribué à ces fractions détachées a un caractère essentiellement défensif : leur mission consiste à résister le plus longtemps possible aux mouvements offensifs de l'ennemi. Ces troupes doivent donc se conformer à tous les principes que nous avons exposés à propos de l'emploi des réserves tactiques quand nous avons parlé de la défense.

L'assaillant qui, en pénétrant dans un pays de montagnes, néglige de se conformer à ces principes, s'expose bénévolement à se mettre par sa faute dans une position des plus difficiles et souvent même des plus critiques.

Les marches exécutées par les colonnes franco-bavaroises pendant les campagnes de 1703 et de 1809, lorsqu'elles se portèrent de Landeck sur Pfunds, nous fournissent des exemples effrayants qui viennent confirmer l'exactitude des principes que nous venons d'exposer. Il s'agissait, dans les deux cas, de rétablir par Nauders les communications avec le sud du Tyrol.

Lors de l'invasion du Tyrol, en 1703, par les Bavarois commandés par le prince électeur, le peuple de ce pays, profondément attaché à la maison impériale, se souleva sur tous les points de la vallée de l'Inn inférieur, et cet exemple fut immédiatement suivi par les montagnards des districts de Landeck, Pfunds, Naudersberg et Ried.

Le 28 juin, l'avant-garde ennemie, forte de 300 hommes environ, composée mi-partie de dragons français et mi-partie de grenadiers bavarois, était arrivée à Landeck. Le 1er juillet, cette colonne continuait sa marche sans se faire éclairer par une avant-garde et sans se faire couvrir par des flancs-gardes détachés sur les hauteurs environnantes.

La vallée de l'Inn, depuis Landeck jusqu'aux environs de Prutz, est extrêmement étroite et resserrée entre des murailles de rochers qui s'élèvent à pic; ses deux extrémités, près de Landeck et de Pontlatz ou Pfundlatz, sont formées par d'étroites portes de rochers. Enfin, à cette époque, les montagnes qui bordent cette vallée étaient couvertes d'épaisses forêts.

La route est donc resserrée entre l'Inn d'une part et des murailles à pic de l'autre; elle forme un véritable défilé qui ne permet de s'étendre ni à droite ni à gauche. Elle traverse l'Inn au pont de Pontlatz, vers lequel elle monte en pente douce et en passant au pied d'une muraille de rochers à pic; elle se continue dans la vallée encaissée de Prutz et elle arrive au village du même nom, après avoir franchi une seconde fois l'Inn à Ladis.

Cette gorge était occupée par les tirailleurs des quatre districts que nous avons énumérés ci-dessus, et des batteries de pierriers avaient été, en outre, établies au Flieserberg. Au moment où la colonne s'approchait du pont de Pontlatz, les projectiles commencèrent à pleuvoir sur elle de tous côtés, les pierres et les troncs d'arbres roulèrent le long des talus à pic, s'abattant sur la route bondée de troupes, qui fut en un instant jonchée de morts et de blessés. Tous ceux qui ne furent pas écrasés par les pierres et par les troncs d'arbres, atteints par les balles des carabines à longue portée des tirailleurs tyroliens, s'enfuirent vers Landeck, où ils furent accueillis par des paysans armés qui les firent prisonniers.

Aucun homme du détachement ne put s'échapper pour porter à l'électeur la triste nouvelle de cette catastrophe.

Un sort analogue attendait encore en 1809 dans cette même vallée à l'aspect romantique et sauvage une colonne d'un effectif plus considérable.

Le colonel baron Von Bourscheidt avait reçu, du maréchal Lefebvre, avant que celui-ci n'eût commencé son mouvement d'Innsbruck sur Sterzing, l'ordre de se porter, avec le 10ᵉ régiment d'infanterie bavaroise, 1 escadron de dragons et 2 canons de trois livres, de Landeck sur Méran, en passant par le défilé de Finstermünz et par le Vintschgau, afin de prendre à revers les paysans insurgés de la vallée de l'Eisak.

Comme en 1703, les paysans habitant les districts de la haute montagne formèrent le projet de surprendre l'ennemi au moment même où il se serait engagé dans le défilé. Cette fois encore, ils avaient établi des batteries de pierriers sur le Flieserberg.

Comme dans le premier cas, la colonne s'engagea dans ce redoutable défilé, sans se couvrir sur ses flancs et en se contentant de se faire éclairer par une pointe de 15 dragons. Une partie de la colonne avait déjà traversé le pont de Pontlatz, lorsque le premier coup de feu fut tiré et donna le signal de l'engagement général.

Les Bavarois essayèrent de s'emparer du bois d'où étaient partis les premiers coups de fusil, mais ils furent repoussés. Ils cherchèrent alors à percer dans la direction de Prutz en passant par le pont de Ladis ; mais ce pont avait été coupé et ils furent accueillis par un feu meurtrier parti de l'autre rive. Ils essayèrent alors d'enlever le village de Ladis, dans l'espoir de tourner Prutz et de pouvoir continuer leur marche par les hauteurs, mais cette nouvelle attaque échoua. La colonne ne songea plus, dès lors, qu'à son salut et à sa retraite, qu'elle commença pendant la nuit.

Dès que les tirailleurs postés sur les montagnes remarquèrent que l'ennemi cherchait à battre en retraite, ils firent de tous côtés pleuvoir une grêle de projectiles sur le pont de Pontlatz. Les batteries de pierriers ouvrirent le feu et écrasèrent voitures, chevaux, canons et hommes, dont un grand nombre fut précipité dans les flots mugissants de l'Inn.

Une partie de la colonne put seule, grâce à une fuite précipitée, parvenir jusqu'à Landeck. Le reste se reporta à Prutz, où l'on avait campé et dut, malgré une défense héroïque, déposer les armes le lendemain.

La partie de la colonne qui s'était enfuie vers Landeck n'eut point un sort meilleur dans sa retraite sur Imst.

Si, dans les deux cas, en 1703 comme en 1809, on s'était couvert par des colonnes latérales échelonnées en avant, depuis Landeck, à l'est, en passant par le Schatzerhof, dans la direction de Fliess et vers le col qui sépare la vallée de l'Inn de celle de Wéns, à l'ouest, du côté de Hochgalling et en passant par le Schönjöchl dans la direction de Ladis, on n'aurait pas éprouvé un pareil désastre.

Que l'assaillant s'avance sur une ou plusieurs colonnes, il faudra toujours, quand ces colonnes seront séparées les unes des autres par de gros massifs montagneux s'étendant au loin, que chacune de ces colonnes observe scrupuleusement les principes que nous avons exposés.

Les modifications éventuelles qu'on peut faire subir à cet ordre de marche résultent alors de la conformation particulière de la montagne.

FORMES D'ATTAQUES.

Les formes de l'attaque sont, dans leur ensemble, dans la montagne, les mêmes que celles qui sont prescrites d'une manière générale par la théorie.

Nous ne ferons donc ressortir ici que l'influence exercée par les montagnes sur les opérations offensives suivantes :

1° La marche concentrique en avant sur plusieurs colonnes ;

2° L'enveloppement stratégique par l'un des flancs ou par les deux flancs ;

3° La percée stratégique.

1° L'attaque concentrique sur plusieurs colonnes nécessite le calcul exact du temps nécessaire pour faire arriver toutes les colonnes sur le point d'attaque, afin que ces colonnes puissent exécuter cette attaque simultanément et jouer pendant le combat un rôle conforme aux évènements et aux circonstances.

La dispersion des forces ne présente nulle part plus de dangers que dans les montagnes : en effet, dès que les colonnes cessent d'être dans la main du chef, il devient alors très difficile et souvent même absolument impossible de porter remède aux fautes commises ; les colonnes, séparées les unes des autres par des chemins de montagnes, sont hors d'état de se prêter un appui réciproque ou de se porter secours. Tout, au contraire, favorise et facilite les opérations, quand on combat en plaine ou dans un pays légèrement ondulé par des collines peu élevées. En se plaçant sur certains points on parvient souvent à avoir des vues d'ensemble sur toute la ligne. Le caractère de l'attaque dans la montagne a une assez grande ressemblance avec celui d'une attaque exécutée dans une plaine couverte et coupée, où le général, ne pouvant ni diriger par lui-même, ni surveiller le mouvement des diverses colonnes, doit s'être à l'avance arrêté à un plan d'attaque minutieusement calculé et mûrement étudié.

Même, quand il entreprendra une attaque concentrique qui l'obligera forcément à diviser ses forces, l'assaillant devra garder le gros de ses forces sur la ligne principale d'opérations, afin d'assurer ses derrières contre toute tentative de l'ennemi.

Ce gros des forces, qui s'avance, par échelons, dans la montagne jusqu'au moment de l'attaque réelle, doit naturellement se concentrer en avant le jour où se livrera l'engagement décisif.

Nous citons comme exemple à la fin de ce livre les dispositifs de l'attaque qu'on se proposait d'exécuter en 1866 contre la division Médici, qui avait pénétré dans le val Sugana et dont l'armistice empêcha l'exécution. Le lecteur sera à même de juger des chances de succès qu'avait pour elle une attaque concentrique ainsi combinée.

2° Les manœuvres tournantes sont généralement d'une exécution difficile dans la montagne et souvent même absolument impossible, par cela même que les communications, qui courent à droite et à gauche du front stratégique d'une ligne de défense, sont presque toujours séparées les unes des autres par de vastes espaces conduisant souvent dans des directions divergentes et ne débouchant que très rarement sur les flancs ou sur les derrières de l'adversaire. Quand un pareil mouvement réussit, ses conséquences sont naturellement plus considérables et la plupart du temps, elles aboutissent pour le défenseur à une véritable catastrophe.

Il faut donc, dans la montagne, avoir recours aux mouvements tournants, partout où le terrain semblera rendre leur exécution possible, tant en raison de l'importance des avantages qu'ils procurent qu'en raison de la rareté des cas dans lesquels il sera possible au défenseur de tenter d'entreprendre des contre-manœuvres avec quelque chance de succès.

Dans ce cas il sera indispensable de faire exécuter les mouvements tournants au gros des forces, afin de ne pas donner au défenseur l'occasion de battre son adversaire en détail. C'est d'ailleurs dans la montagne plus que partout ailleurs qu'il sera possible et facile d'exécuter de semblables mouvements avec le gros des forces. La force relative du terrain permet, en effet, d'occuper la défense sur son front tout en ne lui présentant sur ce point que des forces d'un effectif peu considérable, et qui, si elles viennent à être attaquées, trouveront sans peine de bonnes positions, sur lesquelles il leur sera aisé de résister à l'ennemi jusqu'au moment où la colonne qui exécute le mouvement tournant, viendra peser dans la balance et prendre une part active aux opérations et au combat.

Plus le défenseur s'entête dans sa contre-attaque, c'est-à-dire plus il persiste à pousser dans la fausse direction qui lui est donnée par la petite troupe qu'on a postée devant lui, et plus sa situation devient dangereuse.

On devra surtout avoir recours aux mouvements tournants quand, à cause de la nature du terrain, la position ennemie est tellement forte sur son front qu'il ne sera possible de l'enlever qu'au prix de grands sacrifices.

Si, par exemple, le défenseur a pris position sur un haut et vaste plateau, une attaque de front ne sera possible que dans des cas extrêmement rares et on devra alors essayer de forcer l'ennemi à la retraite en tournant stratégiquement l'une de ses ailes.

En 1796, l'archiduc Charles, après la retraite de Canstadt, prit position sur le plateau de la Rauhe-Alpe, près de Böhmenkirch et de Geislingen, le dos tourné à Ulm, afin de permettre avant tout de faire filer et de couvrir pendant le mouvement d'évacuation les approvisionnements qu'on avait accumulés dans cette ville.

Attaquer de front cette position très forte en venant

de Gœppingen et de Gmünd par les vallées encaissées de la Rems et de la Fils, eût été une opération très difficile qui aurait coûté des pertes par trop considérables.

Si Moreau avait voulu chercher à couper l'archiduc du Danube, il eut dû faire partir de Stuttgard et de Tübingen une colonne qui, passant par Kircheim, Weilheim et Wiesensteig, se serait portée dans la direction d'Urspring, pendant que la colonne principale, partant de Tübingen et passant par Urach et Blaubeuren aurait marché sur Ulm. En manœuvrant de la sorte, il aurait menacé et tourné le flanc gauche de l'armée de l'archiduc qui aurait dû quitter au plus vite la position de la Rauhe-Alpe.

Si, au contraire, Moreau avait, ce qu'il fit d'ailleurs, l'intention de séparer l'armée de l'archiduc de celle du feldzeug-meister Wartensleben, d'opérer lui-même sa jonction avec Jourdan afin de se rendre de la sorte maître de la ligne intérieure d'opération, il lui fallait tourner l'aile droite de l'archiduc Charles, manœuvre difficile assurément, puisqu'elle l'obligeait à faire une marche de flanc devant la position ennemie.

Moreau pouvait cependant exécuter cette manœuvre grâce à sa supériorité numérique: il lui suffisait pour cela de masquer, par un corps qui aurait occupé l'adversaire sur son front, la marche de flanc qu'il aurait exécutée dans la vallée de la Rems par Gmünd et Aalen, en se dirigeant vers Nordlingen: une pareille manœuvre aurait complètement coupé l'archiduc de l'armée de Wartensleben.

L'attaque du défilé de Suse, qu'Alexandre le Grand fit tourner, est encore un autre exemple des plus instructifs que nous reproduirons un peu plus loin.

Les mouvements stratégiques tendant à tourner l'ennemi par ses deux ailes sont encore plus dangereux dans la montagne que dans la plaine, quand on ne les entreprend pas avec des forces supérieures à celles de l'ennemi : en effet, la ligne de manœuvres sur laquelle les deux groupes pourraient se réunir en se retirant est, en général, plus éloignée dans la montagne que dans la plaine et l'adversaire a, par conséquent, plus de temps et de facilité pour tirer, en prenant énergiquement l'offensive, parti de sa victoire partielle.

3° L'attaque présentera surtout de grands avantages, toutes les fois que l'assaillant aura, grâce à des démonstrations et à des fausses attaques, amené le défenseur à éparpiller ses forces ou bien lorsque celui-ci, se faisant une fausse idée de la guerre de montagnes, aura adopté le système en cordon.

Si l'assaillant se conforme aux règles théoriques de la percée stratégique, s'il apporte toute son énergie à l'exécution de cette opération, il obtiendra dans la montagne, pour des raisons que nous **avons** déjà eu lieu d'exposer à plusieurs reprises, des résultats bien supérieurs à ceux que l'on obtient dans la plaine, et il finira par s'emparer de la plus grande partie des troupes ennemies.

CARACTÈRE DU COMBAT DANS LA MONTAGNE.

D'après ce que nous avons dit jusqu'ici, on voit que l'engagement décisif ne peut avoir dans la montagne le caractère qu'affecterait une bataille rangée livrée dans une plaine ou sur un terrain ondulé, mais qu'il consiste en plusieurs combats isolés, souvent livrés à des jours différents, et qui ne donnent de résultat que par leur ensemble. Il n'y a donc ni unité de temps, ni unité de lieu pour une bataille dans la montagne.

Pour ce qui est de la manière de diriger les troupes

pendant un combat décisif, la bataille livrée dans la montagne ressemble le plus souvent à celle qui a pour théâtre une plaine couverte et coupée : dans l'un et l'autre cas, l'horizon étendu et découvert nécessaire pour diriger le combat fait défaut : l'intelligence doit suppléer à la vue et permet seule de découvrir quel est le véritable point d'attaque.

ATTAQUE DES CORDILLÈRES ET DU CHILI PAR LE GÉNÉRAL SAINT-MARTIN.

On peut citer comme exemple d'une attaque de montagnes préparée avec prudence, conduite avec une extrême habileté, exécutée avec une remarquable énergie, les opérations faites par le général Saint-Martin pour forcer la haute chaîne des Cordillères pendant la guerre de l'indépendance des provinces de l'Amérique du Sud contre l'Espagne, leur mère-patrie.

Saint-Martin naquit à Yapeyu, dans la province Entre-Rios, dont son père était gouverneur. Il combattit vaillamment en Espagne contre les Français et se distingua comme colonel à la bataille d'Albufera. Croyant la cause de l'Espagne perdue contre Napoéon, il revint en Amérique en 1812. Quand les provinces de l'Amérique du Sud se soulevèrent peu de temps après pour conquérir leur indépendance, il se fit remarquer par sa brillante conduite à la tête d'un régiment dans les combats livrés autour de Montevideo.

En 1814, le gouvernement de Buenos-Ayres le nomma gouverneur de la province de Cuyo, qui comprenait les territoires de Mendoza, de Saint-Juan et de Saint-Louis, et le chargea de prendre les mesures nécessaires pour opposer une résistance énergique à une attaque venant du Chili.

Quoique le gouvernement le laissât sans aide et sans appui, il parvint néanmoins à former en peu de temps un corps de 4,000 hommes environ, composé en partie d'émigrés et de déserteurs chiliens, et à l'organiser en vue d'évènements ultérieurs.

Il s'occupa par dessus tout à créer un service complet de renseignements, et à être informé immédiatement de tous les évènements qui se produisaient des deux côtés de la chaîne des Cordillères. Mais en même temps il prenait le plus grand soin à céler complètement ses projets et ses plans. Nul ne pouvait savoir s'il possédait les qualités nécessaires pour occuper le poste qu'on lui avait confié, nul n'avait pu pénétrer ses intentions et ses desseins, et personne ne pouvait se faire une idée de la fermeté de son caractère. C'est ainsi qu'il réussit à tenir secrets et les projets qu'il méditait contre le Chili, et les préparatifs qu'il faisait en vue d'une semblable entreprise.

Saint-Martin ne pouvait pour cela compter que sur ses propres ressources, sur la valeur et la bravoure de ses troupes; il savait qu'il n'avait à attendre de son gouvernement aucun secours en argent ou en matériel de guerre. Le succès de ses premières opérations pouvait seul faciliter l'exécution des plans ultérieurs qu'il allait tenter de faire réussir avec une armée manquant d'argent, insuffisamment armée et équipée.

Afin d'avoir plus de chances de s'assurer le succès, il dut avoir recours à la ruse, et, comme il ne pouvait espérer vaincre, en bataille rangée et en rase campagne, l'armée espagnole, numériquement plus nombreuse que ses troupes, il devait par suite manœuvrer, de façon à obliger les Espagnols à diviser leurs forces, pour tomber à l'improviste sur chacune des différentes fractions de l'armée ennemie et la battre en détail.

Il chercha d'abord à tromper l'ennemi sur le véritable point d'attaque qu'il avait choisi, en faisant répandre de fausses nouvelles.

Il traita avec les Indiens Pehuenches (Puelches) pour obtenir le libre passage à travers leur territoire, précisément parce qu'il savait que ces Indiens en préviendraient immédiatement les Espagnols, et que ces derniers s'arrêteraient alors à l'idée que Saint-Martin se proposait de marcher contre le Chili, en passant par le défilé de Planchon, qui se trouve à une altitude de 6,600 pieds. Il obligeait d'autre part les Espagnols établis sur le territoire de Mendoza à faire savoir au Chili qu'il voulait marcher directement sur Santiago, par le défilé de Patos, pensant avec raison que le gouvernement chilien regarderait ce renseignement comme une fausse nouvelle, propagée précisément dans le but d'induire le gouvernement en erreur. Cette supposition était d'autant plus vraisemblable, que le défilé de Patos est connu pour être l'un des passages les plus rudes et les plus inaccessibles de cette partie de la chaîne.

Le gouverneur del Ponte, sommé par le général Saint-Martin d'évacuer le Chili, avait eu dans le principe l'intention de prendre lui-même l'offensive dans la direction de Mendoza ; en agissant de la sorte, il eût tiré parti de sa supériorité numérique, et se serait conformé aux principes fondamentaux de la guerre de montagne ; mais il renonça à ses projets d'offensives dès que le bruit se répandit qu'on armait à Buenos-Ayres une escadre qui devait faire voile vers Conception.

Le corps espagnol, chargé désormais de surveiller les Andes, fut posté sur huit points différents depuis Conception jusqu'à Aconcagua.

Del Ponte, trompé par les démonstrations et les fausses manœuvres du général Saint-Martin, adopta le funeste système du cordon. Le général Saint-Martin avait, en effet, dirigé un petit détachement du côté du Nord, sur Coquimbo ; il en avait envoyé un autre au Sud, du côté de Talca, pendant que le colonel Rodriguez faisait une démonstration contre Turieu par le Planchon, et qu'un autre détachement, sous les ordres de las Héras, faisait mine de vouloir marcher directement sur Santiago, en passant par le défilé d'Uspollata.

Saint-Martin se porta lui-même, avec le gros de ses forces, contre le défilé de Patos, qu'à cause même des difficultés que présente ce passage, il supposait devoir être faiblement gardé. Les événements démontrèrent l'exactitude de ses suppositions.

Sa petite armée franchit, sans rencontrer de la part de l'ennemi la moindre résistance, les sommets abrupts de ces hautes montagnes : mais la lutte que les troupes eurent à soutenir contre la nature n'en fut pas moins terrible. L'air glacial et léger de ces régions élevées amena de nombreux cas de congélation, et le transport des bagages et de l'artillerie ne put s'effectuer qu'au prix des plus grands sacrifices. Quand il entra dans le Chili, le général Saint-Martin n'avait plus que 4,300 des 9,281 mulets et 1,600 des 5,000 chevaux qu'il avait emmenés.

Le corps déboucha dans la vallée de Putaendo, s'empara des villes d'Aconcagua et de Santa-Rosa sans coup férir : tout le système défensif des Espagnols était dès lors rompu comme une toile d'araignée.

Les patriotes chiliens reçurent la petite armée à bras ouverts, lui apportèrent des vivres en abondance, lui fournirent les chevaux et les mulets nécessaires pour qu'elle pût se remettre en marche.

La plus grande confusion se répandit au contraire parmi les Espagnols, à la nouvelle de l'apparition des rebelles. Le gouverneur del Ponte perdit la tête et multiplia les ordres ainsi que les contre-ordres.

Le général Saint-Martin marcha alors, avec 2,000 hommes contre le colonel espagnol Maroto, qui avait été envoyé au-devant de lui, l'attaqua avec impétuosité, le culbuta, s'empara de toute son artillerie et de tous ses bagages, et lui fit 600 prisonniers. Deux jours après, il était avec toute son armée à Santiago.

Tout ce qui était espagnol s'enfuit en toute hâte dans la direction de Valparaiso : mais une grande partie des fuyards, le gouverneur en tête, tomba entre les mains du général Saint-Martin.

ATTAQUE DU DÉFILÉ DE SUSE (PYLAE PERSIDIS) PAR ALEXANDRE DE MACÉDOINE.

(Année 331 av. J.-C.—D'après Curtius Ruffus (Quinte-Curce).

Après la prise de Suse, Alexandre traversant la Susiane (le Khousistan actuel) marcha contre Persépolis.

Il passa le Choaspes (Kerkai), le Pasitigris (Kuran), l'Arosis (Jerrahi), et arriva dans la région montagneuse (appelée aujourd'hui les monts Bakthiars) qui sépare la Susiane de la Perse, et d'où le Tab sort par une vallée étroite.

C'est dans cette vallée que conduit le seul chemin qui, franchissant le défilé de Suse autrefois appelé la porte de la Perse (pylæ Persidis), passait par le col situé au nord de Schiras, débouchait sur les rives de l'Araxès (Bondimir) et aboutissait plus loin à Persépolis.

Le défilé de Suse, ainsi que les Montagnes rocheuses, arides et à pentes abruptes qui l'entourent, était occupé avec 25,000 hommes par Ariobarzane qui attendait tranquillement qu'Alexandre se fût engagé avec son armée dans le défilé.

Alexandre commit la faute de s'engager dans le défilé avant de s'être rendu maître des hauteurs, et il avait déjà parcouru une assez grande distance dans la vallée, quand les projectiles lancés par les frondes et les balistes vinrent tout à coup pleuvoir sur toutes les colonnes de son armée.

C'est en vain que ses troupes, arrivées au paroxisme

de la fureur, essayèrent de gravir les rochers ; c'est en vain qu'elles cherchèrent à se garantir avec leurs boucliers contre la pluie de projectiles : Alexandre, qui n'avait jusqu'alors subi aucun échec, écrasé sous le poids de la honte et de la douleur, se vit forcé d'opérer sa retraite dans la plaine, sous une grêle continuelle de pierres.

Là il rallia ses troupes, réunit un conseil de guerre, et consulta les devins. Quel conseil, se demande Curtius Ruffus, Aristander pouvait-il donner dans ce cas à son général et souverain ? Un bon guide dont on est sûr vaut mieux que la meilleure carte de Cassini, a dit un écrivain militaire allemand, et c'est aussi ce que pensait Alexandre, du moins en ce qui a trait aux prédictions d'Aristander.

Sans perdre un temps précieux à des sacrifices intempestifs, il fit rechercher parmi les prisonniers ceux qui connaissaient bien le pays, et leur ordonna de lui décrire exactement la montagne. Quoiqu'on la lui représentât comme très boisée, très rocheuse, et comme ne pouvant être franchie seulement que par d'étroits sentiers de piétons, Alexandre se décida cependant à exécuter par ces chemins un mouvement tournant contre le flanc droit de la position ennemie.

Cratère reçut l'ordre de rester en arrière dans la plaine avec son infanterie, avec les troupes de Méléagre et avec 1,000 archers à cheval, d'entretenir les feux sur toute l'étendue du camp, puis d'attaquer l'ennemi de front, dès qu'il s'apercevrait qu'Alexandre faisait de son côté des progrès dans la montagne. Alexandre fit distribuer trois jours de vivres au reste de ses troupes, et quitta avec elles le camp pendant la troisième nuit suivante.

Les difficultés de la marche dans les montagnes, les monceaux de neige accumulés par le vent et dans lesquels les troupes s'enfonçaient souvent, l'obscurité de la nuit ralentirent énormément la marche.

Quand on eut atteint la hauteur d'où partait un chemin conduisant sur le flanc droit d'Ariobarzane, Alexandre laissa Philotas et Konos en arrière avec l'infanterie et la cavalerie légère, en leur prescrivant de marcher lentement contre l'aile droite de l'ennemi.

Alexandre lui-même, avec sa garde à pied et avec son escadron des gardes du corps, exécuta un mouvement tournant plus étendu par une très mauvaise route. A midi, après avoir parcouru environ la moitié du trajet, et après avoir surmonté les plus grandes difficultés que présentait le terrain, il fit faire halte à ses troupes épuisées de fatigue, anéanties par la faim et le sommeil.

On reprit la marche en avant pendant la seconde nuit qui suivit. L'épaisseur de la forêt, l'existence d'une gorge profonde qu'il fallut contourner, les ténèbres de la nuit entravèrent et ralentirent beaucoup la marche : et le moral des troupes était déjà fortement ébranlé, lorsqu'Alexandre atteignit enfin au point du jour la hauteur qui dominait la position de l'ennemi, et d'où l'on pouvait la prendre à revers.

Ce fut de cette hauteur qu'Alexandre et sa garde s'élancèrent avec une impétuosité irrésistible sur les derrières de l'ennemi, qui était en même temps attaqué sur sa droite par Philotas et Konos, et de front par Cratère.

La plus grande partie de l'armée ennemie fut détruite ou faite prisonnière : Ariobarzane réussit, avec 40 cavaliers et 5,000 fantassins, à se faire jour à travers l'armée macédonienne qui le cernait, et voulut se jeter dans la capitale Persépolis ; mais, la garnison de cette ville ayant refusé de le laisser entrer, il fut attaqué de nouveau, et complètement mis en déroute par les troupes ennemies qui l'avaient poursuivi l'épée dans les reins.

DÉFENSE ET FORTIFICATION D'UNE CHAINE
DE MONTAGNES.

Une chaîne de montagnes peut former la ligne de défense stratégique d'un État, soit qu'elle se trouve sur la frontière même d'un État ou en arrière de cette frontière, comme par exemple les Pyrénées entre la France et l'Espagne, le Jura entre la France et la Suisse; soit qu'elle se trouve à l'intérieur du pays, comme les Karpathes. La nature et le caractère des montagnes, le nombre et la viabilité des voies de communication qui les traversent, l'existence et l'espèce des lignes transversales ou des lignes de manœuvres qui les font communiquer en deçà et au delà des montagnes, enfin la situation de la ligne frontière, serviront à déterminer si pour défendre le pays on devra se poster en avant ou en arrière de la chaîne, à fixer le caractère et l'emplacement des différents ouvrages de fortification qu'il y aura lieu d'élever.

Par cela même qu'on se conforme en somme, pour la défense des chaînes de montagnes, aux principes que nous avons exposés à propos de la préparation de la défense et de la défense même des pays de montagnes, par cela même que le caractère de cette défense est forcément passif sur certains points et consiste à arrêter l'ennemi sur ces points, par cela même que sur d'autres points ou d'autres lignes, on est obligé d'avoir recours à l'offensive, sous peine de s'exposer, en restant sur une défensive passive, à une défaite inévitable, il en résulte que, lorsqu'il s'agira de fortifier une chaîne de montagnes, on devra tenir compte de la nature même de ce genre de guerre et donner aux ouvrages qu'on élèvera sur certains points un caractère purement défensif, tandis que d'autres, au contraire, auront un caractère offensif.

CONDITIONS NÉCESSAIRES POUR POUVOIR DÉFENDRE UN MASSIF MONTAGNEUX EN PRENANT POSITION *en avant* DE LA CHAINE.

On pourra, quand la configuration du terrain satisfera aux conditions suivantes, organiser avec quelque chance de succès, *en avant d'une chaîne*, la défense d'un massif montagneux :

1° Quand les pentes tournées de ce côté (*en avant*), vers l'extérieur, sont plus raides que celles qui descendent vers l'autre versant, c'est-à-dire, quand la base des montagnes est plus étroite du côté extérieur.

En effet, si l'on prend alors position en avant de la chaine, les flancs de la position seront plus faciles à défendre et à protéger, par cela même que les deux ailes, quand on voudra les ramener en arrière, trouveront plus aisément un point d'appui sur la chaine principale, que par suite il sera plus difficile de menacer leurs communications avec leurs bases de ravitaillement situées plus en arrière. En outre, en raison du peu de largeur de la base de ces montagnes, la plaine commence, en général, au *pied même et en avant* de ces chaines et ce n'est que rarement que quelques ondulations se trouvent en avant des dernières ramifications de la chaine. Cette forme particulière du terrain facilite par suite singulièrement les opérations offensives du défenseur.

2° Toutes les fois que les montagnes n'ont pas une base trop large par rapport à leur élévation. En effet, même lorsque les avantages que nous venons d'énumérer subsisteraient encore, si la largeur de cette chaine était trop considérable, la base, située en arrière de cette chaine, se trouverait être trop éloignée de la position qu'on aurait prise en avant, et, par suite, il pourrait être difficile de maintenir et d'assurer en toutes circonstances les communications entre la base d'opérations et la position.

3° Quand il n'existe dans le massif montagneux que peu ou point de lignes de communication entre la ligne principale d'opérations et les lignes secondaires ou quand il est facile de garder et de fermer celles qui existent.

4° Quand la nature du terrain, loin de les empêcher, facilite les mouvements de flanc qui, partant de la position prise par le défenseur, sont indispensables pour assurer le succès à la défense. C'est là le cas qui se présente lorsqu'il n'y a, ni en avant du massif principal, ni devant ni sur les flancs de la position, des rameaux montagneux qui constitueraient d'excellentes positions pour l'adversaire, c'est-à-dire lorsque, comme nous l'avons déjà dit ci-dessus, la vallée ou la plaine commence et s'étend immédiatement au pied de la position.

5° Quand la position prise en avant de la chaîne de montagnes possède les avantages tactiques nécessaires, quand ses dimensions sont en rapport avec l'effectif de la troupe chargée de l'occuper et quand la nature de ses abords facilite les mouvements offensifs.

Les chaînes de montagnes qui sont avantageuses pour la défense en avant sont, par exemple :

Les Pyrénées, et surtout les Pyrénées orientales, comme ligne de défense contre la France ;

Les Apennins, entre Rimini et Modène, avec le front stratégique tourné vers le Pô :

Les Alpes, avec le front tourné vers le sud.

Le massif principal des Pyrénées s'abaisse du côté de la France par des pentes généralement très raides et ne pousse sur le territoire français que quelques contreforts insignifiants.

La ligne transversale ou de manœuvres qui va de Perpignan à Bayonne en passant par Quillan, Foix, Saint-Girons, Tarbes, Pau et Orthez, limite du côté du nord, la principale zone montagneuse des Pyrénées et ne s'écarte de leur massif central que de 35 à 45 kilomètres, tandis que la ligne qui longe les Pyrénées au sud et qui va de Barcelonne à Tudela en passant par Lérida et Saragosse, est trois fois plus éloignée du massif que la précédente.

L'avantage qu'on aura par suite à défendre les Pyrénées en prenant position au nord de la chaîne est donc manifeste.

La chaîne des Pyrénées orientales se prête surtout à une défense en avant de la chaîne. Elle n'est en effet traversée que par une seule ligne d'opération pouvant servir aux trois armes, la route de Perpignan à Barcelonne par Figueras (Figuières). Les routes latérales, en revanche, ne sont praticables que pour l'infanterie et les animaux de bât. Enfin, ce n'est qu'à une assez grande distance en arrière de la chaîne qu'on trouve des lignes de communication s'embranchant sur la ligne principale d'opération et encore ces lignes ne sont-elles, jusqu'à ce que l'on atteigne la ligne de manœuvres, accessible à toutes les armes, de Salsona — Manresa — Barcelone, que des sentiers de montagnes ou des chemins de mulets.

Il est vrai de reconnaître que la plaine ne commence pas immédiatement au pied de la position qu'on prendrait sur la ligne principale d'opérations aux environs du Boulou. Mais le peu de largeur de la vallée du Tech, le peu de distance qui sépare cette position de la rive gauche de la vallée et le fait que le terrain à partir de cette rive s'abaisse doucement et en glacis jusqu'à Perpignan, permettent, grâce à des ouvrages de défense dont on garnira les berges de la vallée, à obvier, sans trop de peine, à ces inconvénients.

Perpignan serait une position encore bien plus avantageuse que le Boulou pour une armée chargée de défendre les Pyrénées orientales. Mais cette ville, entourée de fortifications d'une certaine importance, ne pourrait être prise qu'après un siège en règle.

Le général espagnol Riccardos avait, dans la campagne de 1793, su reconnaître ces avantages : en organisant une forte position défensive autour du Boulou dans la vallée du Tech, il s'était créé une base excellente qui lui permettait de diriger des opérations offensives contre Perpignan, de se couvrir par des manœuvres de flanc contre les tentatives que les Français auraient pu chercher à faire pour le tourner en se portant d'une part, par Collioures et Port-Vendres sur Figueras, de l'autre, par Villefranche et Mont-Louis, sur Urgell et Ripoll.

En cas de guerre entre l'Espagne et la France, l'armée espagnole des Pyrénées orientales devrait donc chercher tout d'abord à s'emparer dans le plus bref délai possible, de la vallée du Tech et du Boulou, y créer un camp retranché à l'aide d'ouvrages de fortification passagère, organiser une forte position qui lui servirait de point d'appui et lui permettrait d'entreprendre, grâce à cette base, des opérations offensives.

La France aurait, par suite, intérêt à fortifier d'une manière permanente le Boulou même, d'en faire une espèce de défense avancée de la place de Perpignan et de constituer tout un système défensif dans lequel rentreraient les forts de Collioures, Port-Vendres et Bellegarde.

Nous avons, à la fin de ce livre, cité un excellent exemple de défense d'un massif montagneux à l'aide d'une position prise en avant de la chaine et qu'on trouvera plus loin sous le titre de *Défense des Pyrénées orientales en 1793.*

Les Apennins, à partir de la mer Adriatique jusqu'à hauteur de Modène, assurent à l'Italie centrale les mêmes avantages que les Pyrénées à l'Espagne.

La plaine du Pô coupe la zone montagneuse presque en ligne droite et pour ainsi dire au pied même des montagnes. Une route excellente part des derniers rameaux de la chaîne et, passant par Bologne et Modène, elle aboutit d'un côté à l'Adriatique et de l'autre à Plaisance.

La ligne principale d'opérations, qui partant du Pô aboutit à Rome et à Florence, coupe cette ligne de manœuvres presque à angle droit à Bologne. Il en résulte que toutes les fois qu'on se proposera de défendre l'Italie centrale contre une attaque venant du nord, on devra, après avoir perdu la ligne du Pô, prendre position près de Bologne, afin de pouvoir, grâce à cette base, diriger les opérations offensives de la défense aussi bien vers l'est que vers l'ouest.

Du jour où elle sera protégée par des ouvrages fortifiés, la position de Bologne présentera tous les avantages désirables au point de vue tactique comme au point de vue stratégique.

Deux excellentes lignes de retraite traversent l'Apennin et mènent de Bologne à Florence; l'une suit la vallée du Réno et passe par Vagato, Porretta et Pistoia, l'autre aboutit à Florence en passant par Lozano. La route de la vallée du Réno devrait être couverte par la création d'une tête de pont sur le Réno, et par la mise en état de défense des hauteurs auprès de Casalecchio.

D'aucune des lignes secondaires d'opérations qui prennent naissance à l'ouest de Reggio et de Modène, passent l'Apennin et mènent à Lucques et à Florence, comme de celle qui, venant de l'ouest de Forli, aboutit elle aussi à Florence, il ne part, au nord de la chaîne des voies de communications praticables pour toutes les armes et par suite, il sera, on ne peut plus difficile, de parvenir à menacer la principale ligne de retraite de Bologne sur Florence.

En avant de Bologne, à droite et à gauche de cette ville et dans la direction des lignes d'opérations secondaires, on ne trouve aucun obstacle qui puisse entraver ou arrêter des opérations offensives. En effet, les nombreux torrents qui descendent de l'Apennin et le Réno lui-même, ne deviennent de véritables obstacles que pendant un temps excessivement court, à la suite de pluies persistantes, par la raison même que ces torrents, en raison de la forte pente de leur lit, se vident et se dessèchent très rapidement et presque aussitôt que les pluies ont cessé.

Enfin, la position de Bologne, quand elle sera fortifiée, remplira toutes les conditions tactiques voulues pour pouvoir recevoir une armée de 150 à 200,000 hommes.

En prenant position autour de Bologne, le défenseur de l'Apennin s'assure encore un autre avantage. Posté à Bologne, il couvrira en effet presque complètement, grâce à l'existence des grands étangs de Commacchio, toute la partie du territoire italien qui s'étend depuis le pied de la chaîne jusqu'à la mer, et il en résultera qu'une armée venant du nord et opérant dans ces parages, s'exposera au danger d'être acculée à ces marais ou à la mer.

Le gouvernement italien a d'ailleurs reconnu et apprécié à sa juste valeur l'importance capitale de la position de Bologne : il y a créé un camp retranché grâce auquel cette ville, devenue une excellente position militaire, pourra servir de base aux opérations de son armée.

La chaîne des Balkans est encore une de ces zones montagneuses qu'il importe de défendre en prenant position en avant du massif. Le quadrilatère fortifié de Routschouck, Silistrie, Schoumla et Varna constitue la position stratégique, à l'abri de laquelle le défenseur pourra concentrer et déployer son armée principale.

Afin de bien faire saisir la valeur de cette position, il est indispensable de comprendre, sous le nom collectif de Balkans, tout le massif montagneux limité par le Danube, la haute et la moyenne Maritza, la Nissava et une partie du cours de l'Isker, de décrire sommairement le caractère de la chaîne et de donner une idée de la viabilité du théâtre des opérations.

Les Balkans se composent en réalité de deux chaînes, dont la plus élevée, celle qui est située plus au nord, s'étend depuis la frontière de Serbie jusqu'à la mer Noire pendant que la chaîne méridionale, qui prend pour ainsi dire naissance à Sofia, se termine à l'ouest d'Iamboli.

Ces deux chaînes sont séparées l'une de l'autre par des vallées dont la largeur varie entre 5 et 8 kilomètres et qui sont réunies par des soulèvements transversaux.

La chaîne principale elle-même se compose, à proprement parler de deux chaînes séparées par l'Isker qui se fraye un passage entre ces deux massifs.

La première chaîne, qui commence sous le nom de Nicolaï-Balkan, à la frontière de Serbie, atteint au Crni-Vrh à la Staraplanina l'altitude de 5.800 pieds et se termine sur les rives de l'Isker sous la dénomination de Balkans de Sofia.

La deuxième chaîne s'élève plus au sud sous le nom de Balkan d'Etropol, elle suit une direction légèrement inclinée vers le nord jusqu'au Balkan de Demir Kapou au nord de Slivno, point à partir duquel elle se sépare en trois rameaux dont le plus méridional qui forme le Balkan d'Aïdos et d'Eminé, vient aboutir à la mer Noire au cap d'Eminé.

Le second de ces rameaux remonte vers le nord-est, forme les Balkans de Kasan-Asap et de Dragoï et aboutit au cours central du Kamstchick.

La troisième de ces ramifications part du Balkan de Kazan Asap dans la direction du nord, forme le Balkan de Sakar, le Bonar-Tag et se termine sous les noms de Balkan de Derbend et de Dervis sur le haut Kamstchick; sur l'autre rive de ce fleuve, on trouve en avant de ces deux derniers rameaux les Balkans d'Atisk et de Pravadi.

Un vaste plateau coupé il est vrai par des vallées assez profondes et couvert d'épaisses forêts, peu praticable pour des corps d'un effectif nombreux s'étend à partir de ces chaînes, d'une part, jusqu'au Danube, de l'autre, jusqu'à la mer Noire.

Le plateau qui s'étend entre le Danube et la chaîne principale depuis le Nicolaï Balkan jusqu'à Osman-Bazar est au contraire bien plus accessible et peut servir de théâtre d'opérations à de grandes masses de troupes.

Les crêtes de la 2e chaîne, de la chaîne la plus méridionale des Balkans, se trouvent à une distance de 8 à 10 kilomètres de la première chaîne. Le massif commence au sud de Sofia sous le nom de Vitos, et, portant successivement les dénominations de Kukuljevica, de Sredna Gora et de Karadza-Dagh, il s'étend jusqu'à Jamboli. C'est dans cette chaîne que se sont frayés leur lit l'Isker, la Topolnica et le Giopsu qui se jette dans la Maritza à l'est de Philippopolis.

Le massif se relie par la Kukuljevica-Gora avec les monts du Rhodope, où l'Isker et la Maritza prennent leur source.

VOIES DE COMMUNICATION.

Les routes praticables aux voitures qui, franchissant les Balkans, mènent de la vallée du Danube dans les bassins de l'Isker et de la Maritza, sont les suivantes :

1° Route de Widdin à Pirot et à Sofia par le col du Balkan de Nicolas, d'une altitude de 1,348 mètres ;

2° Route de Lom-Palanka à Sofia par Perkovica et le col de Ginci (altitude de 1,437 mètres) ;

3° Route de Plewna à Sofia par Orkhanié et le passage de Baba-Konak, qui s'élève à 1,450 mètres au-dessus du niveau de la mer, puis de Sofia à Philippopolis par Ichtiman,

4° Route de Routschouk à Karnabad par Eski-Djouma et le col de Kazan (altitude, 587 mètres) ;

5° Route de Silistrie à Karnabad et Iamboli par Choumla et le défilé du Bujuk-Balkan, situé à 898 mètres au-dessus du niveau de la mer.

Une autre route à peu près praticable aux voitures part encore de Choumla et mène à Karnabad par le Dragoï-Balkan.

En dehors de ces routes praticables pour les trois armes, les voies de communication suivantes mènent encore jusqu'au pied de la première chaine des Balkans, et jusqu'au Kamstchick :

1° Route de Sistova à Gabrova par Tirnova. De Gabrova part un chemin qu'il est assez facile de rendre praticable à l'artillerie et qui aboutit à la vallée de Kazanlik ;

2° Route de Tirnova à la vallée de la Toundja par Elena. Cette route n'est pas ouverte sur tout son parcours : il faudrait par suite, ce qui ne présenterait d'ailleurs que peu de difficultés, achever certaines de ses sections pour les rendre accessibles aux voitures.

11.

Les voies de communication situées à l'est de Choumla et qui aboutissent au Kamstchick, sont :

3º La route de Silistrie à Pravadi ;

4º La route qui mène par Medjidie et Bazardjick de la Dobroutscha à Pravadi.

On pourra utiliser, comme lignes transversales ou de manœuvres, les routes praticables aux voitures que nous allons énumérer ci-dessous :

1º La route de Plewna à Routschouck et Choumla par Biéla, sur la Jantra ;

2º La route de Plewna à Osman-Bazar, Eski-Djouma, Choumla et Varna par Lovtcha et Tirnova ;

3º La seule route carrossable qui se trouve entre les deux grandes chaînes des Balkans, depuis Maglis-Kazanlik jusqu'à Karlovo. Cette voie, qui se prolonge au delà de ce dernier point et mène par une route en bon état jusqu'à Philippopolis, est à remarquer parce qu'elle constitue une ligne transversale importante.

Enfin, on trouve en arrière de la chaîne :

4º La route de Nisch (Nissa) à Constantinople par Pirot, Sofia, Philippopolis et Andrinople.

Il existe, de plus, en arrière de la deuxième chaîne :

5º La route transversale, qu'on ne saurait passer sous silence, et qui mène de Philippopolis à Aïdos et Bourgas par Eski-Sagra, Iéni-Sagra, Slivno et Karnabad.

Outre les voies de communication que nous venons d'énumérer, on trouve encore à l'ouest du méridien de Choumla plusieurs chemins qui franchissent les Balkans et par lesquels l'infanterie et la cavalerie peuvent passer sans trop de difficultés.

Il existe, en fait de chemins de fer, sur ce théâtre d'opérations :

1º La ligne de Routschouck à Varna par Choumla ;

2º La ligne de Tschernavoda-Kustendje ;

3° L'artère principale de Constantinople à Philippopolis par Andrinople.

Les points qui, par cela même qu'ils sont situés à la jonction des lignes principales d'opérations et des lignes transversales, ont une importance stratégique, sont les suivants :

a. Entre le Danube et la chaîne principale : Widdin, Routschouck, Tirnova, Silistrie, Medjidje, Plewna et Varna.

b. Entre les deux grandes chaînes formées par les Balkans : Kazanlik, Slivno, Karnabad, Aïdos.

c. Dans la vallée de la Maritza et de l'Isker : Sofia, Philippopolis et Andrinople.

Choumla, Varna, Widdin, Routschouck, Silistrie et Nicopolis seuls sont fortifiés ; encore est-il bon d'ajouter que, de tous ces points, Choumla, Routschouck et Silistrie peuvent seuls être considérés comme des places fortes satisfaisant en partie aux exigences de la fortification moderne, et sont seuls pourvus de quelques ouvrages détachés.

Ces trois forteresses forment, avec Varna, un groupe qui peut servir de base, tant à la défense indirecte du Danube, qu'à celle des Balkans.

DÉFENSE DU THÉÂTRE D'OPÉRATIONS DANS LE CAS D'UNE GUERRE ENTRE LA RUSSIE ET LA TURQUIE.

Le Danube, qui décrit dans la partie de son cours comprise entre Widdin et Galatz une courbe convexe vers le sud, et qui à partir de Galatz coule vers l'est jusqu'à la mer, forme le premier obstacle et à la fois l'obstacle le plus important du théâtre de la guerre.

AVANTAGES POUR LA DÉFENSE.

On comprend et il est évident que le passage du Danube sera, rien qu'à cause des dimensions colossales du lit du fleuve et de l'existence des marais qui bordent ses rives, une opération des plus difficiles.

A ces difficultés viennent s'ajouter celles qui résultent du fait suivant. Les pentes des contreforts, qui, en remontant vers le nord, vont rejoindre la chaîne principale, forment un plateau qui se termine presque partout sur les rives mêmes du fleuve par des falaises, enfin qui, sur tous les points où ces hauteurs se trouvent à une certaine distance du fleuve, elles sont bordées par des marais qui longent le cours du fleuve et s'étendent même sur sa rive gauche.

La défense du Danube se trouve donc singulièrement facilitée par les obstacles naturels qui se dressent devant l'assaillant.

L'arc convexe formé par le fleuve assure encore un autre avantage à la défense indirecte. En effet, dans le cas où l'assaillant choisirait pour ligne principale d'opérations des points situés à l'ouest de Routschouck, le défenseur se trouverait avoir la plus grande facilité à menacer la ligne de retraite de son adversaire.

INCONVÉNIENTS.

Les inconvénients que présente la défense du Danube sont les suivants :

1° Le défenseur ne possède pas de tête de pont sur la rive gauche du fleuve : il sera donc, dans le cas où il voudrait prendre l'offensive, obligé d'exécuter un passage de rivière et d'établir, pour couvrir éventuellement sa retraite, une ou plusieurs têtes de pont.

2° La partie du territoire turc qui fait saillie, la Do-

broutscha, est peu facile à défendre contre un adversaire qui aurait la supériorité numérique, parce qu'il
est extrêmement difficile d'y entretenir et d'y faire vivre
les nombreuses troupes nécessaires pour s'en assurer la
possession, et que les petites forteresses de Toultscha,
d'Issaktscha, etc., etc., sont hors d'état d'opposer une
résistance quelque peu sérieuse.

3° L'étendue considérable de la ligne de défense, qui
s'étend de Widdin jusqu'à la mer, est une autre cause
de faiblesse et de danger. Il est vrai qu'il faut en retrancher toute la partie comprise depuis le confluent de
la Jantra jusqu'à Tchernavoda, par cela même qu'elle se
trouve dans la zone immédiate et pour ainsi dire sous
le canon du quadrilatère et qu'on ne peut supposer que
l'ennemi, quelle que puisse être sa supériorité numérique, songe à tenter de passer le Danube dans ces parages.

ATTAQUE.

Si nous laissons de côté la section comprise entre
Routschouck et Tchernavoda, dont nous venons de parler plus haut, nous verrons que l'attaque dispose de deux
théâtres d'opérations : l'un situé à l'ouest de Routschouck, dans la direction de Widdin : l'autre, plus
oriental, situé entre Silistrie et la mer.

Une opération offensive tentée avec le gros des forces
qu'on dirigerait contre la Dobroutscha et la ligne de
Medjidje, assurerait à l'attaque des avantages résultant
de ce que l'adversaire ne saurait masser dans ces parages des forces considérables et que, de plus, en raison
du commandement que la rive gauche possède près de
Galatz et de Réni sur la rive droite, l'établissement d'un
pont et le passage lui-même présenteront relativement
peu de difficultés.

Mais, comme en dehors de la route de Medjidje et de Pravadi, la Dobroutscha ne possède aucune autre route carrossable, comme l'eau potable est peu abondante, comme de plus, et c'est là ce que toutes les campagnes antérieures ont démontré, il est extrêmement difficile d'y faire vivre des corps de troupes d'un effectif quelque peu considérable; enfin, comme toute la zone comprise entre Silistrie, Widdin et la mer est, nous l'avons déjà fait remarquer ci-dessus, peu praticable; qu'aucune bonne route ne conduit du Kamstchick à Andrinople, il en résulte qu'on ne devra employer de ce côté que des forces relativement peu nombreuses qui, s'appuyant sur le Danube depuis Galatz jusqu'à la mer, ne pourront être chargées de faire qu'une simple démonstration contre le quadrilatère.

L'opération consistant à tourner le quadrilatère par l'ouest de Routschouck présente les avantages et les in-convénients suivants.

AVANTAGES.

1° Le passage du Danube sera facile à exécuter, pourvu qu'il ne soit pas entrepris trop à proximité du rayon d'action stratégique du quadrilatère.

2° Une opération tentée de ce côté permettra de trouer stratégiquement les lignes de l'adversaire, qui ne peut dégarnir de troupes ni Widdin ni Sofia, ni même la Bosnie, à cause de la proximité de ce pays avec la Serbie; de donner la main aux peuples qui ont une origine commune avec l'agresseur : Bulgares, Serbes, etc.; de tourner, grâce à un changement de front vers la gauche, le défenseur posté dans le quadrilatère, et de le forcer, en cas d'échec, à se retirer de l'autre côté des Balkans.

Une semblable opération stratégique, comme d'ailleurs toutes les opérations de ce genre, doit être menée à la fois avec une extrême énergie et une grande prudence.

Il faudra, en effet, dès qu'on aura passé le Danube, effectuer dans le plus bref délai possible une concentration stratégique dans le pentagone formé par Biéla. Tirnova, Selvi, Lovtcha et Plewna, se rendre maître absolu de ces points, établir solidement l'aile gauche sur la Jantra, l'aile droite sur le Vid ; faire de Tirnova, point stratégique d'autant plus important que cette ville deviendra la base des opérations à exécuter de l'autre côté des Balkans, une *place du moment ;* puis, en s'appuyant sur ces ouvrages fortifiés, exécuter un mouvement de flanc soit vers l'est, soit vers l'ouest, en raison des mesures et des dispositions prises par l'ennemi. Il est évident qu'en prenant une pareille position stratégique on pourra, sans s'exposer à aucun danger, sans avoir rien de sérieux à redouter, pousser au delà des Balkans des pointes offensives.

DÉSAVANTAGES.

Une pareille opération présente le grave inconvénient d'éloigner outre mesure l'assaillant de sa base d'opérations. On ne pourra donc entreprendre de semblables opérations que lorsqu'on n'aura pas à craindre de voir le défenseur prendre l'offensive à son tour, lorsqu'on sera maître absolu du cours du Danube depuis Galatz jusqu'à la mer, lorsqu'on aura fortifié cette rive ; enfin lorsqu'on pourra, en tout état de cause, compter sur la neutralité de l'Autriche.

IMPORTANCE DU QUADRILATÈRE. AVANTAGES QUE PRÉSENTE, POUR LA DÉFENSE DU DANUBE ET DES BALKANS, UNE POSITION PRISE DANS CE QUADRILATÈRE.

En examinant, au point de vue stratégique, les différentes directions dans lesquelles l'assaillant pourra être amené à opérer, on aperçoit de suite les avantages considérables que le défenseur s'assurera en prenant, avec le gros de ses forces, position dans le quadrilatère, et en admettant naturellement qu'il saura tirer judicieusement parti de ses troupes.

Le défenseur, ne pouvant vraisemblablement pas tenter une manœuvre offensive, et pousser une pointe sur la rive gauche du Danube, aura le plus grand avantage, en raison de la grande extension du front même de la défense, à la couvrir d'une manière indirecte, en prenant une position flanquante derrière le Danube.

Le quadrilatère bulgare constitue une position de ce genre, dont le rayon d'action s'étend à l'est jusqu'à la mer, à l'ouest jusqu'au delà de la Jantra.

Si Tirnova, ce point stratégique si important, était fortifié, on s'assurerait un point d'appui solide, une base puissante pour un mouvement de flanc qu'on pourrait exécuter alors contre l'ennemi posté à l'ouest de la Jantra. Enfin, les ouvrages élevés autour de cette ville seraient d'une immense utilité, surtout pour la défense des Balkans.

En raison de l'étendue du rayon d'action de cette position flanquante, l'assaillant se verra forcé à tenter de passer le fleuve à l'ouest de Nicopolis, par cela même qu'on arriverait facilement à empêcher cette opération, si on cherchait à l'exécuter plus à proximité de la Jantra.

La position de Choumla présente des avantages de même nature pour la défense des Balkans, parce que l'assaillant ne pourra, que quand il aura pour lui une grande supériorité numérique, se risquer à faire passer la chaîne au gros de ses forces, et chercher, en poussant en avant dans la direction de Philippopolis, à tourner la position ennemie avant d'avoir battu son adversaire.

Il faudra, en tout cas, que les forces que la défense aura postées à Widdin et Sofia soient paralysées, soit par des corps russes, soit par les troupes serbes et par les Bulgares soulevés.

La position prise par la défense dans le quadrilatère couvre, en outre, tout d'abord la ligne principale d'opérations qui, partant de Silistrie et de la Dobroutscha, mène par Aïdos à Constantinople, et protège ensuite cet objectif final des opérations, garanti par la mer sur deux de ses faces.

Dans le cas où l'ennemi, malgré les difficultés du terrain, s'aventurerait à tenter un mouvement en avant par l'est de Silistrie et de Choumla, la position occupée par la défense lui donnerait une excellente occasion d'acculer l'ennemi à la mer.

Cette position oblige par suite l'assaillant à exécuter un mouvement tournant des plus étendus, à allonger considérablement sa ligne d'opération qui, par cela même qu'elle passe par le défilé stratégique compris entre les Carpathes et le Danube, serait gravement compromise en cas d'insuccès.

Il y aurait, au contraire, de grands désavantages à vouloir défendre les Balkans en prenant position en arrière de la chaîne. Le massif montagneux se compose, en effet, à proprement parler, de deux chaînes séparées par d'étroites vallées longitudinales : il est donc, par suite, difficile d'employer aux opérations entreprises dans ces vallées de grosses masses de troupes. De plus, il n'existe, à l'exception des tronçons de routes que nous avons cités lorsque nous avons passé en revue les communications transversales, aucune voie réellement praticable. Le défenseur s'exposera donc, en cas d'échec, à être rejeté dans les montagnes arides et inhospitalières du chaînon méridional.

Les Turcs, de plus, n'ont, jusqu'à présent, rien fait pour fortifier les soulèvements transversaux qui séparent les vallées longitudinales.

Par suite, si le défenseur veut essayer de défendre les Balkans en prenant une position stratégique dans la vallée de la Maritza entre Philippopolis et Andrinople, il lui sera, en raison de la grande distance qui sépare cette position de la chaîne principale du nord, fort difficile de compter sur la possibilité d'une défense efficace, du moins de cette partie de la chaîne.

Dès que l'assaillant aura réussi à franchir cette chaîne, dès qu'il aura pu masser ses forces dans les vallées dont nous venons de parler, près de Karlovo et de Kazanlik, etc., etc., il lui sera aisé de forcer la 2e chaîne dont l'altitude est, d'ailleurs, bien moins considérable que celle de la 1re.

La perte de ces deux chaînes forcerait les Turcs à jouer les destinées de leur empire dans une grande bataille livrée dans la vallée de la Maritza et dont l'issue serait des plus problématiques dans le cas où ils n'auraient pas réussi à faire rejoindre les troupes postées dans le principe à Widdin et à Sofia.

La perte d'une bataille décisive menacerait même Constantinople, l'objectif principal des opérations, et je ne crois pas que cette ville, dont l'importance géographique me paraît être très surfaite par nombre de gens qui s'entêtent à la considérer encore comme la *clef du monde*, soit, malgré tous les avantages que présente sa position, en état de résister aux effets que produit aujourd'hui l'artillerie de siège.

De tout ce qui précède, il résulte que, pour défendre avec succès les Balkans contre un ennemi venant du nord, on ne peut prendre position que dans le quadrilatère bulgare et ces considérations font également ressortir toute l'influence et tous les avantages de cette position en avant de la chaîne.

FORTIFICATION D'UNE CHAÎNE DE MONTAGNES QU'ON VEUT,
DANS LE PRINCIPE, DÉFENDRE SUR UNE POSITION CHOISIE
EN AVANT DU MASSIF.

Quand une chaîne de montagnes possédera les qualités requises pour que le défenseur puisse prendre position en avant de ce massif, il faudra, pour faciliter et appuyer ses opérations stratégiques et tactiques, dans le sens de la défense active, fortifier en raison même de leur importance les points et les lignes stratégiques de la zone montagneuse.

On devra, en premier lieu, s'occuper de la première ligne d'opérations, et, sur cette ligne, de la position qu'on compte prendre en avant de la montagne et qui servira de base aux opérations offensives. Il s'agira de donner aux ouvrages qui couvriront cette position un caractère offensif, d'y établir un camp retranché, de la rendre, en un mot, assez forte pour qu'on puisse l'abandonner à elle-même pendant un certain temps, c'est-à-dire pendant toute la durée des opérations qu'on sera forcé d'exécuter pour défendre la barrière de montagnes.

Cette position fortifiée se composera donc d'un noyau suffisamment solide et d'ouvrages avancés indépendants, de ce qu'on est convenu d'appeler une ceinture de forts, qui doivent à la fois empêcher l'ennemi de bombarder le corps de place et favoriser les sorties et les mouvements offensifs de l'armée.

S'il y a, sur l'une des lignes d'opérations qui rayonnent de la place principale et dans le voisinage immédiat de cette place, un mouvement de terrain de nature à entraver et à contrarier les mouvements offensifs et qui, s'il se trouvait en la possession de l'ennemi, pourrait contrarier ou même faire complètement échouer les opérations offensives que la défense se verra dans l'obligation d'entreprendre, il faudra naturellement comprendre ce point dans le système défensif de la place.

C'est ce motif qui oblige, par exemple, les Italiens à élever une tête de pont, à Bologne, sur la rive gauche du Reno, et un autre ouvrage de même nature à Casalecchio.

Dans les Pyrénées orientales on sera forcé de comprendre dans le système défensif du Boulou, toute la rive gauche de la vallée du Tech, ainsi que les mamelons qu'on rencontre sur le terrain qui s'incline en glacis vers Perpignan, afin de faciliter le mouvement qui tendra à faire déboucher des troupes tant dans la direction de Perpignan, Thuir et Ille, que dans celle de Villelongue et de Collioure, par la rive droite du Tech.

FORTIFICATION DES LIGNES SECONDAIRES D'OPÉRATIONS.

Lorsque la position prise par le défenseur sur la principale ligne d'opérations est trop forte, l'ennemi cherche à la tourner par les lignes secondaires d'opérations : pour le retenir sur ces lignes jusqu'à ce que l'armée principale du défenseur ait pu accourir de sa position centrale, en un mot, pour gagner du temps, il faut fortifier les points qui barrent ces lignes et qui, vu la nature de la montagne, seront dans certains cas impossibles à tourner, ou ne pourraient l'être dans d'autres qu'en perdant beaucoup de temps.

Si des communications transversales conduisent, dans la région montagneuse, de ces lignes secondaires à la ligne principale d'opérations, on devra déterminer les points situés sur ces lignes qu'il importera de fortifier pour barrer ces voies ; mais on devra alors, du moins autant que les circonstances le permettront, tenir compte du caractère tant défensif qu'offensif que pourront prendre les opérations, afin de s'assurer la possibilité de faire, sans trop de peine, servir ces lignes transversales aux opérations éventuelles, soit de l'armée, soit seulement de quelques corps de cette armée.

ÉTABLISSEMENT DE LA BASE POUR UNE POSITION STRATÉGIQUE PRISE EN AVANT DE LA MONTAGNE.

Derrière toute ceinture de montagnes s'étend immédiatement, soit une grande plaine, soit une large vallée dont les lignes principales et secondaires d'opérations, qui mènent de l'autre côté de la chaîne, sont ordinairement réunies par une route servant de ligne de manœuvres.

C'est sur cette dernière ligne, ou dans ses environs immédiats, qu'on devra chercher et choisir les points dont il importera de s'assurer la possession à l'aide d'un système de fortifications. Ces ouvrages forment alors la *base* de la position avancée.

Si la chaîne de montagnes est bornée par une grande vallée parallèle au massif principal, on devra fortifier les points sur lesquels les lignes d'opérations franchissent le cours d'eau qui coule dans cette vallée, en appliquant les principes recommandés par la théorie pour l'établissement des têtes de pont.

Ainsi l'Ebre, par exemple, est la base de la défense des Pyrénées, et les points tels que Miranda del Ebro, Logrono, Valtierra et Tudela, Saragosse, Mequinensa et Tortosa, sur lesquels les lignes d'opérations viennent franchir le fleuve, ont une importance stratégique capitale : ces places, avec leurs têtes de pont, assurent une excellente base d'opérations à l'armée espagnole des Pyrénées.

De tous ces points de passage, Saragosse et Tortosa

sont seuls entourés d'ouvrages d'une certaine importance : à Mequinensa on n'a établi qu'une simple tête de pont pour 1,900 hommes, et 50 bouches à feu, la configuration du terrain, la nature et le tracé des chemins aux environs de ce pont ne paraissant pas se prêter à l'établissement de défenses plus sérieuses. C'est, du reste, pour remédier à la faiblesse de ce point que l'on a donné un caractère offensif aux ouvrages de Lérida qui se trouve plus en avant sur la ligne et que l'on a aussi élevé une tête de pont sur la rive gauche du fleuve au point où il est traversé par la route de Barcelone.

Quant aux points de passage de Miranda, Logrono et Tudela, que nous avons indiqués les premiers, il faudra, en temps de guerre, les couvrir par des têtes de pont formées d'ouvrages de fortification passagère.

L'Arno forme la base de la défense des Apennins contre une attaque venant du nord, quand on a choisi la position autour de Bologne : Pise, Florence et Arezzo sont les points stratégiques les plus importants de la vallée de ce cours d'eau, et constituent avec Pérouse qui, par sa position, est de nature à devenir très forte comme *place du moment*, ainsi qu'avec Ancône, la première base de la défense de l'Italie centrale contre le nord.

LIGNES DE COMMUNICATIONS ENTRE LA BASE ET LA POSITION STRATÉGIQUE PRISE EN AVANT DE LA MONTAGNE.

Nous avons déjà parlé plus haut et en général des lignes qui peuvent servir de lignes d'opérations, ainsi que de la nécessité de les consolider par des forts d'arrêt.

Il reste encore à ajouter qu'il sera indispensable d'établir des bases intermédiaires, en fortifiant les points principaux des lignes d'opérations, toutes les fois que la base principale se trouvera séparée de la chaîne par plus de 3 à 4 journées de marche (70 à 90 kilomètres) ou bien encore toutes les fois qu'en raison de sa position, oblique par rapport à cette chaîne, elle se trouvera trop éloignée de l'une des ailes.

C'est ce qui a lieu, par exemple, pour la base de l'Ebre, dont l'aile gauche est, à Miranda, à 4 journées de marche de Tolosa : à Logrono, à la même distance de Pampelune ; à Tudela, à 6 journées de marche de cette même ville ; tandis que l'aile droite, au contraire, selon qu'elle est postée entre la frontière et Lerida ou Mequinenza, en passant par Urgel ou entre le fort de Bellegarde et Tortosa, se trouve dans le premier cas, à 20 jours, dans le deuxième, à 14 jours de marche de la base sur l'Ebre.

Lerida, Tarragone et Barcelone forment, pour ces motifs, une base intermédiaire, qui a une étendue de 30 lieues environ, dont l'aile droite est couverte par la mer et l'aile gauche par l'absence, dans toute la chaîne centrale des Pyrénées, de chemins par lesquels de grosses masses de troupes puissent se mouvoir.

On a, de plus, intercalé, pour ainsi dire, entre Barcelone et le fort Bellegarde construit sur la frontière, la forteresse de Gérone et les places à forts détachés de Figueras et de Hostalrich.

Gérone se trouve à 45 kilomètres environ de la frontière et d'après la carte de Berghaus à 72 kilomètres de Barcelone.

Enfin, dans la vallée du Sègre, moins favorable aux grandes opérations, on rencontre la place de Belver, puis Urgel et Balagner, localités protégées par une enceinte et par un fort détaché.

Sur la base formée par l'Arno en arrière des Apennins, Pise est à plus de 150 kilomètres de Modène,

Florence à environ 100 kilomètres de Bologne, Arezzo,
à 115 kilomètres de Forli et à 130 kilomètres de Pesaro;
il n'y aurait donc sur toute la ligne de Pise à Modène,
qu'un seul point intermédiaire à fortifier.

RÉPARTITION DES FORCES DESTINÉES A LA DÉFENSE D'UNE CHAINE DE MONTAGNES.

C'est en raison de l'étendue de la chaine de montagnes, de la constitution orographique, de la nature des
mesures prises à l'avance pour assurer la défense, de
l'existence de chemins, de places fortes, qu'on pourra
décider si l'armée doit être massée sur *une seule ligne*
d'opérations, être concentrée tout entière sur une position choisie sur cette ligne, ou bien s'il faudra la partager
en deux ou plusieurs groupes, dont l'un, *celui dont l'effectif est le plus considérable*, constituera, afin de prévenir tout éparpillement des forces, le gros de l'armée,
l'armée principale.

Nous ne parlerons naturellement pas ici des corps
qui, chargés de couvrir et de protéger les flancs, devront être postés sur les lignes latérales et secondaires.

DIVISION DES FORCES.

On est obligé de diviser les forces dans les cas suivants :

1º Quand l'étendue de la chaîne de montagnes est
telle que la sphère d'action stratégique de la position choisie par la défense n'arrive point jusqu'aux lignes d'opérations qui se trouvent sur les ailes, c'est-à-dire lorsque,
en admettant naturellement que la principale ligne d'o-
pérations traverse la chaîne en son milieu, les extrémités des ailes sont à cinq ou six journées de marche de
la position centrale proprement dite.

Ainsi, par exemple, si l'on voulait défendre les Pyrénées contre la France, ce serait commettre une faute
que de concentrer l'armée entre Saint-Martory et Saint-
Gaudens, quand bien même cette position présenterait
tous les autres avantages stratégiques et tactiques, et
serait traversée par la principale ligne d'opérations conduisant à Madrid, et de négliger les lignes d'opérations
qui pénètrent en Espagne par les ailes, parce que la
longueur des Pyrénées étant de plus de 500 kilomètres,
la sphère d'action de la position centrale ne pourrait
s'étendre jusqu'aux ailes.

Il en est de même pour les Carpathes et les Apennins.

Nous nous proposons d'ailleurs de revenir plus loin
sur l'étude des Carpathes, lorsque nous parlerons de la
défense d'un massif montagneux à l'aide d'une position
prise en arrière de la chaîne.

Pour les Apennins, en choisissant Bologne comme
position centrale, on serait hors d'état d'exercer une influence quelconque sur les passages existant du côté de
Gênes et de La Spezzia. Le rayon d'action ne s'étendant
pas jusque dans ces parages, il faudrait placer un corps
de flanc à Plaisance et charger, de plus, un autre corps de
protéger la ligne de Rimini à Ancône contre les opérations qui pourraient être tentées du côté de la mer, bien
que cette ligne soit couverte en partie par Bologne et
par les marais de Commachio.

Il suffirait de forces tout à fait secondaires pour garder les autres passages de la chaîne.

2° La division des forces en deux masses principales
est nécessaire, quand il y a au milieu, ou près du milieu
de la chaîne de montagnes, un massif très élevé, impraticable, impropre aux opérations d'armées ou de corps
considérables, qui partage cette chaîne en deux parties
bien distinctes.

C'est ce qui a lieu, par exemple, pour les Pyrénées,

dont la chaine centrale s'élève comme un mur depuis le pic du Midi, par le mont Perdu et la Maladetta jusqu'au pic de Montvallier, dans le ravissant pays d'Arran : les cols n'y sont qu'esquissés, les communications très difficiles et à peine praticables pour les bêtes de somme.

De même aussi, tout le terrain situé en arrière de cette chaine centrale, c'est-à-dire sur le territoire espagnol, depuis Jacca jusqu'à la Noguerra Pallarezza, ne se prête en aucune façon à de grandes opérations dirigées du nord au sud ou inversement. En effet, le mont Luesia et la sierra de Guarra, et plus au sud, à la hauteur de Lérida, la sierra d'Alcubiere, qui courent parallèlement à la chaine principale, dont ils forment en quelque sorte l'avancée, rendent presque impraticable dans la direction indiquée ci-dessus tout le secteur compris entre l'Aragon et la Noguerra Pallarezza.

Ces considérations font ressortir les désavantages qui résulteraient du choix d'une position centrale prise entre Saint-Gaudens et Saint-Martory de l'autre côté des Pyrénées, et de la concentration du gros des forces sur cette position. Il doit donc toujours y avoir, dans une guerre de la France contre l'Espagne et réciproquement, et c'est du reste ce qui ressort de l'étude de toutes les campagnes passées, deux armées : celle des Pyrénées orientales et celle des Pyrénées occidentales : et, dans le cas où l'Espagne prendrait l'offensive, ce sera sur les Pyrénées orientales qu'elle devra porter le gros de ses forces, parce qu'une victoire remportée dans ces parages lui permettra de frapper plus rapidement et plus cruellement les intérêts de la France.

Comme les Pyrénées, la chaine des Carpathes est, elle aussi, partagée en deux tronçons inégaux par le Tatra, ce grand paratonnerre de l'Europe orientale, ce massif montagneux de plus de 9,000 pieds d'altitude et que peuvent seuls parcourir des chasseurs de chamois ou de hardis montagnards.

Des deux tronçons ainsi formés par la chaîne des Carpathes, l'un, le plus occidental, ne se prête guère aux grandes opérations, tandis que l'autre, la partie orientale, est traversée par la ligne principale des opérations qui conduit à la grande plaine basse de Hongrie et a, par suite, une valeur stratégique bien autrement importante.

GENRE DE DÉFENSE DE CES DIFFÉRENTES PARTIES D'UNE CHAINE DE MONTAGNES.

Ici encore, de même que lorsqu'il s'est agi d'étudier dans son ensemble la défense d'une chaine de montagnes, c'est en raison de la nature des différentes parties de la chaîne qu'on jugera s'il faut les défendre en prenant position, soit en avant, soit en arrière de toute la zone montagneuse.

Pour défendre les Pyrénées occidentales, l'armée qui opérera de ce côté pourra prendre position en avant de la chaine de montagnes derrière la Bidassoa, l'aile gauche appuyée à Fontarabie et à Saint-Sébastien, l'aile droite couverte par la montagne et par la forteresse de Pampelune, située plus en arrière.

Comme cette position stratégique peut être facilement tournée par Saint-Jean-Pied-de-Port, et directement en partant de Bayonne, en passant par Elizondo et la source de la Bidassoa; puis plus loin, encore à l'est, de Pau par Oléron et Urdos, en se dirigeant vers Jaca, on devra, pour garantir le flanc droit, et parce qu'on ne trouve aucune bonne position en avant de la montagne, poster plus en arrière, sur la ligne de Pampelune-Jaca, un corps indépendant qui gravitera du côté de Pampelune.

Si l'on a à défendre les Apennins, on trouvera à Plaisance une excellente position fortifiée pour un corps indépendant considérable chargé de couvrir l'aile gauche. Cette place, en raison de l'extension de sa ceinture de forts sur la rive droite du Pô, a sous ce rapport une valeur stratégique plus grande pour l'Italie qu'elle n'en avait pour l'Autriche et pour la défense de la Lombardie.

Tel est aussi le résultat qu'assurerait, dans l'éventualité de la défense des Carpathes occidentales, l'occupation du camp retranché de Cracovie par une armée secondaire.

B. — DÉFENSE D'UNE CHAINE DE MONTAGNES PAR UNE POSITION PRISE EN ARRIÈRE DE LA CRÊTE.

Si la chaîne de montagnes ne possède pas les propriétés que nous avons indiquées plus haut et qui sont, à nos yeux, indispensables pour qu'elle puisse être défendue en avant, il faut se décider à la défendre en arrière de la crête et préparer, en conséquence, les points fortifiés sur lesquels doit s'appuyer la résistance.

L'offensive devant, en général, prédominer dans ce système de défense, comme dans tous les autres, il faudra que les forces destinées aux opérations soient réunies sur une position choisie, soit au point même de jonction de la ligne principale d'opérations avec la ligne de manœuvres qui court derrière la zone montagneuse, soit dans le voisinage immédiat de ce point.

Cette position doit posséder, d'une part, tous les avantages tactiques que nous avons indiqués plus haut pour la position prise en avant de la chaîne de montagnes, et, de l'autre, tous ceux qui sont de nature à faciliter les opérations offensives.

12.

FORTIFICATION D'UNE CHAÎNE DE MONTAGNES DONT LA DÉFENSE EST FORMÉE PAR UNE POSITION CHOISIE EN ARRIÈRE.

La fortification d'une position choisie en arrière de la crête doit être conçue conformément aux principes que nous avons énoncés à propos de l'organisation d'une position prise en avant de cette chaîne : elle doit donc être conçue dans un esprit offensif. Toutefois, si cette position ne se trouve ni dans la vallée principale, ni dans la plaine qui s'étend immédiatement au pied de la zone montagneuse, mais, au contraire, sur les derniers contreforts des hauteurs, si, par suite, on a lieu de craindre que, dans cette même situation, il ne soit pas toujours possible d'assurer, d'une manière absolue, ses communications avec les grands centres situés plus en arrière, on devra lui donner les dimensions et le caractère d'un point offensif secondaire, plutôt que ceux d'un vaste camp retranché, et tenir également compte des considérations offensives et défensives.

La force et l'étendue de cette forteresse doivent donc être telles que, dans le cas où elle viendrait à être complètement isolée, elle puisse être défendue pendant 6 à 8 semaines par une garnison de 8,000 à 10.000 hommes.

On commettrait une faute des plus graves en lui donnant, en raison de ses dimensions, une garnison plus considérable : on affaiblirait, en effet, outre mesure l'armée principale dont la défaite amènerait forcément la chute de la place.

FORTIFICATION DES LIGNES SECONDAIRES D'OPÉRATIONS.

Les lignes secondaires d'opérations doivent être couvertes par des forts d'arrêt et même, suivant les circonstances, par des forteresses, afin d'arrêter le plus long-temps possible, l'ennemi qui chercherait à tourner par l'une de ces lignes la forte position prise sur la ligne principale d'opérations et de donner au gros des forces le temps nécessaire pour engager les opérations offensives.

FORTIFICATION DE LA LIGNE DE MANŒUVRES EN ARRIÈRE DE LA MONTAGNE.

Pour défendre une chaîne de montagnes en s'appuyant sur une position prise derrière la crête, il est indispensable qu'en arrière de la zone montagneuse, ou tout au moins dans le voisinage de ses limites, il existe une bonne route, praticable à toutes les armes, et que cette ligne, qui servira également de base aux opérations offensives, soit fortifiée en raison de sa destination.

En dehors de la position principale, située sur cette ligne, en dehors du grand camp retranché destiné au gros des forces, il faudra, surtout quand le rayon d'action de ce camp ne pourra, à cause de la grande longueur de la chaîne de montagnes, s'étendre jusqu'aux ailes, élever, à une distance variant entre 3 et 5 journées de marche, des ouvrages fortifiés qu'on placera autant que possible aux points d'intersection des lignes secondaires d'opérations et de la ligne de manœuvres, en faire des espèces de places de dépôt et leur donner, par suite, un caractère plus particulièrement défensif.

Les considérations tenant à la situation de ces forteresses et à la nature du terrain environnant détermineront, d'ailleurs, s'il y a lieu de donner, dès le principe un caractère offensif à la fortification ou si l'on attendra le début des hostilités pour fortifier passagèrement les points nécessaires à l'offensive.

Ces forts ne doivent être, d'ailleurs, ni trop grands

ni trop puissants ; il suffit qu'ils puissent être complètement abandonnés à eux-mêmes pendant 4 ou 6 semaines : il faut, de plus, que l'effectif total des garnisons de ces ouvrages qui tous, dans un cas donné, peuvent se trouver isolés et coupés, n'affaiblisse pas outre mesure l'armée principale.

Ce système de défense et de fortification d'une chaîne de montagnes devra naturellement être adopté, non seulement dans les cas énoncés ci-dessus, mais encore dans celui où la ligne de hauteurs forme la frontière d'un État et, lorsqu'à cause de la disproportion des forces, on est obligé à rester sur la défensive dès le début des hostilités.

Cependant, si les considérations politiques et militaires permettent de prendre l'offensive et si la chaîne de montagnes possède les qualités que nous avons indiquées dans le chapitre A, on devra, dès qu'on aura franchi les sommets, avoir tout préparé de manière à pouvoir organiser offensivement la défense du versant opposé de la chaîne et procéder à l'établissement immédiat des ouvrages nécessaires de fortification passagère.

Tel est le cas des Pyrénées orientales pour l'Espagne. Pour défendre les Pyrénées orientales, les Espagnols devraient établir au Boulou un camp retranché à l'aide de la fortification passagère, et fermer par des forts d'arrêt les lignes secondaires.

Si, en raison de la nature de la chaîne de montagnes, il est impossible de prendre position en avant du massif, si la frontière du pays se trouve à peu de distance et en avant de la zone montagneuse, et si cette zone est précédée par une bande de terrain n'ayant que peu de profondeur, c'est là par exemple ce qui se produit pour les Carpathes dont les pentes descendent en forme de glacis vers la Gallicie, à l'est du massif du Tatra, on peut se demander si l'on doit complètement abandonner

la portion du pays comprise entre la frontière et la ligne
de crête en prenant position en arrière des hauteurs, ou
bien quels sont les moyens à employer pour couvrir, du
moins partiellement, toute cette partie du territoire.

On ne pourra songer à organiser la défense en avant
de la chaîne que dans certains cas, lorsque, par
exemple, la proportion des forces permettra d'agir de la
sorte. Il est évident que l'on devra faire entrer en ligne
de compte la situation morale et matérielle de toute l'armée. Mais, toutes les fois que les circonstances ne le
permettront pas, c'est en prenant position en arrière de
la chaîne qu'on devra chercher à la défendre.

Cependant, afin de s'assurer la possession de certains
points stratégiques importants, situés de l'autre côté de
la chaîne, pour se ménager une bonne base d'opérations
dans le cas où le défenseur voudrait prendre l'offensive,
soit après avoir réussi à repousser l'attaque ennemie,
soit dans le cas où il devrait tirer parti dès le début des
hostilités de sa supériorité numérique, il sera bon d'élever au delà de la zone montagneuse, à une distance de
cinq à six journées de marche, des forteresses de dépôt
qui, en raison même du rôle qu'elles sont appelées à
jouer, auront un caractère plus particulièrement offensif.

Comme ces forteresses élevées sur des points stratégiques importants sont destinées à obliger l'adversaire,
qui cherche à pénétrer dans le massif montagneux, à
en faire le siège, ou du moins à les bloquer, par conséquent à laisser en arrière des forces deux ou trois fois
plus nombreuses que les garnisons de ces forteresses,
et à s'affaiblir proportionnellement bien plus que le défenseur, il en résulte que ces forteresses ne sauraient
être trop petites, et doivent avoir des dimensions suffisantes pour recevoir une garnison de 8 à 10,000 hommes.

Quand on construira de semblables places de dépôt,

il sera bon, surtout pour celles de ces forteresses qui se trouveront sur le point même ou près du point d'intersection de la ligne principale d'opérations avec la ligne de manœuvres qui se trouve de l'autre côté de la montagne, de les organiser de manière à pouvoir les compléter à l'aide d'ouvrages de fortification passagère, et en faire les bases de manœuvres offensives. Les points principaux, et surtout ceux qui, s'ils tombaient entre les mains de l'ennemi, rendraient possible le bombardement du réduit, devront toujours, et dès le début, être couronnés par des ouvrages de fortification permanente.

Le défenseur pourra de la sorte, grâce à la nature des ouvrages, et lorsque la *proportion des forces* le lui permettra, organiser la défense du massif en prenant position *en avant de la montagne*.

Nous allons chercher à démontrer par l'exemple suivant comment on peut défendre stratégiquement une chaine de montagnes en prenant position *en arrière* de cette chaine.

Nous avons choisi à cet effet les Carpathes, supposé que le front stratégique était tourné vers le nord, et qu'en raison de la proportion numérique des forces des belligérants, on s'était vu forcé d'organiser la défense en arrière de la chaine.

APPRÉCIATION STRATEGIQUE DU THÉATRE DE LA GUERRE SUR LES DEUX VERSANTS DES CARPATHES.

DESCRIPTION GÉNÉRALE.

Le théâtre de la guerre qui comprend la Moravie, la Silésie, la Gallicie avec la Bukhovine, la Hongrie avec la Transylvanie, est traversé par les Carpathes qui courent presque parallèlement à la frontière. Cette chaine atteint une hauteur moyenne au sud de Fulnek, et, à l'exception du bloc granitique du Tatra, dont l'altitude est de plus de 8,000 pieds, elle présente le même caractère jusqu'au Marmaros : à partir de ce point, les Carpathes se relèvent davantage et se composent de montagnes boisées pour la plupart, qui s'étendent jusqu'à la frontière de Valachie, et couvrent le comitat de Marmaros et la Transylvanie.

Les Carpathes, tournant ensuite vers l'ouest en conservant le même caractère, deviennent de hautes montagnes au sud de Cronstadt, et couvrent la Transylvanie contre la Valachie.

Un rameau se détache, près de la frontière de Silésie, de la chaine principale qui décrit une courbe, à l'ouest de Jablunka et composé de hauteurs alternativement basses et moyennes, s'étend entre le Waag et la March ou Morawa sur la frontière de Moravie jusqu'à Presbourg, sur le Danube.

La Hongrie et la Transylvanie paraissent donc être protégées par ce colossal rempart naturel contre une invasion venant du nord et de l'est.

La Transylvanie est encore défendue et couverte, du côté du nord, par les montagnes plus hautes, quoique d'une altitude moyenne, qui se trouvent entre l'Iza, le cours supérieur de la Theiss et la Szamos, du côté de l'ouest, par le massif qui sépare la Körös de la Maros, en outre, par les montagnes dont nous avons parlé plus haut et qui courent entre ce dernier fleuve et la frontière de la Valachie, et forment, en parlant au figuré, le bastion de ce grand rempart.

La partie orientale de la Silésie et de la Gallicie avec la Bukhovine, dont le caractère est celui d'un haut plateau coupé par les vallées profondes des cours d'eau qui descendent des Carpathes, forme en avant de ce bastion une sorte de demi-lune dont le glacis s'abaisse en pente douce vers la frontière russe.

Ce glacis est couvert, à l'ouest, par la Vistule, qui coule à peu de distance en avant des Carpathes et forme une espèce de défilé stratégique; mais, à l'est, depuis le confluent du San et de la Vistule, il est complètement découvert et aucun obstacle naturel ne peut, de ce côté, arrêter la marche d'une invasion venant du nord. Si, par suite, on ne s'assure pas la possession de la Gallicie par d'heureuses opérations offensives et par l'établissement de forteresses qui serviront de base à ces opérations, on aura beaucoup de peine à rester maître de ce pays dans une guerre défensive.

C'est des pentes méridionales des Carpathes que descendent les principaux affluents du Danube, le Waag, la Neutra, la Gran, l'Eipel, la Theiss, grossie de la Sajo, de l'Hernath et du Bodrog.

Ces affluents sont séparés par des montagnes de moyenne élévation qui limitent nettement la plaine basse de la Hongrie par la ligne de Freistadtl, Neutra, Leva, Gran, Waitzen, Gyöngyös, Miskolz, Tockay, Unghvar, Munkacs et de la haute Theiss.

Les lignes d'opérations partant du nord et aboutissant au Danube et à la Theiss, courent dans ces vallées et sont réunies par quelques routes transversales bien entretenues.

Parmi ces lignes, celles qui vont de la vallée de l'Arva dans celle de la Neutra et dans la vallée moyenne de la Gran, sont les plus éloignées des communications qui conduisent de la vallée de la Poprad à l'Eipel et à Waitzen, et sont séparées entre elles par le massif granitique impraticable du Tatra, par les hautes montagnes qui s'élèvent entre les vallées longitudinales de la Waag supérieure et de la Gran, puis par les hauteurs boisées d'altitude moyenne qui se trouvent entre la Gran, l'Eipel et le Sajo.

On peut, par suite, réunir les lignes d'opérations qui descendent dans la plaine hongroise, en deux groupes l'un à l'ouest et l'autre à l'est des montagnes.

Toutes ces lignes d'opérations aboutissent finalement au secteur stratégique si important du Danube qu'elles limitent au nord et à l'est et qui peut être considéré comme le réduit de la défense de la Hongrie contre le Nord.

AVANTAGES ET INCONVÉNIENTS DE CE THÉÂTRE DE LA GUERRE POUR L'ATTAQUE.

Tout ce théâtre de la guerre, situé sur le territoire autrichien, est entouré de toutes parts par les possessions de l'adversaire, qui décrivent autour de lui un arc d'un grand rayon. Cet adversaire a, par suite, le grand avantage de pouvoir exécuter une attaque enve-

loppante qui lui permet de changer à volonté sa ligne
d'opérations, suivant les circonstances, et de s'avancer librement et facilement, dès le début des hostilités, par la partie ouverte de la Gallicie en suivant la
ligne Cracovie, Przemysl, Sambor, Stry sur le Dniester
et le long de la vallée de ce fleuve.

Toutefois, dans le cas où l'ennemi voudrait pousser
plus avant ses opérations offensives, force lui serait de
diviser ses troupes au moment où il serait arrivé sur la
ligne que nous venons d'indiquer, d'abord parce qu'il se
trouvera en présence des Carpathes, puis à cause des
difficultés que présentera l'alimentation des troupes, en
raison de l'obligation où il se trouve de couvrir ses
flancs, enfin à cause de l'intérêt qu'il a à déboucher le
plus rapidement possible en avant de la chaîne, qu'il devra franchir sur plusieurs colonnes. L'assaillant perdra,
de la sorte, l'avantage que lui assurait jusque-là la concentration de ses troupes.

Ce désavantage ne cesse qu'au moment où il a atteint
la plaine hongroise, où il peut alors concentrer de nouveau le gros de ses forces; mais jusqu'au moment où il
aura réussi à déboucher dans ces plaines, il s'exposera
forcément au danger d'être battu *en détail*.

AVANTAGES ET INCONVÉNIENTS DE LA DÉFENSE.

Inconvénients.

A l'est du massif du Tatra, la chaîne des Carpathes
affecte une des formes que, d'après la théorie, il y aurait
désavantage à défendre par une position prise *en avant*
de la zone montagneuse, parce que les pentes septentrio-
nales sont inclinées en glacis du côté de l'assaillant et
parce que la base septentrionale de la chaîne est plus

large que la base méridionale. C'est, en revanche, le
cas contraire qui se présente pour toute la partie des
Carpathes à l'ouest du Tatra ; il y aura donc tout profit
à prendre position en avant du massif et, de toutes ces
positions, la plus avantageuse est celle du camp retranché secondaire de Cracovie.

Toute la partie des Carpathes à l'est du Tatra, jusqu'à la Vistule, jusqu'au San et plus loin jusqu'à la
frontière, complètement ouverte du côté de la Russie, ne
peut être défendue avec quelque chance de succès en
prenant position en avant des montagnes que lorsqu'on
aura pour soi la supériorité du nombre et l'avantage résultant d'excellentes combinaisons stratégiques.

Il faut de plus, en examinant les considérations qui
militent en faveur du choix d'une semblable position,
tenir compte de ce qu'il n'existe guère, sur la ligne principale d'opérations aboutissant en Hongrie, de position
qui remplisse les conditions exigées par la théorie. Il en
résulte qu'à la suite des premières rencontres ou même
dès le début des opérations, une armée autrichienne qui
serait sensiblement inférieure en nombre à l'armée ennemie, s'exposerait, soit à être coupée par trop aisément
de ses communications, soit encore dans le cas où elle
viendrait à exécuter une retraite excentrique, dans la direction de Cracovie par exemple, à abandonner à l'assaillant toute la Hongrie jusqu'au Danube.

La défense des Carpathes organisée de la sorte présente encore un autre inconvénient : la chaîne est en
effet, en général, facilement praticable, elle est traversée par une quantité de bonnes lignes d'opérations latérales, on n'y trouve que peu de positions sur lesquelles
il soit possible d'établir des forts d'arrêt et, de plus, il
sera toujours assez aisé de tourner ces positions.

Avantages.

Le défenseur peut, en revanche, profiter des immenses avantages que lui assure une position centrale située au milieu de l'arc décrit par les Carpathes ; se jeter, grâce à d'excellentes lignes de manœuvres et sans avoir rien à craindre pour ses derrières, sur une quelconque des colonnes ennemies qui chercherait à déboucher de la montagne, et la battre ; il lui est, par suite, possible, même dans le cas où la tournure défavorable prise par les opérations dans la Pologne russe ou en Gallicie viendrait à l'affaiblir, de remporter nonobstant des avantages importants sur son adversaire.

Le défenseur pourra également s'assurer tous les avantages résultant d'une position centrale, en prenant dans certaines circonstances favorables position *en avant* de la chaine. Cette position, que nous examinerons d'ailleurs plus loin, possède encore d'autres avantages tactiques dont il importe de tenir compte.

BASE ET LIGNES D'OPÉRATIONS DE L'ADVERSAIRE.

En avant de la plus grande courbe décrite par l'arc que forme la frontière, sur un rayon fictif qui partant de Pesth passera par Lemberg et Luck, on trouve en Volhynie et en Lithuanie les marais de Polésie (marais de Pinsk), qui commencent à peu de distance du Bug, longent le cours du Pripet, couvrent jusqu'à Petrikow (Pietrkoff), dans la direction du nord au sud, un espace long de 80 kilomètres et s'étendent ensuite dans la direction de l'est à l'ouest sur plus de 390 kilomètres.

On ne peut franchir ces marais que par une seule chaussée, celle de Pinsk à Minsk, qui seule est praticable en toute saison. Ces marécages divisent, par suite,

tout le théâtre de la guerre, du côté du sud, en deux théâtres bien distincts.

Dans la partie nord de ce théâtre, le Bug et la Vistule avec les forteresses élevées sur les bords de ces cours d'eau : Brest-Litovsk, Alexandrovo, Modlin et Ivangorod, dans la partie sud, le Dnieper, avec la place forte de Kiew, forment la base pour les principales opérations offensives contre l'Autriche.

Le théâtre de la guerre situé au nord de cette chaussée, par cela même qu'il est plus rapproché de l'objectif final, du Danube, deviendra par suite le théâtre principal de la guerre. C'est donc de là que partira l'attaque générale pendant que les opérations basées sur le Dniéper n'auront qu'un caractère secondaire.

La base du Bug et de la Vistule est reliée au Danube par les lignes principales d'opérations suivantes :

1º Sur la rive gauche de la Vistule, la route de Varsovie à Vienne par Cracovie et Olmütz;

2º Sur la rive droite de la Vistule, la route de Varsovie et Brest-Litovsk à Pesth par Lublin, Zamost, Przemysl, Dukla, Eperies et Miskolz.

La première route a une longueur de 640 kilomètres environ, et aboutit directement à l'objectif principal. La deuxième route, qui a une longueur totale de 790 kilomètres, aboutit à l'objectif secondaire, Pesth.

Dans l'examen auquel nous allons soumettre l'organisation de la défense, nous supposerons que l'ennemi a choisi la seconde de ces routes comme ligne principale d'opérations.

RÉPARTITION DES FORCES PRINCIPALES SUR LE THÉATRE DE LA GUERRE.

A. *Répartition des forces de l'agresseur.*

Si l'adversaire choisit la dernière de ces lignes, le gros de ses forces exécutera dans le principe son premier déploiement stratégique entre le Bug et la Vistule, en prenant pour base les forteresses élevées le long de ces cours d'eau, et donnera à ses mouvements offensifs la direction que nous avons indiquée ci-dessus.

Une partie seulement de cette armée sera détachée pour observer Cracovie.

La deuxième armée, qui, nous l'avons déjà dit, ne sera qu'une armée remplissant un rôle secondaire, sera postée en Bessarabie, Volhynie et Podolie. Elle aura pour mission de commencer les opérations en enlevant la Gallicie orientale et la Bukhovine : puis, à mesure que l'armée principale réussira à faire tomber successivement les défilés des Carpathes, elle devra lui faciliter ses opérations en se portant sur la Transylvanie et la vallée de la haute Theiss.

Trois quarts environ des forces disponibles seront attribués à l'armée principale et l'autre quart à l'armée secondaire de l'est.

B. *Disposition et répartition des forces de la défense.*

Sans parler ici du cas le plus favorable, c'est-à-dire du cas où l'on pourra prendre l'offensive, cas dont nous n'avons pas à nous occuper ici, le défenseur aura deux moyens de s'opposer aux mouvements offensifs de l'ennemi :

1° En concentrant le gros de ses forces autour de Cracovie et en portant sur la ligne d'opérations aboutissant à Pesth une armée secondaire qui sera, en outre, chargée de couvrir la Transylvanie.

2° En portant le gros de ses forces sur la ligne Przemysl, Eperiès. Pesth, une armée secondaire autour de Cracovie et en faisant couvrir la Transylvanie et la Bukhovine par des corps d'un effectif suffisant.

AVANTAGES ET INCONVÉNIENTS DE LA POSITION DE CRACOVIE.

a. *Avantages.*

1° Elle couvre directement la ligne d'opérations qui mène à Vienne en passant par la Silésie et la Moravie.

2° Considérée comme position stratégique flanquante, elle *empêche* d'une manière absolue l'ennemi de faire aucun mouvement offensif dans la direction des lignes d'opération situées à l'ouest du Tatra et aboutissant au Danube et *menace* toutes les entreprises que l'ennemi voudrait tenter contre la Hongrie en passant par l'est du Tatra.

b. *Inconvénients.*

En se postant avec le gros des forces autour de Cracovie, c'est-à-dire à l'extrême gauche de l'arc qu'on se propose de défendre, on découvre toute la partie orientale du théâtre de la guerre, et on l'abandonne aux forces supérieures en nombre que l'ennemi aura amenées sur ce point. Comme Cracovie se trouve à 220 kilomètres environ de Dukla, à 360 kilomètres des défilés d'Unghvar, à 390 kilomètres de Munkacs, à 530 kilomètres de Delatyn: comme l'action stratégique de cette position flanquante ne peut pas s'étendre sur un territoire aussi vaste, on s'exposerait, en prenant position à Cracovie, à perdre à bref délai la Bukhovine, la Gallicie orientale, la haute vallée de la Theiss et la Transylvanie, et à voir les troupes postées dans ces parages complètement coupées de l'armée principale.

L'armée ennemie qui, après avoir conquis la Gallicie orientale, aura, il est permis de le supposer, opéré sa jonction ou se sera du moins reliée avec l'armée qui débouchera de la Podolie et de la Bessarabie, pourra dès lors, en cas de besoin, et en portant en avant son aile gauche, c'est-à-dire en exécutant un grand changement de front vers la droite, prendre le Dniéper pour base d'opérations. Ce changement de ligne d'opérations ne présentera aucune difficulté en raison de la position enveloppante de l'adversaire. La position de Cracovie présenterait donc de grands dangers pour peu que l'ennemi ait pour lui la supériorité du nombre, et de plus il serait difficile de parvenir de la sorte à assurer la défense de la Hongrie et de la Transylvanie.

Il faudra, par suite, porter le gros des forces de la défense sur la ligne de Przemysl, Dukla, Eperiès et Pesth, et ne mettre à Cracovie qu'une armée secondaire.

AVANTAGES DE LA POSITION PRISE SUR LA LIGNE PRZEMYSL-DUKLA-EPERIES-PESTH.

1° L'armée principale est alors chargée de la défense directe de la chaîne.

2° Ainsi postée, elle empêche l'ennemi de s'avancer par la ligne d'opérations aboutissant à Pesth ; elle flanque, en effet, cette ligne, peut prendre à revers une armée ennemie qui s'aventurerait dans cette direction et, de plus, la base générale et unique ne cesse pas dans ce cas d'être la capitale, objectif principal des opérations de l'adversaire.

3° Elle est postée à proximité des défilés du comitat

de Marmaros et à une distance relativement faible du corps envoyé en Transylvanie.

4° Elle peut de plus, dans le cas où elle se trouverait affaiblie à la suite d'une bataille livrée dans ces parages, dans le cas où elle serait contrainte à évacuer la Gallicie, prendre une position stratégique en arrière des Carpathes, et de préférence sur la grande ligne de manœuvres de Silein-Rosenberg-Iglo-Eperiès-Munkacs-Szigeth, faire face aux différentes colonnes ennemies qui tenteraient de déboucher isolément et les battre en détail.

5° La position de Cracovie pourra alors jouer utilement son rôle de position flanquante, par cela même qu'elle mettra l'ennemi dans l'impossibilité de continuer les opérations qu'il pourrait songer à accentuer au delà des Carpathes contre l'armée principale, avant d'avoir laissé devant le camp retranché de Cracovie des forces imposantes.

RÉPARTITION DES FORCES DU DÉFENSEUR QUI A PRIS POSITION EN ARRIÈRE DES CARPATHES.

Si l'on admet que l'on soit résolu à défendre les Carpathes en prenant position en arrière de la chaîne, on devra porter le gros des forces de la défense sur la ligne de manœuvres entre Eperiès, Kaschau et Unghvar, un autre groupe autour de Cracovie, et enfin un dernier groupe à Szigeth, dans le comitat de Marmaros.

FORTIFICATION DE LA CHAINE DES CARPATHES.

Afin de réduire à leur plus simple expression les inconvénients que nous venons de faire ressortir en examinant la défense des Carpathes, et de tirer, d'autre part, le plus grand profit possible des avantages que présente cette chaine de montagnes, il serait indispensable de fortifier d'une manière permanente tout ce front stratégique.

Toutes les fois qu'il s'agit de déterminer le système défensif du front stratégique d'un État, on doit, en dehors des conditions locales et ethnographiques en dehors même du caractère probable des opérations, tenir principalement compte des combinaisons stratégiques et des événements les plus défavorables, par cela même que c'est dans ces circonstances qu'il importera surtout de pouvoir procurer un point d'appui à l'armée d'opérations, lui venir en aide, entraver et arrêter les mouvements offensifs de l'ennemi.

Tant qu'on n'aura pas élevé d'ouvrages défensifs en avant des Carpathes, en Gallicie, en raison même de la proportion des forces mises en ligne par les belligérants, il sera, comme nous l'avons admis ci-dessus, impossible de prendre position en avant de la chaîne, et l'on devra s'efforcer par suite de trouver, sur la ligne principale d'opérations Dukla-Pesth, une position qui remplisse les conditions voulues pour qu'on puisse, en s'appuyant sur elle, baser sur cette position la défense de toute cette région.

Eperiès est le point qui, aux yeux de tous, paraît satisfaire à toutes ces conditions. C'est à Eperiès, en effet, qu'aboutissent toutes les routes qui, venant de Neumarkt, Neu-Sandec, Gribow, Gorlice (1), Dukla, fran-

____

(1) Gorlitz ou Goerlitz.

chissent la chaîne; c'est encore à Eperiès que la ligne principale d'opérations coupe la grande ligne de manœuvres qui, partant de Silein en passant par Silein, Leutschau, Eperiès, Kaschau, Unghvar, Munkacs, mène à Szigeth.

Afin d'arriver à défendre le massif montagneux, en s'appuyant sur la position d'Eperiès et de s'assurer la faculté de pouvoir, comme nous l'avons dit, prendre l'offensive au moment voulu, il est indispensable, non seulement de fortifier d'une manière permanente la position d'Eperiès, mais de donner aux ouvrages élevés sur ce point un caractère essentiellement offensif.

Mais comme Eperiès se trouve encore entre les derniers contreforts méridionaux des Carpathes, comme cette ville est en outre à une distance considérable de l'objectif Bude-Pesth, comme une armée qui ne réussirait pas à défendre les Carpathes pourrait facilement être coupée, et de sa ligne principale de retraite et de ses principaux centres d'approvisionnement, dans le cas où elle chercherait à se maintenir à tout prix sur la position d'Eperiès, il en résulte qu'on ne saurait donner au système défensif de cette position le caractère d'un grand camp retranché, mais qu'on doit, au contraire, organiser les ouvrages qu'on élèvera sur ce point, de manière à ce qu'une garnison de 10 à 12,000 hommes puisse, livrée à ses seules ressources et abandonnée à elle-même. s'y défendre pendant six à huit semaines.

On devra donc, afin de tenir suffisamment compte du caractère offensif qu'il faudra donner au système défensif d'Eperiès, y organiser un réduit des plus solides, couvert par des forts détachés au nombre de 4 à 6, entre lesquels il serait, en cas de besoin, possible d'intercaler des ouvrages de fortification passagère.

En suivant la ligne principale de manœuvres à l'est d'Epériès, Munkacs aurait, comme place de dépôt, une importance stratégique d'autant plus grande qu'Eperiès est séparé de Szigeth par une distance trop considérable pour qu'il soit possible d'en tirer à temps et d'en faire venir assez vite les vivres et les approvisionnements nécessaires à une armée d'opérations.

A l'ouest d'Epériès, il est absolument inutile de chercher à couvrir, par des ouvrages de fortification permanente, soit les lignes de manœuvres, soit les points d'intersection de ces lignes avec les lignes d'opération qui mènent de l'autre côté de la montagne, d'une part parce que celles de ces lignes d'opération qui sont situées à l'est du Tatra, font encore partie du rayon stratégique d'Epériès, de l'autre parce que celles qui se trouvent à l'ouest du Tatra sont complètement couvertes par Cracovie.

Nous avons déjà dit ci-dessus que toute la partie des Carpathes qui se trouve à l'ouest du massif du Tatra se prête surtout à une défense assurée par une position prise en avant de la chaîne. Cette position a pour point d'appui et pour réduit Cracovie, dont les ouvrages ont un caractère essentiellement offensif.

La position de Cracovie ayant d'ailleurs, elle aussi, une importance stratégique réelle, par rapport à la défense des lignes d'opération menant à Epériès, on devra, par suite, considérer Epériès et Cracovie comme les pôles de la défense de la monarchie contre une attaque venant du nord, comme des pôles se complétant l'un par l'autre, et exerçant l'un sur l'autre une influence capitale.

On ne peut, nous l'avons dit, poster à Cracovie qu'une armée dont le rôle est secondaire, ou un corps d'armée dont on aura renforcé les effectifs ; il faudra, par suite, ne donner au système défensif de Cracovie que les proportions d'un camp retranché secondaire.

Nous ne nous sommes jusqu'ici occupés que de deux

q positions qui nous paraissaient être les points les plus
essentiels, les points les plus utiles, ceux sur lesquels
il importait de concentrer les plus grosses masses de
troupes, de deux positions que, par cela même qu'elles
étaient appelées à servir de pivots principaux, nous
avons examinées au point de vue de leur liaison stratégique, et nous avons pour cette raison exposé le caractère à donner à l'organisation de leur défense.

Cependant, afin de ne pas laisser complètement à la
merci de l'ennemi, dans le cas où un concours de circonstances malheureuses ferait échouer la défense sur
toute la ligne, la Gallicie qui forme une espèce de glacis
faisant saillie en avant du massif montagneux, afin de
s'assurer, dans le cas où cette défense viendrait, au contraire, à réussir, certains points d'appui et de rassemblement : enfin, afin de forcer l'ennemi, dans le cas où les
hasards de la guerre lui donneraient la possibilité de
tenter un mouvement offensif au delà des Carpathes,
à laisser de l'autre côté de la chaîne des forces d'un effectif plus considérable, il faudrait fortifier, afin d'en
faire à cet effet des places de dépôt, certains points dont
les ouvrages n'auraient, bien entendu, qu'un caractère
presque exclusivement défensif.

Ces forteresses devraient, théoriquement, n'avoir que
la grandeur nécessaire pour pouvoir remplir le rôle qui
leur est assigné et être stratégiquement et tactiquement
organisées de manière à ce que, dans le cas où l'on voudrait défendre la chaîne en prenant position en avant
du massif, il fut possible de les transformer aisément en
places ayant un caractère offensif en les renforçant à
l'aide d'ouvrages de fortification passagère.

Jaroslaw, Siwka, Martinow ou Halicz sont des points
qu'il y aurait lieu de fortifier dans ce cas.

Jaroslaw, avec une tête de pont sur la rive droite du
San, est en effet le point d'appui d'une des ailes de la

position centrale qui est couverte, du côté du nord, par les berges marécageuses du Krakowsk, du côté de l'ouest, par le lit profondément encaissé du Sklo et par les lacs et les étangs formés par ce cours d'eau.

A partir de Sambor, on trouve des marécages presque impraticables qui s'étendent au delà de la route de Stry à Lemberg. Il sera, par suite, aisé de couvrir cette route par une tête de pont sur le Dniester. Enfin, une autre circonstance augmente encore les avantages de la position de Jaroslaw : à partir de cette ville, le San coule entre des marais qu'on ne saurait franchir qu'à grand'peine.

Les ouvrages de Cracovie s'opposent en outre, d'un côté, à ce que l'ennemi passe la Vistule, de l'autre, à ce qu'il cherche à tourner la ligne du San. Il en résulte que, dans l'espèce précédente, Jaroslaw et Cracovie se complètent réciproquement.

L'armée principale occuperait, dans ce cas, une position centrale à Jaroslaw et autour de cette ville et organiserait, de manière à pouvoir appuyer également et ses manœuvres défensives et ses opérations offensives, le saillant formé par les deux cours d'eau.

Afin de protéger encore plus complètement le front stratégique des Carpathes entre Cracovie et Jaroslaw, pour le cas où l'ennemi voudrait tenter de passer la Vistule, afin de faciliter davantage la défense basée sur le système et la position d'Eperiès, il serait bon de faire de Dukla une place de deuxième ordre, pouvant contenir une garnison de 2 à 3,000 hommes.

En fortifiant, en outre, à l'aide d'ouvrages de fortification passagère qu'on n'élèverait, d'ailleurs, qu'au moment où l'on en aurait besoin, certains points qui barrent les lignes latérales d'opérations, et quelques points situés sur la grande ligne de manœuvres de Silein à Eperiès, on aurait, à condition de fortifier les points stratégiques dont nous venons de faire ressortir l'importance, assez fait pour assurer d'une manière complète la défense de la chaine des Carpathes contre une attaque venant du nord.

Un général hardi et entreprenant qui, ne se bornant pas à rester sur la défensive, saura imprimer un caractère actif à la défense, sera désormais en mesure d'entreprendre, dans toutes les directions possibles, des opérations offensives, par cela même qu'elles trouveront une base solide dans les points fortifiés énoncés ci-dessus et que ces opérations pourront avoir, pour cette raison même, des résultats plus décisifs et plus complets.

EXEMPLES DE GUERRES DE MONTAGNES.

CAMPAGNE DE ROHAN DANS LA VALTELINE EN 1635 (1).

Pour bien apprécier cette campagne au double point
de vue tactique et stratégique, il est de toute nécessité
de déterminer tout d'abord le principal but politique
que la France se proposait d'atteindre par la guerre
qu'elle faisait à la maison d'Autriche-Espagne, d'esquisser ensuite à grands traits le plan général des opérations entreprises sur l'ensemble du théâtre de la guerre,
puis de montrer comment les opérations du théâtre secondaire formé par la Valteline et par le canton des
Grisons se reliaient avec celles qui avaient lieu sur le
Rhin et en Italie, enfin d'indiquer le but qu'on se proposait d'atteindre par ces opérations, et le problème
stratégique qu'elles devaient servir à résoudre.

La campagne de Rohan dans la Valteline est l'un des
épisodes de la grande lutte que la France, alliée à la
Suède, aux princes protestants de l'Allemagne et à

---

(1) Nous avons déjà cité, comme exemple dans un ouvrage publié en
1864, la *Campagne de Rohan dans la Valteline*. L'auteur a cru néanmoins pouvoir joindre à son travail le Mémoire qu'il avait écrit en 1857
et qui avait fait l'objet d'une leçon professée à l'école de guerre impériale et royale.

quelques États de l'Italie, soutenait contre l'Autriche et l'Espagne, pendant la cinquième période de la guerre de Trente Ans.

Cette période commença à la bataille de Nordlingen dans laquelle l'armée suédoise et protestante, commandée par le duc Bernard de Saxe-Weimar et par le général suédois Gustave Horn, et qui cherchait à débloquer Nordlingen, fut complètement battue le 6 septembre 1634 après y avoir perdu 80 canons et tous ses bagages.

La victoire des Impériaux porta un coup terrible au parti protestant, et ne tarda pas à être suivie de conséquences des plus désastreuses.

Les Suédois furent chassés de la Bavière et du Palatinat : des actes de rébellion, causés, d'une part, par la démoralisation, de l'autre, par les retards apportés au paiement de la solde, se manifestèrent même dans les rangs de l'armée.

La Saxe se détacha de l'alliance de la Suède et signa la paix à Prague le 30 mai 1635 et l'électeur de Brandebourg fut même sur le point de suivre l'exemple de la Saxe. La ruine du parti protestant paraissait imminente, tandis que le parti catholique, à la tête duquel se trouvait la maison d'Autriche, semblait avoir, par cette victoire, assuré son triomphe définitif.

Pour ce qui est de la France, ce coup du sort renversait toutes les combinaisons, déjouait tous les calculs de Richelieu, qui dominait alors Louis XIII et tout le pays : il semblait devoir lui faire perdre les sommes immenses que, depuis le commencement de la guerre de Trente Ans, il avait fournies à titre de subsides pour allumer et attiser la flamme qui devait dévorer l'Allemagne. L'ambitieux et avide ministre français voyait tout à coup s'éloigner de lui le but qu'il poursuivait, c'est-à-dire l'abaissement de cette maison d'Autriche, à laquelle il avait voué une haine implacable. Il espérait, après avoir terrassé l'empereur et l'empire, et après avoir affaibli les belligérants, pouvoir, en pêchant en eau trouble, assurer de grands avantages à la France.

Ce qu'il voulait, c'était, après avoir conquis la Franche-Comté, la Lorraine et l'Alsace, donner le Rhin pour frontière à la France.

Ces grands projets ne pouvaient plus, en raison même de l'état général des choses, se réaliser que si la France, sortant tout à coup de l'ombre derrière laquelle elle avait jusqu'alors réussi à cacher ses intrigues, se décidait à entrer résolument dans la lutte, si, quoique catholique, elle accordait ouvertement sa protection à la cause protestante, et devenait le champion du parti qui avait été défait à Nordlingen, de ce parti qui, faible et abattu, devait, dans la situation précaire où il se trouvait, consentir sans peine à lui céder, comme prix des services rendus, les pays qu'elle convoitait.

Mais il était nécessaire que la France se hâtât de jouer son rôle de sauveur si elle ne voulait pas arriver trop tard et même n'avoir pas à supporter seule tout le poids de la lutte.

En effet, la Saxe et le Brandebourg s'étaient déjà séparés de la ligue, plusieurs autres princes avaient suivi leur exemple et accepté les conditions posées par l'empereur qui concédait aux protestants les biens déjà sécularisés de l'Eglise et qui accordait aux villes impériales de l'Allemagne le libre exercice du culte réformé. La Confédération d'Heilbronn venait de se dissoudre et les Suédois étaient sur le point de battre en retraite pour rentrer dans leur pays.

Tous ces événements, dont une partie s'était déjà réalisée, et dont l'autre allait se réaliser, ne purent néanmoins effrayer l'esprit énergique et entreprenant de Richelieu : il les avait, du reste, prévus pour la plupart et

avait, en conséquence, préparé et **concentré les forces**
de la France afin de pouvoir, en cas de besoin, opposer
une armée fraîche et imposante à des adversaires déjà
quelque peu épuisés par une longue guerre.

Confiant dans son énergique nature, dans sa force et
dans la puissance indéniable de son génie, Richelieu
voulut diriger lui-même les armées destinées à opérer :
il le pouvait, car il avait une connaissance exacte du
vaste théâtre de la guerre, des intérêts en jeu, des ressources et des relations des belligérants, ainsi que du
caractère des hommes placés à leur tête. Mais à ces
grandes qualités, indiscutables d'ailleurs, Richelieu ne
joignait cependant pas le savoir nécessaire pour conduire
la grande guerre.

Il ne tint pas suffisamment compte du principe fondamental de l'art de la guerre, de l'importance qu'il y a à
concentrer le gros des forces sur l'échiquier stratégique
où l'on veut frapper les coups décisifs : il négligea également celui de l'unité de commandement et il nomma
deux commandants en chef à chacune des armées principales.

Enfin, Richelieu, non content d'avoir la haute direction de l'ensemble des opérations, voulut encore conduire de Paris les opérations des différentes armées.

La guerre devait, par suite, amener des résultats forcément insignifiants et peu en rapport avec le grand déploiement de forces mises en ligne par la France.

LA FRANCE CHERCHE A MOTIVER ET A JUSTIFIER SA DÉCLARATION DE GUERRE.

Pour recommencer la guerre qu'on pouvait presque considérer comme terminée, pour colorer une intervention et tenter de la justifier aux yeux de l'Europe, la France prit pour prétexte la querelle de l'empereur avec Philippe-Christophe Sœttern, électeur de Trèves.

Ce prince, ambitieux et violent, qui avait sollicité l'appui de la France contre ses sujets opprimés par son despotisme et écrasés sous le poids de ses exigences tyranniques, et obtenu l'envoi de garnisons françaises dans plusieurs villes de l'électorat, avait été fait prisonnier le 26 mars 1635 par des troupes espagnoles et conduit sous bonne escorte à Linz, pour se justifier, lui prince allemand, d'avoir appelé l'étranger à son aide au lieu d'avoir eu recours à l'Allemagne.

La France exigea qu'on rendît la liberté à l'électeur et, l'empereur ayant refusé, elle saisit ce prétexte pour déclarer la guerre à l'Autriche et à l'Espagne.

ALLIANCES DE LA FRANCE.

La France avait dans cette guerre la Suède pour principale alliée. Le 28 avril 1635, ces deux puissances signèrent à Paris un traité d'alliance offensive et défensive dans lequel il fut stipulé qu'aucun des belligérants ne pourrait faire la paix sans l'assentiment de l'autre. Une semblable convention avait déjà été conclue le 8 février 1635 entre la Hollande et la France, et il avait été décidé qu'une armée française de 25,000 fantassins et de

5,000 cavaliers entrerait en Belgique en même temps qu'un corps de troupes hollandaises de même force. Ce pays devait être soulevé, puis partagé, entre les deux États, après l'expulsion des Espagnols.

Le roi Charles Ier, d'Angleterre, fut invité à entrer dans la coalition. Mais cet infortuné monarque était déjà beaucoup trop occupé dans son propre pays pour pouvoir porter ses regards et ses forces vers l'extérieur.

En Italie, Venise, la Toscane, Modène, Mirandole et le pape restèrent neutres.

Au contraire Mantoue, que gouvernait alors un duc affaibli par l'âge, écrasé par le poids des malheurs domestiques, le Piémont et le duc Édouard Farnèse de Parme s'allièrent avec la France, autant par crainte que par persuasion.

Le Piémont joua dans cette guerre, comme il l'avait toujours fait jusqu'alors, un rôle double et il entretint constamment des relations avec les deux partis. La Lombardie et la couronne royale devaient être le prix de son alliance.

Pour satisfaire aux clauses contenues dans ces différents traités d'alliance, on organisa 5 armées :

1° L'armée du nord, à Mézières, forte de 25,000 hommes et de 5,000 chevaux, sous le commandement des maréchaux de Chatillon et de Brézé, devait envahir la Belgique et opérer, dans le Luxembourg, sa jonction avec les Hollandais du prince d'Orange. Elle avait pour objectif la conquête et le partage de la Belgique;

2° et 3° Une armée, sous les ordres du maréchal de La Force, et une autre commandée par le duc Bernard de Saxe-Weimar, devaient opérer sur le Rhin et conquérir la frontière du Rhin;

4° L'armée d'Italie, sous le maréchal de Créqui, forte de 14,000 hommes et de 2,000 chevaux, devait avec les Piémontais s'emparer de la Lombardie;

5° Un corps, commandé par le prince de Rohan et posté dans la Valteline, avait pour mission d'empêcher les renforts envoyés par l'Autriche aux Espagnols de passer de l'Engadine et de la vallée du haut Adige dans la Lombardie. Ces deux vallées étaient les seules routes par lesquelles les Autrichiens pussent descendre en Lombardie, par cela même que la neutralité de la République de Venise, dont la puissance était encore redoutable et dont il fallait, par suite, respecter le territoire, empêchait les troupes impériales de déboucher par l'est et que, d'autre part, la neutralité de la Suisse mettait les Impériaux dans l'impossibilité de s'avancer par la vallée du Rhin supérieur.

De ces cinq armées, celle du prince de Rohan seule, réussit à remplir complètement et brillamment la mission qui lui avait été donnée et elle a laissé à la postérité un bel exemple de la manière dont une armée régulière peut défendre un pays de montagnes.

Le prince de Rohan a démontré pratiquement par ses opérations que la défense des montagnes échouera toutes les fois qu'elle sera purement passive, et ne peut réussir que lorsque cette défense, préparée à l'avance, est judicieusement combinée avec l'offensive.

On peut affirmer à bon droit que le prince de Rohan comprit, au moins un siècle et demi avant nous, le vrai caractère de la guerre de montagnes. En effet, au commencement du XIX⁰ siècle, nous voyons encore toutes les armées avoir recours de préférence au système en cordon dont l'archiduc Charles le premier et un illustre écrivain militaire qui marcha sur ses traces, Clausewitz, démontrèrent l'absurdité et les vices, et que les énergiques opérations de Napoléon I⁰ʳ firent condamner à tout jamais.

ROHAN MARCHE DE LA HAUTE ALSACE SUR LA VALTELINE.

Au mois de mars 1635, Rohan reçut l'ordre de marcher sur le canton des Grisons avec 7 régiments d'infanterie, 7 cornettes de cavalerie de l'armée d'Alsace, et d'aller occuper la Valteline, afin d'empêcher les troupes impériales de passer dans le Milanais et de s'opposer à leur jonction avec les Espagnols, que devait attaquer une armée française venant de l'ouest.

Comme le duc de Lorraine occupait les quatre villes forestières de Rheinfeld, Seckingen, Lauffenburg et Waldshut, qui appartenaient alors à l'Autriche ; comme on n'aurait pu, en suivant cette route, pénétrer dans la Valteline qu'en perdant beaucoup de temps et beaucoup de monde, Rohan reçut l'ordre de passer par la Suisse, et de régler sa marche de manière à ne violer en rien la neutralité de ce pays.

Pour accomplir cette mission difficile, le duc de Rohan sut tirer profit, d'une part, des tendances favorables à la France des cantons protestants : de l'autre, des sentiments d'estime et d'affection qu'il avait su se concilier, quelques années auparavant, comme ambassadeur de France en Suisse ; ce fut d'ailleurs pour ces raisons qu'aucun obstacle sérieux ne s'opposa à son passage.

D'Aarau, où il arriva le 2 avril, il envoya à Laudé, le représentant de la France dans le canton des Grisons, l'ordre de se porter sur-le-champ dans la Valteline avec les troupes françaises qu'il avait sous la main et d'occuper, en gagnant de vitesse les Autrichiens et les Espagnols, les points importants de Bormio, Riva et Chiavenna. Laudé réussit à exécuter ces ordres en faisant faire à ses troupes des marches forcées incessantes de jour et de nuit.

Rohan continua sa marche au delà d'Aarau, et, pour ne pas passer par la ville catholique de Melligen, il traversa l'Aar à Stilli, en aval du confluent de la Limat et de la Reuss : il s'avança ensuite par Zurich, Winterthur, Saint-Gall, sur Coire où il arriva le 12 avril, et le 25 il pénétrait dans la *Valteline*.

FRONTS ET LIGNES D'OPÉRATIONS DANS LA VALTELINE.

La vallée de l'Adda, depuis la source de cette rivière jusqu'à son entrée dans le lac de Côme, ne pouvait être attaquée par les Autrichiens qu'au nord et au nord-est, du côté de l'Engadine et de la vallée du haut Adige, par les Espagnols, que du côté du sud, en longeant le lac de Côme.

Les voies de communications suivantes aboutissaient dans ces parages à la Valteline :

A. DU CÔTÉ DES AUTRICHIENS.

a. *Venant de l'Engadine.*

1° Un chemin de charroi allant de Samaden à Tirano en passant par Pontresina, le mont Bernina et la vallée de Puschiavo.

2° Un chemin de charroi menant de Zernetz, par Forno, Ponte del Galetto, à Livigno et de là, par le Passo-di-Forcola entre le mont Canella et la Vedretta del Lago, à Picadella, et Puschiavo où il se réunit au premier.

Ces deux chemins étaient reliés par une voie transversale, un chemin de charroi allant de Livigno à Scampf en passant par le val Federia et en franchissant le Passo-della-Cassana, et un chemin de muletiers assez bon, praticable même à l'artillerie de montagne, aboutissant à Campogasto.

b. *Venant de la vallée du haut Adige.*

1º Comme principale voie de communication, un chemin en bon état, alors praticable à toutes les voitures, allait de Glurns par la vallée de Taufers à Santa-Maria, dans la vallée de Münster.

De Santa-Maria part un chemin de charroi qui commence par monter à pic dans le val Alpina, très praticable et qui, franchissant ensuite les pentes douces du Wormser-Joch, aboutit dans le val Braulio à Bormio. Ce chemin pouvait être employé aussi par l'artillerie de campagne, mais on devait l'élargir sur une faible partie de son parcours, au sud de Santa-Maria, pour le rendre praticable aux pièces d'artillerie ayant une voie plus large.

2º A quelques centaines de pas du Wormser-Joch, ce chemin était rejoint par un sentier venant du Trafoier-Thal et qui était passablement raide dans la dernière partie de son parcours. Ce sentier franchissait le Stilfser-Joch (Stelvio) au point même où passe la belle route construite dans ces derniers temps et dont les ouvrages d'art menacent déjà ruine.

En fait de communications latérales qui permettraient de tourner le Wormser-Joch et le fort d'arrêt de Bagni, on doit signaler les suivantes :

1º Un chemin de muletiers allant de Santa-Maria par le val Santo-Giacomo et par le Passo-dei-Pastori dans le Val-Fraele et un sentier conduisant par le défilé du mont Braulio dans la vallée du même nom ;

2° Un chemin de muletiers allant par le Dosso-Rotondo, la Münster-Alpe et Santo-Giacomo dans le Val-Fraele et, de là, par le Scale en passant entre la Cima-di-Pastor et le Monte-delle-Scale, à Pedenosso, Premadio et Bormio.

Communications transversales reliant les précédentes.

Les lignes transversales reliant les deux principales lignes d'opérations que nous ayons à citer sont :

1° Un chemin de charroi allant de Teerfs dans le Münster-Thal à Zernetz, en passant par le Münster-Joch ;

2° Un chemin de charroi allant de Livigno, par Trepalle, à Pedenosso et Premadio ;

3° Un chemin de muletiers conduisant à travers l'Alpisella-Thal par Santo-Giacomo dans le val Fraele ;

4° Un chemin de muletiers qui devient ensuite un chemin de charroi, allant de Piscadella ou de la vallée de Puschiavo dans le val Viola à Isolaccia et Premadio.

Tous les chemins que nous venons de nommer sont praticables à l'infanterie, à la cavalerie et à l'artillerie de montagne pendant la plus grande partie de l'année.

Avantages et inconvénients des deux lignes d'opérations.

Tout mouvement offensif partant de l'Engadine et dirigé sur la Valteline, présenterait de grandes difficultés.

La principale voie de communication suit dans toute sa longueur le défilé formé par l'Engadine : en passant par cette route, il faut enlever une série de positions faciles à défendre, puis forcer le passage du col de Bernina et le débouché de la vallée de Puschiavo.

Cette ligne d'opérations n'a pas, à proprement parler, de véritable base : le point fortifié de Finstermünz pouvant seul être considéré comme tel : en outre, elle est trop encaissée, elle passe par des défilés trop resserrés et elle est sensiblement plus longue que la ligne d'opérations allant de la vallée de l'Adige dans la Valteline.

Sur cette dernière ligne, on n'a à forcer que le Wormser-Joch et le fort d'arrêt de Bagni, ou à tourner ces obstacles par les chemins dont nous avons parlé plus haut : on se rendra alors facilement maître de Bormio et de la haute vallée de l'Adda qui atteint déjà en ce point une largeur suffisante. On s'appuie alors sur le haut Adige, de Glurns à Eyrs, et on s'assure de la sorte une large base, dont on n'est d'ailleurs séparé que par deux ou trois journées de marche au plus.

Pendant le cours de cette opération, on n'aura à couvrir que le flanc droit dans la direction du Teerfser-Joch et du val Livigno : on pourra par conséquent exécuter et continuer ce mouvement avec une sécurité presque absolue.

Le seul inconvénient que cette ligne présentait par rapport à celle de l'Engadine consistait en ce qu'en exécutant ce mouvement, l'on opérait dans un sens diamétralement opposé à celui des Espagnols qui venaient de la Lombardie et que, par conséquent, on rendait encore plus faciles les mouvements que l'ennemi pouvait exécuter par le centre de sa position. En s'avançant avec prudence et circonspection, l'ennemi se réservait toujours la possibilité de battre en retraite par la vallée de Puschiavo sur le canton des Grisons.

c. — *Du côté des Espagnols.*

Comme la Valteline était bornée au sud jusqu'aux environs du lac de Côme par le territoire de la République de Venise, on ne pouvait se porter sur la Valteline, en venant du duché de Milan, qu'en traversant le comté de Côme par la route qui longe le lac : cette marche était, du reste, facilitée par l'existence du fort Fuentes.

Ce fort était une bonne base pour une marche poussée plus avant dans la Valteline.

PRÉPARATION ET FORTIFICATION DU THÉATRE DE LA GUERRE.

Sur la ligne d'opérations du nord et du nord-est, on trouvait les points fortifiés suivants :

1° Dans l'Engadine, le fort de Süss au pied du Fluela et plus à l'est une position dans la vallée de Tasna : ces deux points servaient à garder les passages qui conduisent de Galthür dans la vallée de Paznaun par le Jamthaler-Ferner à Ardetz et à défendre la route de l'Engadine :

2° La tête de pont à Campogasto près de Pont, assurait la communication de l'Engadine avec la vallée de Livigno et celle de l'Engadine par l'Albula avec le canton des Grisons.

3° Le fort d'arrêt de Bagni, dans le comté de Bormio.

Comme ce point pouvait être tourné en venant du Fraele-Thal par le Scale, on avait commis une faute en ne fortifiant pas le col de Scale.

Sur la ligne d'opérations du sud, du côté des Espagnols, on trouvait les points fortifiés suivants :

4° La tête de pont de Mantello sur la rive droite de l'Adda, qui avait pour objet de couvrir directement la principale communication existant alors sur cette rive droite et de constituer une position de flanc menaçant une marche offensive exécutée par la rive gauche.

5° Le château de Chiavenna, destiné à couvrir la ligne allant de Chiavenna vers le Maloja, et enfin la fortification établie à Riva.

6° Le fort de la France (Rheinfort), construit sur le Rhin, près de Coire, servait de base, avec Luziensteig, et assurait les communications avec le théâtre de la guerre en Allemagne.

FORCES DES DEUX PARTIS.

Le corps de Rohan était fort de 8,000 hommes et 400 chevaux, y compris les troupes qui se trouvaient déjà sous les ordres de Laudé, dans les Grisons, et les 1,500 hommes fournis par ce canton.

Le général Fernamond, avec 8,000 hommes et 1,200 chevaux, avait été chargé par l'Autriche des opérations contre la Valteline, et l'Espagne avait, de son côté, fait partir dans cette direction un corps à peu près de même force, sous les ordres du général Serbellini.

PLAN D'OPÉRATIONS DES DEUX PARTIS.

Les Autrichiens et les Espagnols devaient pénétrer en même temps dans la Valteline, les premiers par le Wormser-Joch, les seconds par Côme, cerner Rohan et le contraindre à mettre bas les armes ou tout au moins à évacuer la Valteline au plus vite. Si Rohan n'était pas assez circonspect, s'il ne déployait pas toute l'énergie nécessaire, s'il restait sur une défensive absolue, et s'il se contentait de parer les coups de ses adversaires sans les attaquer lui-même, il était facile de prévoir le sort qui lui était réservé et auquel la supériorité numérique de l'ennemi ne lui aurait pas permis d'échapper.

Les lenteurs et le calme de la défensive ne pouvaient convenir au caractère de Rohan. Dans un conseil de guerre tenu à Traona, il résolut de se jeter d'abord sur celui des deux adversaires qui pénétrerait le premier

dans la Valteline, de se retourner ensuite sur le second et de les battre ainsi séparément.

A cet effet, il fallait naturellement que Rohan concentrât sur une position centrale des troupes en nombre suffisant afin de pouvoir pousser vigoureusement ses mouvements offensifs. Il avait cependant employé trop de monde, près de 3,000 hommes, à l'occupation des fortifications que nous avons citées plus haut, et avait, en outre détaché, à Livigno, 1,200 hommes sous le marquis de Montausier, avec la mission de couvrir les chemins conduisant de la vallée de Münster à Puschiavo, en passant par les vallées de Livigno et de secourir, en cas de besoin, le poste de Bormio.

Montausier était posté par suite sur le flanc de la ligne d'opérations venant de la vallée de l'Adige, et de façon à pouvoir intervenir énergiquement au moment opportun.

Bormio était occupé par un régiment du canton des Grisons, par 500 fantassins français et par 160 cavaliers, sous les ordres de Laudé, et 500 hommes sous le marquis de Canisy étaient postés à Riva.

Il ne restait donc à peine que 2,000 hommes à Rohan, ce qui dans le cas où l'ennemi ne commettrait pas de trop grosses fautes, était évidemment trop peu, pour arriver à un résultat décisif favorable, même en agissant avec la plus grande énergie, en multipliant ses forces et en ne perdant pas une minute.

Il aurait été plus que suffisant d'employer 1,800 à 2,000 hommes à la garde des fortifications : une garnison de 600 hommes était trop considérable pour le poste de Riva, par cela même qu'il était impossible aux Espagnols de s'avancer de ce côté, tant que Rohan se maintiendrait à Mantello et à Traona. En répartissant ses forces de cette manière, Rohan aurait eu sous la main au moins 4,000 hommes et, par suite, plus de chance de s'assurer la victoire.

Les nouvelles reçues et les reconnaissances exécutées firent connaître d'une manière certaine que Serbelloni, avec son corps, était déjà arrivé au débouché de la Valteline. Rohan s'attendant, par suite, à être attaqué d'abord de ce côté, prit position à Traona avec les forces qui lui restaient. Mais, sur ces entrefaites et comme nous allons le voir, ce fut au contraire le général Fernamond qui l'attaqua le premier du côté de Wormser-Joch et de Bormio, et Rohan se trouva par suite posté trop loin pour pouvoir secourir Laudé à temps.

COMMENCEMENT DES OPÉRATIONS.

ATTAQUE DE BORMIO PAR LE GÉNÉRAL FERNAMOND.

Laudé avait très habilement occupé le point important de le Scale sur le flanc gauche du fort d'arrêt de Bagni, mais il y avait mis trop peu de monde : il se tenait lui-même avec la réserve au pont de Bormio sur l'Adda, trop loin, par conséquent, pour pouvoir secourir à temps voulu le poste de le Scale.

Le régiment suisse des Grisons défendait Bagni et la route de Bormio.

Fernamond s'avançait sur deux colonnes, qui marchaient l'une dans le val di Fraele et l'autre contre Bagni.

L'attaque, exécutée le 13 juin contre Bagni, échoua : mais la première colonne réussit à s'emparer du point important de le Scale et à déboucher dans la vallée di Pedenosso. Le fort d'arrêt de Bagni était dès lors tourné et les Suisses durent se replier.

Outre les fautes que nous venons de signaler, Laudé avait encore commis celle d'exécuter une retraite trop précipitée et excentrique sur l'Engadine, au lieu de se

replier sur le gros des forces commandées par Rohan. En admettant même qu'il ait voulu se retirer par la vallée de Puschiavo, Laudé aurait pu occuper au débouché de cette vallée une espèce de position flanquante appuyée sur le canton des Grisons, d'où il aurait pu prendre de flanc et à revers l'ennemi au moment où il aurait voulu prononcer son mouvement en avant et l'obliger à détacher tout au moins une notable partie de ses forces contre lui. En se postant de la sorte, il aurait singulièrement facilité les opérations de Rohan.

Montausier, qui se trouvait dans la vallée de Livigno, commit la faute de ne pas réunir toutes ses forces pour se porter à travers la vallée de l'Alpisella par Santo-Giacomo dans la vallée de Fraele, et venir coopérer à la défense du point important de le Scale en prenant énergiquement l'offensive sur le flanc de l'ennemi.

L'unité de commandement faisait défaut sur ces points sur lesquels la présence du chef, du duc de Rohan lui-même, aurait été nécessaire. Il en résultait que la défense n'aurait pu être couronnée de succès, même si l'assaillant n'avait point eu la supériorité numérique.

L'attaque exécutée par Fernamond, et surtout celle dirigée contre le Scale, démontra que ce général avait su découvrir le point stratégique le plus important, la clef de la position, et disposer ses forces en raison même du but qu'il se proposait d'atteindre. Quant à l'attaque contre Bagni, elle ne pouvait avoir que le caractère d'une simple démonstration.

RETRAITE DE ROHAN SUR CHIAVENNA.

La retraite précipitée de Laudé sur la haute Engadine et la rapidité que Fernamond imprima à sa marche sur Sondrio, forcèrent Rohan à se retirer sur Chiavenna dans la crainte de voir ses faibles troupes cernées par les forces supérieures de l'ennemi. Il détruisit les ouvrages de Mantello et commença, le 16, son mouvement rétrograde sans être inquiété par les Espagnols.

Que serait-il arrivé, à quelle catastrophe Rohan aurait-il été exposé si les Espagnols avaient commencé en même temps leurs opérations dans la Valteline? Mais ils se contentèrent d'envoyer de loin quelques coups de canon inoffensifs à la colonne de Rohan.

On peut à ce propos blâmer Rohan de n'avoir pas suivi sa première idée, de n'avoir pas occupé avec le gros de ses forces la position centrale de Tirano, d'où il aurait pu secourir à temps Laudé et empêcher la retraite excentrique de ce dernier sur Puschiavo. Tirano avait encore pour un autre motif une importance capitale pour lui : c'est de là, en effet, que partait la seule ligne de retraite assurée menant au canton des Grisons et à Coire, ainsi qu'au fort de la France, sa base d'opérations. Le chemin conduisant de l'extrémité de la Valteline à Chiavenna ne pouvait être utilisé comme ligne de retraite que si les Espagnols restaient dans une complète inaction : comme la distance de Bormio à Tirano est moindre que celle de Fuentes à Tirano, on pouvait craindre de perdre la principale communication avec le canton des Grisons, plutôt du côté de Bormio, c'est-à-dire par le fait des Autrichiens, que du côté de Fuentes, c'est-à-dire par le fait des Espagnols : il en résulte que Rohan aurait dû porter son attention plutôt sur Bormio que sur Fuentes.

Il pouvait aller de Tirano à Bormio en une journée et demie de marche, arriver par suite à temps pour secourir Laudé et les Suisses, pendant que Montausier aurait en même temps reçu l'ordre de prendre l'offensive et de se porter de Santo-Giacomo sur le val Fraele.

Rohan avait donc perdu la Valteline tant par sa propre faute que par celle de ses lieutenants : les troupes autrichiennes se reliaient désormais aux troupes espagnoles; les communications que Rohan devait couper étaient rétablies entre le Tyrol et le duché de Milan, et, pour remplir le but politique donné à ses opérations, le duc allait être obligé de reconquérir la Valteline, tâche d'autant plus difficile que toutes ses troupes réunies étaient hors d'état de remplir une pareille mission contre les forces incomparablement supérieures en nombre de ses adversaires. Il avait encore à lutter contre un autre désavantage : les derniers évènements avaient, en effet, dispersé et démoralisé ses troupes, le désaccord le plus complet régnait entre les différents commandants, et, de plus, il avait à redouter un soulèvement que les agents de l'Autriche cherchaient à fomenter dans les Grisons.

A toutes ces circonstances défavorables, vint encore s'ajouter la nouvelle que les Impériaux se préparaient à attaquer le Luziensteig, dont la prise aurait sérieusement menacé Coire, le point principal de la ligne de retraite.

Rohan se trouvait donc, à la suite de ces inconvénients et des dangers qui le menaçaient, dans une situation des plus critiques d'où il ne pouvait sortir que par son énergie et par les fautes que pourraient commettre ses adversaires.

Heureusement pour lui, le général espagnol Serbelloni n'avait pas encore pris l'offensive, et le général autrichien Fernamond, loin de poursuivre sa marche de Tirano sur la Valteline, s'était jeté dans la vallée de

Puschiavo et dans le val di Livigno, dans l'espoir de rejoindre et de battre le marquis de Montausier. Mais celui-ci s'était déjà retiré par le monte Cassana dans la haute Engadine où il avait opéré sa jonction avec Laudé.

Fernamond laissa son corps à Livigno et se rendit lui-même à Bormio pour y attendre les renforts qui lui avaient été promis.

Les alliés renonçaient de la sorte et de leur plein gré aux opérations actives qui avaient été couronnées de succès dans la Valteline, se privaient des avantages qu'assure l'initiative, et donnaient à l'ennemi le temps de se rallier, de se renforcer, de prendre l'offensive et de leur dicter des lois, à eux qui avaient été victorieux jusqu'alors.

Si Serbelloni avait commencé ses opérations même après l'heureuse retraite du duc sur Chiavenna et avait attaqué ce point, si, d'autre part, Fernamond s'était porté en même temps en passant par Bernina sur Pontresina et si, tournant aussitôt à gauche dans la haute Engadine, il s'était emparé de Silvaplana, Rohan aurait été obligé de se retirer sur Coire, et ce mouvement rétrograde aurait encore aggravé sa situation au double point de vue politique et militaire.

La marche de Fernamond sur Livigno était une faute : il aurait dû se contenter de détacher 2,000 hommes environ pour couvrir son flanc droit contre Montausier, puis faire prendre au gros de ses forces la direction que nous venons d'indiquer, et pénétrer dans l'Engadine; Montausier aurait été dans ce cas, à moins de hâter sa retraite, exposé à être complètement coupé de Rohan.

ROHAN PREND L'OFFENSIVE.

L'inaction de Fernamond et de Serbelloni permit à Rohan, d'abord de rallier et de concentrer ses forces, puis de prendre l'offensive. Bien que les Suisses lui eussent annoncé et promis l'envoi d'un renfort de 3,000 hommes, il préféra mettre à profit le temps que l'ennemi lui laissait et prendre l'offensive, sans attendre l'arrivée de ces forces, tant pour relever le moral de ses troupes, plus propres à l'offensive qu'à la défensive, que pour raffermir la confiance des Grisons, confiance que l'échec de Bormio d'une part, l'influence et les menées des Autrichiens de l'autre, avait fortement ébranlée.

Intimement convaincu que, dans la montagne, la défensive ne peut être couronnée de succès qu'autant qu'elle est combinée avec une offensive énergique, Rohan prit la résolution d'attaquer le corps autrichien qui était fort en l'air et qui ne communiquait avec Bormio que par de très mauvaises routes. Cette résolution lui était inspirée, de plus, par des renseignements qui lui étaient parvenus : il savait, en effet, que le corps autrichien commandé, en l'absence de Fernamond, par Breziguel, s'était endormi dans une sécurité aveugle et n'avait même pas pris la précaution de se garder par des avant-postes du côté de l'Engadine.

La vallée de Livigno, qui n'a à Livigno que 1200 à 1500 pas de largeur, est encaissée entre les pentes abruptes du Pizzo-di-Ferro et du Monte-Serra qui l'entourent complètement et lui donnent la forme d'un entonnoir : le Spöl sort de cette vallée par une brèche qu'il s'ouvre dans les montagnes en aval du débouché du val del Gallo.

De tous les chemins allant de l'Engadine et de la vallée de Puschiavo à Livigno, les plus importants pour la défense de cette vallée encaissée sont ceux qui traversent le Passo-della-Cassana et le Passo-del-Levarone : le chemin passant par Forno et par Ponte-del-Galletto offre trop de difficultés et peut être facilement barré, tandis qu'on ne peut se servir du sentier qui franchit le val di Fieno qu'à condition d'exécuter un grand mouvement tournant et d'occuper en même temps le mont Bernina.

Comme le gros des forces françaises était posté dans la haute Engadine, il fallait s'attendre à ce que l'attaque principale viendrait de cette direction ; on devait par suite, occuper et garder dans cette région tous les passages de la montagne. Il fallait faire observer d'une manière toute particulière le val di Federia et tous les chemins qui y aboutissent, puis, après l'occupation des défilés, poster dans cette vallée une réserve tactique qui aurait été à même de secourir en temps utile les postes avancés chargés de la garde et de la défense des passages et qui aurait pu donner au gros des forces placées à Livigno le temps nécessaire pour prendre l'offensive contre les troupes ennemies engagées dans cet entonnoir.

On devait fortifier l'éperon situé au débouché du val di Gallo, couper le chemin de Forno, surveiller au moins les passages de Pontresina et de la vallée de Puschiavo, et établir à l'Alpe de Lago une réserve chargée de soutenir ces postes.

La principale ligne de retraite pour les troupes occupant cette position menait à Bormio, la colonne principale se dirigeait, dans ce cas, par Trepallo sur Isolaccia ; et la seconde colonne pouvait se servir du chemin traversant la vallée d'Alpisella en passant par Santo-Giaccomo, où elle pouvait opérer sa jonction avec le poste qui, après avoir gardé l'éperon du val di Gallo, se repliait, lui aussi, par la vallée d'Alpisella.

Si Breziguel avait pris toutes les mesures de précaution que nous venons d'indiquer, il n'eût pas été surpris comme il le fut.

MARCHE ET ATTAQUE DE ROHAN CONTRE LA VALLÉE DE LIVIGNO.

Rohan laissa derrière lui Ulysse Salis, auquel il confia la défense des postes de Riva et de Chiavenna et, se dirigeant sur la haute Engadine, il arriva le 23 juin à Latz. Se basant sur les renseignements qui lui étaient parvenus et que nous avons indiqués plus haut, il résolut d'attaquer les Autrichiens le 27, et de passer, à cet effet, par le chemin à la fois le plus court et le meilleur, celui de Passo di Cassano, et que, chose inconcevable, l'ennemi n'occupait point.

Une colonne devait, à partir de ce point, gravir les pentes montagneuses de Vetta-Blesaccia, tourner les ouvrages élevés par l'ennemi dans la vallée de Federia et menacer en même temps la ligne de retraite sur Livigno.

Le 26, Rohan se mit en marche contre le Passo di Cassano avec un corps de 3,000 Français, 1,500 Grisons et 400 cavaliers.

Le 27, au matin, la Frézelière occupait les crêtes de la montagne de Vetta-Blesaccia, et forçait de la sorte les Autrichiens à évacuer toute la vallée dans laquelle Rohan pénétra à leur suite.

Les Autrichiens, obligés d'évacuer Livigno que la Frézelière dominait du haut des hauteurs, prirent position en arrière du Spöl, uniquement afin de couvrir leur retraite sur Bormio, retraite qu'ils commencèrent d'ailleurs, dès que les Français firent mine de traverser le Spöl à gué et d'accentuer leur attaque.

MARCHE DE ROHAN SUR TIRANO.

L'occupation de la vallée de Livigno et la retraite des Impériaux sur Bormio ouvraient à Rohan le chemin qui conduisait sur le flanc droit à Puschiavo et à Tirano. En exécutant immédiatement ce mouvement, il était, en tout cas, sûr d'arriver à Tirano, avant les Autrichiens, de s'assurer tous les avantages de la position centrale, de séparer les Impériaux des Espagnols, d'atteindre l'objectif principal du but politique de ces opérations.

Au lieu de continuer à poursuivre les Autrichiens qui n'avaient été battus que dans des engagements de peu d'importance et dont les troupes, presque intactes, se retiraient en bon ordre, au lieu de persévérer dans une poursuite qui, à cause de son infériorité numérique et des difficultés du terrain, lui aurait coûté de grands efforts et fait perdre beaucoup de monde, Rohan, pour les raisons stratégiques et politiques que nous venons d'exposer, résolut de porter son corps sur Tirano.

Il arriva à Puschiavo pendant la journée du 28, et de là il envoya Laudé avec toute la cavalerie en avant pour occuper Tirano, où cet officier arriva pendant la nuit. Ce fut à Tirano qu'on fit prisonnier un courrier porteur d'une dépêche adressée par Fernamond à Serbelloni, dépêche dans laquelle ce général exposait tout le plan ultérieur des opérations qui devaient assurer la prompte jonction des alliés et dans lequel il invitait Serbelloni à se procurer et à distribuer aux troupes impériales les munitions dont elles commençaient à manquer.

Rohan, avec le gros de son corps, continua le 29 sa marche sur Tirano, où le gouvernement de la Valteline lui procura 8,000 rations destinées à faire vivre ses troupes.

C'est de cette position centrale que nous allons voir

Rohan se jeter, suivant les circonstances, tantôt sur Fernamond, tantôt sur Serbelloni, appliquant de la manière la plus brillante et avec la plus grande énergie le principe de la défense active des montagnes et en démontrant toute la justesse, bien qu'il se trouvât alors dans une situation moins favorable qu'au début des hostilités, par cela même qu'il avait perdu les forts d'arrêt de Bormio, qui couvraient ses flancs, et la tête de pont de Mantello dont la possession devait faciliter la marche en avant de l'ennemi.

Pour se couvrir contre Bormio, Rohan dirigea 2 régiments sur Mazzo, où ils entrèrent au moment même où un détachement autrichien, envoyé par Fernamond pour occuper Tirano avant les Français, venait de s'emparer du pont de Mazzo.

Le 30, ce détachement fut soutenu par Fernamond, qui lui amena des renforts et livra aux Français une série de combats insignifiants.

C'est à ce moment que Rohan, qui était accouru à Mazzo avec toutes ses forces, reçut la nouvelle que les Espagnols avaient de leur côté commencé leur mouvement et étaient arrivés à deux journées de marche de Tirano. Craignant d'être pris de flanc par les forces supérieures en nombre des Autrichiens qui, dans ce cas, auraient réussi à opérer leur jonction avec les Espagnols, d'être cerné et peut-être de perdre sa seule ligne de retraite de Tirano sur la vallée de Puschiavo, il se replia sur Tirano, et occupa en avant de la ville une forte position couverte par un ravin.

En se repliant, Rohan avait atteint sa ligne de retraite et était, il est vrai, parvenu à assurer sa retraite; mais il n'avait pas conjuré le danger d'être enveloppé et jeté dans la vallée de Puschiavo, opération qui, si elle venait à réussir, consommait la jonction de ses adversaires et les rendait maîtres de la Valteline.

En même temps qu'il recevait la confirmation des nouvelles relatives aux opérations offensives des Espagnols, qui, par suite, pouvaient arriver au bout de deux jours à Tirano, Rohan apprenait d'autre part que Fernamond ne s'était porté sur Mazzo qu'avec son avant-garde et non pas, comme il le croyait, avec toute son armée dont le gros était encore à Bormio. Le duc résolut, par suite, de se jeter d'abord sur Fernamond dans l'espoir de battre en détail ses troupes qui, selon toute probabilité, n'entreraient en ligne que successivement.

C'était la meilleure résolution que Rohan pût adopter, et son exécution pouvait seule lui assurer la possession de sa position centrale et de la Valteline. Si, comme on le lui conseilla, il s'était retiré sur la rive droite de l'Adda pour y attendre l'attaque des Autrichiens et des Espagnols, dans une position défensive ayant à dos son unique ligne de retraite, c'est-à-dire la vallée de Puschiavo, il eût été certainement battu et rejeté, après avoir perdu beaucoup de monde par les forces réunies et bien supérieures en nombre de ses ennemis. Ce fut précisément parce qu'il vit que l'occupation d'une position sur la rive droite de l'Adda équivalait à la retraite sur Puschiavo et à la perte des avantages de sa position centrale, qu'il voulut attaquer et mettre en déroute le plus rapproché de ses deux adversaires avant que l'autre eût eu le temps de se jeter sur lui.

L'attaque fut fixée au 3 juillet.

ROHAN FORCE LES AUTRICHIENS ET LES ESPAGNOLS À SE RETIRER.

Fernamond avait disposé une partie de ses troupes devant Mazzo et poussé ses avant-postes jusqu'à Lovero, pendant que l'autre partie gardait le pont sur l'Adda et surveillait la rive droite de la rivière.

Le poste de Lovero fut repoussé par les troupes françaises. Rohan se porta alors contre la position de Mazzo avec environ 3.000 hommes et 400 cavaliers formés sur deux colonnes, dont l'une, celle de droite, avait pour mission de tourner le flanc gauche de la position et d'assurer la victoire aux Français.

Les Autrichiens essayèrent de résister en avant de l'Adda : mais, pris en flanc par 600 Grisons auxquels Rohan avait fait suivre la rive droite de la rivière à partir de Tirano, et attaqués en même temps de front, ils furent obligés de se retirer.

La principale faute de Fernamond, dans cette affaire, consista à s'être laissé amener à s'engager dans un combat décisif avant d'avoir concentré toutes ses forces sur la rive gauche de l'Adda, en ayant ce défilé immédiatement derrière lui et sans avoir gardé les montagnes qui s'élevaient sur son flanc gauche. Il eût bien mieux fait de s'établir derrière l'Adda, de construire une tête de pont en vue d'opérations offensives ultérieures, et d'assurer son flanc droit contre une attaque partant de Tirano et suivant la rive droite de l'Adda, par la mise en état de défense et l'occupation de Vervio et de Santo-Sebastiano.

S'il s'était posté de la sorte, Fernamond aurait pu attendre tranquillement que les troupes venant de Bormio l'eussent rejoint, que Serbelloni ait prononcé son attaque par Sondrio, puis, lorsque les Espagnols seraient arrivés à proximité de Tirano, il lui eût été possible de prendre énergiquement l'offensive avec toutes ses forces réunies.

RETRAITE DES AUTRICHIENS.

Les Autrichiens se retirèrent sur Bormio, où ils se rallièrent. Rohan les poursuivit jusqu'à Sondalo, mais il revint aussitôt à Mazzo, où il apprit que Serbelloni était arrivé avec 4,000 fantassins, 600 cavaliers et 4 bouches à feu à Ponte-Santo-Pietro, et qu'il s'y retranchait, s'arrêtant par suite de nouveau dans son mouvement offensif, et renonçant de son plein gré aux avantages de l'initiative.

Rohan, renforcé par 1,200 Suisses, se porta contre les Espagnols ; mais Serbelloni n'attendit pas une attaque, se replia pendant la nuit sur Morbegno et regagna de là le Milanais.

Ainsi Rohan, rien qu'en sachant tirer parti de sa position centrale et en imprimant aux opérations toute l'énergie et toute la rapidité voulues, avait réussi, non seulement à tenir en rase campagne avec 4,000 hommes contre 6,000 Autrichiens et 4,000 à 5,000 Espagnols, soit contre une force totale de 10,000 à 11,000 hommes, mais il avait encore obligé ses adversaires à se retirer et à se tenir sur la défensive.

Il n'entrait pas dans le plan de Rohan de poursuivre Serbelloni jusque dans le Milanais où il aurait eu à lutter contre des forces supérieures : Fernamond aurait, en effet, pu profiter du temps consacré à cette opération pour s'emparer de la position centrale de Tirano et faire perdre à Rohan l'objectif principal de ses opérations. Il laissa, par suite, Serbelloni effectuer sa retraite sans l'inquiéter, revint sur ses pas et tourna tous ses efforts contre Fernamond, afin de lui reprendre, si faire se pouvait, les postes fortifiés de Bormio, qu'il avait perdus.

PRISE DES OUVRAGES FORTIFIÉS DE BORMIO ET DE SANTA-MARIA.

Fernamond avait fait occuper la redoute de Bagni-di-Bormio et celle de Santa-Maria par 400 hommes. Rohan chargea Laudé d'enlever la dernière avec 2,000 Suisses, 1,500 Grisons et 2 cornettes de cavalerie et lui prescrivit de partir de l'Engadine et de s'avancer sur Santa-Maria en passant par le Tcerfser-Joch.

Avec le reste de ses troupes, Rohan se porta sur Bormio, où il arriva le 18 : le 19, il fit attaquer de front et de flanc la redoute de Bagni, dont il s'empara. Il marcha de là sur Santa-Maria pour soutenir Laudé.

Les Autrichiens avaient évacué les retranchements de Santa-Maria à l'approche de Laudé : Rohan, dont les troupes commençaient à souffrir par suite des nombreuses fatigues et du manque de vivres, revint à Tirano après avoir assuré la garde des points de passage.

Il pouvait d'autant mieux consacrer quelque temps à refaire et à renforcer son corps, à faire arriver les subsistances et les munitions dont il avait besoin, que les Espagnols étaient suffisamment occupés par les opérations du maréchal de Créqui dans la Haute-Italie et que les Autrichiens, après les pertes qu'il venait de leur faire subir, ne pouvaient de si tôt songer à renouveler leurs entreprises contre la Valteline.

3 régiments d'infanterie et 2 compagnies de cavalerie étaient en marche pour renforcer son armée ; on mettait, en outre, 2,000 Suisses à sa disposition.

Il profita de ce repos pour rendre sa position aussi forte que possible sur les deux flancs et sur son front. Il fit fortifier tous les points importants des passages à partir de Bormio jusque dans l'Engadine, mettre en état de défense la tête de pont du Fort de la France sur le Rhin, occuper la vallée de Langroart par 2 régiments et construire des retranchements sur les passages qui y viennent du Tyrol; des rassemblements considérables de troupes autrichiennes à Landeck lui faisaient craindre qu'une attaque pourrait avoir lieu de ce côté. Quand il apprit plus tard que les Autrichiens se proposaient de l'attaquer par le Saint-Gothard, il négocia avec le canton d'Uri pour charger de la défense de cet important passage les troupes même de ce canton.

Avec le reste de ses forces encore disponibles, c'est-à-dire avec 4 régiments français, 1,200 Suisses et sa cavalerie, Rohan revint se poster sur la position centrale de Tirano, d'où il pouvait secourir à temps voulu n'importe lequel des points de la Valteline que l'ennemi aurait attaqué.

DÉMONSTRATIONS CONTRE LE SAINT-GOTHARD ET ATTAQUE PRINCIPALE DES AUTRICHIENS CONTRE LA VALTELINE.

Le général autrichien avait fait tous ses efforts pour propager ces fausses nouvelles, et pour faire croire à Rohan qu'il allait avoir à résister à une attaque sérieuse venant du Saint-Gothard ; mais de pareilles opérations étaient tellement invraisemblables que Rohan ne s'y laissa pas prendre et ne quitta point son importante position centrale, parce que les rassemblements de troupes qui s'exécutaient sur la frontière de la Valteline lui prouvaient, à n'en pas douter, que l'orage allait venir de ce côté.

FERNAMOND COMMENCE LES OPÉRATIONS.

Le mois d'octobre était arrivé. Il fallait donc profiter du court espace de temps permettant encore d'opérer dans les hautes montagnes, surtout si l'on voulait conquérir encore, dans le cours de cette année, la Valteline et voir les Autrichiens opérer leur jonction avec les Espagnols. Bien que la première semaine d'octobre fût déjà écoulée, un temps extraordinairement beau et chaud pour cette saison favorisait les opérations qui devaient commencer le 24.

Au jour fixé Fernamond descendit, avec son corps

fort de 6,000 à 7,000 fantassins et 800 cavaliers, de Santa-Maria dans la vallée de Fraele, puis, poussant plus loin sans trouver de résistance, il s'empara du passage de le Scale et du village de Pedenosso.

Le général autrichien avait envoyé en même temps le colonel Erera avec 500 mousquetaires qui devaient passer par le Monte-Cristallo, passage regardé, à cette époque, comme impraticable, pour prendre à revers l'ouvrage de Bagni-di-Bormio, en déloger et même enlever le régiment suisse qui l'occupait et que Fernamond, venant de Pedenosso, devait attaquer en même temps par la colonne gauche de la position.

La colonne d'Erera arriva dans la vallée de l'Adda cinq heures plus tard que Fernamond, et ce retard donna au régiment suisse le temps de se retirer sur Bormio.

Cette attaque combinée n'ayant pas eu le résultat espéré, Fernamond concentra ses forces dans le val Fraele, dans l'espoir de se frayer de là le chemin le plus favorable menant dans le Milanais.

Cette indécision et cette perte de temps au moment critique, au moment où il eût fallu pousser les opérations avec une extrême énergie, attaquer et presser vivement les forces encore sensiblement inférieures en nombre du défenseur, qu'il eût dû rejeter lui-même sur les renforts qui accouraient, placèrent Fernamond dans la plus fâcheuse des situations.

En effet, c'est dans la guerre de montagnes, bien plus que partout ailleurs, qu'il est surtout dangereux de suspendre des opérations commencées : on perd ainsi l'avantage qui résulte de la surprise de l'ennemi, et on lui donne, au contraire, le temps de rallier d'abord les troupes qui ont été chassées des postes avancés et de les secourir avec la réserve, puis de prendre lui-même l'offensive.

Quand le défenseur interrompt ses opérations offensives, c'est qu'il cherche alors à amener l'adversaire à partager ses forces pour attaquer les points occupés de la vallée ou de la ceinture de montagnes, qu'il espère dans ce cas pouvoir se porter du haut d'une position centrale contre les colonnes séparées de l'ennemi et reprendre l'offensive plus énergiquement encore que par le passé : on peut assurément réussir, à l'aide d'une semblable manière de faire, à remporter les avantages espérés, mais il faut pour cela et que l'adversaire soit tombé dans le piège et que le terrain soit favorable aux marches et aux manœuvres des troupes.

Mais la vallée encaissée de Fraele n'offrait pas cet avantage, et le général autrichien commettait donc une faute des plus graves en s'y arrêtant quelque temps jusqu'à ce qu'il ait définitivement choisi la route par laquelle il comptait pénétrer plus tard dans le Milanais. Fernamond, d'ailleurs, aurait déjà dû être fixé depuis longtemps sur ce point, d'autant plus que ses opérations antérieures dans le val di Fraele avaient dû lui faire connaître cette vallée : on ne saurait donc invoquer pour lui aucune excuse qui justifiât cette perte de temps.

MESURES PRISES PAR ROHAN POUR REPOUSSER L'ATTAQUE DE FERNAMOND.

A la première nouvelle des mouvements de l'ennemi, Rohan avait immédiatement envoyé à Bormio le général de Canisy, avec 3 régiments d'infanterie et 2 compagnies de cavalerie, fait occuper par 2 régiments le village de Puschiavo, où Fernamond pouvait arriver en passant du val di Fraele par le Passo di val Viola. Il resta luimême avec le gros de ses forces à Tirano, prêt à se porter, suivant les circonstances, sur le point le plus menacé.

Pendant ce temps, le général de Canisy avait poussé

aussi près que possible des Autrichiens, leur avait enlevé le passage de le Scale qui mène du val di Fraele dans la vallée de Pedenosso, avait informé Rohan de l'attitude indécise de Fernamond et insisté sur l'occasion favorable qui se présentait pour attaquer l'ennemi et tirer parti des désavantages de sa position.

COMBAT DANS LA VALLÉE DE FRAELE.

Rohan reconnut de suite le profit qu'il pouvait tirer des fautes du général Fernamond, et se résolut à l'attaquer avec une rapidité égale à l'énergie et à la circonspection qu'il allait apporter à la réalisation de ses projets.

Laudé, qui était posté dans l'Engadine, reçut l'ordre de se mettre en marche avec 4 compagnies de son régiment, un régiment suisse et la milice de la basse Engadine, il devait traverser le val di Gallo et être rendu, le 31 octobre, à la pointe du jour, au col qui mène dans le val di Fraele.

Rohan prescrivit d'autre part au colonel Ienatsch d'arriver avec le reste du régiment de Laudé et la milice de la haute Engadine, le même jour et à la même heure au col de Santo-Giacomo en passant par le val Alpisella, tandis que lui-même, de son côté, attaquerait sur trois colonnes les Autrichiens dans le val di Fraele.

Canisy devait marcher avec trois régiments par le versant méridional du Monte-della-Scala, et tourner par le flanc gauche les postes autrichiens du val Pedenosso que lui, Rohan, allait attaquer dans la vallée avec le reste de son infanterie et sa cavalerie ; pendant que le marquis de Vandy, d'autre part, exécuterait en même temps avec six compagnies une fausse attaque contre les fortifications de Bagni di Bormio, afin d'attirer à lui les forces de l'adversaire.

Tous les préparatifs de cette attaque fixée au 31 octobre furent achevés dans la journée du 30. Les colonnes d'attaque, à l'exception de celle de Laudé, étaient rendues dès le point du jour sur les points qui leur avaient été assignés.

De Vandy, contrairement aux ordres de Rohan, avait déjà commencé l'attaque des fortifications élevées par les Autrichiens pendant la nuit, et imprimé à sa démonstration un caractère tellement violent et énergique que Fernamond, la prenant pour la véritable attaque, avait cru devoir porter de ce côté la plus grande partie de ses forces, et facilita singulièrement de la sorte la réussite de l'attaque principale de l'armée du duc.

Le poste autrichien du val Pedenosso, menacé par le mouvement de Canisy sur son flanc gauche, abandonna cette vallée et se retira par le Scale sur le val di Fraele dans lequel, après s'être emparé du passage de le Scale, Rohan déboucha avec toutes ses forces réunies.

Les Impériaux, qui avaient pris position à la sortie de la vallée, furent attaqués par 5 régiments français et par 3 compagnies de cavalerie. Mais après une résistance assez longue, dans laquelle les Autrichiens déployèrent une grande bravoure et repoussèrent plusieurs assauts, les ouvrages furent enlevés par les Français et leurs défenseurs, contraints de battre en retraite en désordre et en perdant beaucoup de monde sur Santa-Maria dans la vallée de Münster.

Cette retraite aurait pu être plus difficile et plus périlleuse pour les Impériaux, si Laudé avait suivi ponctuellement les ordres de Rohan et si l'attaque qu'il était chargé d'exécuter sur le flanc droit et sur les derrières des Autrichiens avait coïncidé avec celle de la colonne principale.

OBSERVATIONS SUR CE COMBAT.

Rohan avait démontré de nouveau par ses opérations, et cela d'une manière indéniable, que la défense dans un pays de montagnes ne peut être couronnée de succès qu'à la condition d'être basée sur une offensive énergique, que toutes les positions du défenseur dans la vallée peuvent être tournées par la hauteur et que c'est surtout par des attaques dirigées contre les flancs et les derrières de l'ennemi qu'on décide du sort des combats livrés dans la montagne.

Nous avons déjà dit plus haut ce que nous pensions des opérations de Fernamond.

Sa faute la plus grave fut celle qu'il commit en s'arrêtant dans le val di Fraele, après avoir passé la chaîne principale des Alpes au lieu de continuer à prononcer avec toute l'énergie possible le mouvement offensif qu'il venait de commencer. Dès qu'il eut vent des préparatifs que les Français faisaient en vue de l'attaque contre le val di Fraele, il aurait dû s'établir avec le gros de ses forces entre Ponte-del-Piano et le point de jonction du chemin descendant de le Scale avec celui du val de Fraele mais plus près de ce dernier chemin, parce qu'il lui aurait été possible de conserver plus longtemps le pont del Piano, se jeter vigoureusement sur les colonnes du duc de Rohan qui ne pouvaient déboucher qu'avec difficulté et par suite ne pas laisser au duc le temps de se déployer. Ponte-del-Piano, solidement mis en état de défense, aurait dû être fortement occupé afin d'être en mesure de repousser avec certitude et avantage la fausse attaque de Vandy, et pour cela il aurait suffi de poster sur ce point 1500 à 2,000 hommes. En agissant de la sorte, Fernamond couvrait complètement son flanc gauche et s'assurait en toutes circonstance la retraite par le Passo-del-Pistori, pour le cas où il serait descendu par ce chemin dans le val di Fraele.

Si au contraire la principale ligne de retraite allait par le val di Branlio vers Santa-Maria, on commettait, en attendant l'attaque de l'ennemi dans la vallée de Fraele, une faute d'autant plus grande, que la perte du pont del Piano entrainait celle de cette ligne de retraite.

La position centrale devait donc être prise aux environs et autour de ce pont même.

Il semble d'ailleurs que le général autrichien ne s'attendait nullement à être attaqué dans le val di Fraele et que ses hésitations permirent au duc de Rohan de le surprendre complètement.

ROHAN RETOURNE DE NOUVEAU A TIRANO.

Le bruit de la levée du siège de Valenza et de la retraite des troupes alliées sous les ordres du maréchal de Créqui, obligèrent Rohan à faire de nouveau front vers le Milanais et à se rapprocher de cette province : c'est pour cette raison qu'il partit le 1er novembre pour rentrer dans la position centrale qu'il occupait précédemment.

Le duc y reçut la nouvelle positive de la retraite des Français et de leurs alliés sur Montferrat et le Piémont, retraite qui allait permettre aux troupes espagnoles de coopérer à la conquête de la Valteline.

Serbelloni, avec 4,000 hommes de ses meilleures troupes d'infanterie, et avec 300 chevaux, s'était, en effet, mis en marche sur Morbegno, et avait pris position en avant de ce village pour attendre l'arrivée des pièces enlevées du fort de Fuentès et pour prendre ensuite l'offensive contre Rohan.

Rohan le prévint et s'assura cette fois encore l'avantage de l'initiative : il avait, d'ailleurs, été poussé dans

cette voie par la nouvelle que le comte Schlick avait réuni et rallié les troupes de Fernamond et était prêt à pénétrer dans la Valteline avec son corps. En cessant d'imprimer à la défense le caractère énergique et actif qu'il avait su lui donner, Rohan se serait, en effet, exposé au danger d'être attaqué en même temps sur les deux flancs par des forces supérieures.

Il prit énergiquement toutes les mesures nécessaires pour assurer ses derrières du côté de Bormio. Laudé, qui commandait les troupes postées sur ce point, reçut l'ordre d'occuper tous les passages principaux menant dans le Tyrol et on lui donna à cet effet des troupes d'un effectif suffisant pour remplir cette mission.

De Vandy occupa avec son régiment l'ouvrage de Bagni-di-Bormio.

Le val Viola fut gardé par 6 compagnies et Rohan laissa à Bormio un de ses aides de camp avec l'ordre de surveiller tous les passages conduisant de l'est vers ce dernier point.

COMBAT DE MORBEGNO.

Rohan partit de Tirano, le 9 novembre, avec le reste de ses troupes et dépassa Sondirio le jour même.

Le 10, Rohan occupa le pont de Santo-Pietro sur l'Adda et poussa en avant une partie de sa cavalerie jusqu'au défilé de San-Gregorio, avec ordre de s'emparer de ce point important que les Espagnols avaient négligé d'occuper.

« Ce point, disait Rohan, est si avantageux que s'il avait été occupé par une partie de l'infanterie espagnole, j'aurais été forcé d'arrêter mes mouvements ultérieurs. »

La vallée de l'Adda est resserrée sur ce point au nord par les pentes du Splugen, au sud par celles de la Punta-della-Zocca et y forme un défilé, par lequel passait à cette époque la principale voie de communication, qui, après avoir franchi l'Adda à Ponte-San-Pietro, arrive à Morbegno par la rive gauche de la rivière.

Bien que ce défilé soit facile à défendre, nous croyons que Rohan aurait trouvé le moyen de le tourner par la montagne et aurait su forcer les Espagnols à l'abandonner, dans le cas où ceux-ci se seraient bornés à une défense passive, comme ils le firent dans le combat livré à Morbegno.

Toute défense passive, même quand elle s'appuie sur une position des plus avantageuses et des plus fortes, est, en général, condamnée à céder devant une attaque conduite avec intelligence ; le défenseur n'arrivera alors à s'assurer la victoire que s'il sait combiner une offensive énergique avec une défensive sagement conduite et se bornant aux points secondaires.

Serbelloni avait pris position en avant de Morbegno, son flanc droit appuyé à la montagne, son flanc gauche à un petit bois et à l'Adda. Son front était couvert par un ruisseau que l'on ne pouvait franchir que sur un pont et renforcé par deux églises et des murs que défendait l'infanterie. Morbegno se trouvait en arrière du front.

La position était assurément forte dans son ensemble et elle ne pouvait être tournée que sur son flanc droit par la montagne.

Malgré la force de cette position, Rohan, après avoir tenu un conseil de guerre le 10 novembre, résolut de l'attaquer aussitôt.

Il envoya dans la montagne 50 mousquetaires chargés de tourner la position et il s'avança sur 4 colonnes contre la position elle-même.

La première colonne, celle de l'aile gauche, composée de 2 régiments, devait, en longeant la montagne, attaquer le flanc droit de la position.

La deuxième colonne, sous les ordres de Lèques, et composée de 2 régiments et 4 compagnies d'infanterie, avec 2 cornettes de cavalerie, et la troisième, commandée par la Frezelière et forte de 2 régiments d'infanterie, devaient s'avancer par la route et attaquer les Espagnols de front, tandis que 100 mousquetaires avaient pour objectif le petit bois situé sur les bords de l'Adda.

La réserve, formée de 1 régiment suisse et de 1 cornette de cavalerie, marchait au centre en arrière des 4 colonnes d'attaque.

L'attaque commença à 2 heures de l'après-midi et elle fut poussée avec une telle impétuosité que la ligne espagnole fut percée, les deux églises prises et l'ennemi repoussé jusque dans ses derniers retranchements.

Mais les deux colonnes de l'aile gauche furent alors arrêtées et les régiments qui étaient en tête de colonne furent repoussés par les Espagnols qui combattaient à couvert derrière les murailles.

Cependant, la troisième colonne, sous les ordres de La Frezelière était parvenue à crever la ligne espagnole et à pénétrer dans Morbegno. Dès qu'il reçut la nouvelle de ce succès, Rohan fit immédiatement renforcer cette colonne par 2 régiments d'infanterie, 4 compagnies d'infanterie et 1 cornette de cavalerie et renouveler, par 3 régiments, l'attaque du front de la position, tandis qu'il passait à travers le bois avec un escadron et se jetait lui-même sur l'aile droite de l'ennemi.

Les Espagnols cédèrent sur tous les points devant cette attaque générale et simultanée, et ne défendirent Morbegno que pendant le temps nécessaire pour couvrir leur retraite.

Le combat avait duré trois heures. Les Espagnols y perdirent 1,500 morts. Plus de 100 officiers, tous les bagages et les caisses de leur armée tombèrent entre

les mains du vainqueur, qui aurait continué sa poursuite le 11, si les nouvelles qu'il avait reçues ne lui
avaient pas fait redouter une nouvelle attaque des Autrichiens contre Bormio. Rohan revint, par suite, à sa
position centrale de Tirano, où il arriva le 12.

Mais, comme la saison était déjà trop avancée pour
permettre de continuer les opérations, surtout dans les
hautes montagnes, les Autrichiens renoncèrent à l'attaque et les deux partis prirent leurs quartiers d'hiver.

DÉFENSE DES PYRÉNÉES ORIENTALES PAR LE GÉNÉRAL RICCARDOS EN 1793.

Le cri d'horreur qui retentit dans toute l'Europe à la nouvelle de l'inique et terrible exécution de Louis XVI, trouva de l'écho au delà des Pyrénées, cette immense barrière du sud-ouest du continent, et excita dans la péninsule ibérique contre la nation française une animosité, dont la première manifestation fut un refroidissement évident dans les relations politiques et dont l'explosion amena la guerre. Surexcitée par les passions et pleine de présomption, la Convention avait, dans sa séance solennelle du 7 mars 1793, déclaré la guerre au roi d'Espagne, sans considérer que la frontière n'était pour ainsi dire pas gardée, que les forteresses et les forts d'arrêt étaient dans le plus déplorable état, insuffisamment armés et incomplètement approvisionnés : enfin qu'on ne pouvait envoyer dans ces parages une armée suffisamment nombreuse, tandis que les Espagnols étaient en mesure de mettre tout de suite en mouvement une armée assez bien organisée.

PLAN DE CAMPAGNE DES ESPAGNOLS.

La principale armée, forte de 50,000 hommes, sous le général Riccardos, fut placée en arrière des Pyrénées orientales, et échelonnée de Figueras à Barcelone.

Cette armée avait pour mission de prendre l'offensive et de pénétrer par Perpignan dans le sud de la France.

Une armée secondaire, forte de 15.000 hommes, sous les ordres du général Caro Ventura, devait se tenir sur la défensive et couvrir la frontière du Guipuzcoa et de la Navarre, pendant qu'un corps de 5.000 hommes, sous Castel-Franco, était chargé d'occuper et de défendre les défilés qui conduisent dans le haut Aragon et de servir, en cas de besoin, de réserve à l'armée des Pyrénées orientales.

Comme nous avons pris l'exposé de la défense de la chaîne des Pyrénées orientales, comme exemple des avantages qu'une position choisie en avant de la chaîne de montagnes peut assurer à la défense d'un semblable massif, nous nous contenterons d'esquisser seulement les premiers mouvements offensifs de l'armée de Riccardos, depuis le début des hostilités jusqu'à sa retraite sur le camp retranché du Boulou, en tant que ces mouvements peuvent contribuer à faire comprendre les opérations de défense active par lesquelles se termina la campagne de 1793.

L'armée française, sous les ordres de La Houlière, et chargée de la défense des Pyrénées orientales, ne comptait que 8.000 hommes, dont 6.000 formaient la garnison des places fortes : il ne restait donc que 2,000 hommes disponibles pour les opérations et pour garder une frontière de plus de 100 kilomètres, courant tout entière dans un pays de hautes montagnes : il n'aurait donc fallu à Riccardos qu'un coup frappé à propos, avec promptitude et énergie, pour se rendre presque immédiatement maître de Perpignan et pouvoir ensuite, en prenant cette forteresse pour base de ses opérations, faire du sud de la France le théâtre de la guerre.

Quelles auraient été les conséquences d'opérations menées vigoureusement, à l'aide desquelles l'armée espagnole aurait réussi à donner la main aux insurgés du midi de la France qui se refusaient à reconnaître la Convention ? C'est là chose impossible à dire ; en tout cas, cette jonction aurait placé la Convention dans une situation des plus difficiles et fait très probablement prendre une tournure différente aux opérations des Autrichiens dans les Alpes.

Mais Riccardos, qui s'exagérait l'étendue et l'importance des soulèvements qui s'étaient produits dans le midi de la France, ainsi que les forces numériques des insurgés, apporta une extrême circonspection à ses opérations.

COMMENCEMENT DES OPÉRATIONS.

Riccardos, qui voulait suivre avec le gros des forces le chemin du col Porteill et tourner le fort de Bellegarde par sa gauche, avait envoyé dans la direction de Massanet une colonne de 3.500 hommes, commandée par le général Escoffes, avec l'ordre de marcher sur le Boulou en passant par Saint-Laurent de Cerdans et Céret et d'opérer au Boulou sa jonction avec la colonne principale, après avoir détaché des troupes chargées de bloquer Pratz-de-Mollo et Fort-les-Bains.

Escoffes commença son mouvement le 16 avril au soir, franchit la chaîne de montagnes par les trois passages du col de la Creu, du Col del Faigt ou de la Fâche et du Col de Las Mas, chassa les Français de Saint-Laurent, prit Céret, après un combat de peu de durée et occupa le Boulou.

Le 21, Riccardos déboucha par le col de Porteill avec son avant-garde, rendit le chemin praticable pour la grosse artillerie et, dans les derniers jours d'avril, toute son armée était concentrée au Boulou.

Cette marche offensive des Espagnols effraya quelque

peu la Convention nationale. Elle mit tout en œuvre pour réunir des troupes à Perpignan, où quatre représentants du peuple furent aussitôt envoyés pour organiser la défense. 12,000 à 13,000 hommes furent, au bout de peu de temps, réunis dans cette ville. On rejeta le plan sagement conçu de Dagobert, qui voulait prendre les montagnes des Aspres pour base et opérer contre le flanc et les derrières des Espagnols, et on résolut d'arrêter l'ennemi dans la presqu'île du Réart en lui résistant à Mas-Déous.

Riccardos, dont les pluies torrentielles avaient retardé les opérations, attaqua les Français, le 20 mai, avec 12,000 fantassins, 3,000 cavaliers et 24 canons, et les rejeta sur Perpignan, malgré leur vigoureuse résistance sur plusieurs points. Le désordre était si grand que Riccardos aurait pu, sans la moindre peine, s'emparer de la place dans la nuit du 20 au 21.

Au lieu de tirer parti de sa victoire et de ses succès antérieurs, ainsi que de la démoralisation et du désordre qui régnaient dans les rangs des Français, Riccardos se replia sur le Boulou, commença à fortifier les positions environnantes afin d'y établir un camp retranché et attendit sur ce point que les forts de la montagne et de la vallée du Tech eussent capitulé.

Le 26 mai et le 4 juin, Pratz-de-Mollo et Fort-les-Bains tombèrent, en effet, au pouvoir des Espagnols. Le fort de Bellegarde résista plus longtemps et il fallut en faire le siège en règle. L'ouverture de la tranchée eut lieu le 15 juin : le 22 et le 23, le fort fut bombardé avec une telle violence que la garnison, qui avait épuisé ses dernières ressources en vivres, dut capituler.

Après la bataille du Mas-Déous, le général Flers avait rallié à Perpignan les troupes françaises battues par le général espagnol.

Afin de protéger cette place et de pouvoir en toute

sécurité réorganiser et exercer les troupes, on fit établir, sous la direction du capitaine Andréossy un camp retranché sur les hauteurs qui s'élèvent au sud de Perpignan sur les montagnes situées entre Perpignan et Mas-Conte. Les Espagnols, que Riccardos maintenait dans l'inaction la plus complète, n'inquiétèrent en rien l'exécution de ces travaux.

Le général, croyant que, dans les opérations qu'il projetait contre Perpignan, son flanc droit pourrait être menacé par la place forte de Collioure, par fort Saint-Elme et par Port-Vendres, envoya, le 30 juin, 3,000 hommes contre Collioure. Ces troupes essayèrent de prendre d'assaut la hauteur de Puig-Oriol, qui domine la ville, mais elles furent repoussées.

La tentative faite par Riccardos contre le camp retranché de l'Union, le 17 juillet, eut le même résultat et échoua devant l'énergique résistance des Français.

Au commencement de septembre, Riccardos tenta contre le flanc droit de l'armée française un mouvement tournant qui fut conduit avec si peu d'énergie et de vigueur qu'il aboutit au combat de Peyrestortes, dans lequel les Espagnols furent complètement battus. Ils se reformèrent au camp de Ponteilla, les Français enivrés par leur victoire, leur ayant laissé le temps de se remettre et de se rallier sans inquiéter leur retraite.

Le 22 septembre, Riccardos livra la bataille de Truillas pour couvrir la retraite, qu'il avait donné l'ordre de faire sur le Boulou et repoussa sur toute la ligne les attaques des Français; pendant les journées qui suivirent, les Espagnols continuèrent leur retraite sur le camp retranché de Boulou.

Avant de commencer l'étude détaillée des opérations de défense active, que Riccardos dirigea d'une main de maître pour défendre les Pyrénées jusqu'à la fin de la campagne de 1793, il nous faut d'abord décrire en peu de mots le camp retranché du Boulou, qui servit de base à ses opérations.

LE CAMP DU BOULOU.

C'est entre les sources du Tech et les affluents de la
rive droite du cours supérieur de la Tet, que le Canigou
se détache du massif principal des Pyrénées-Orientales.
Son sommet le plus élevé atteint une altitude de
8,800 pieds; mais à la tête de Batère, par laquelle il se
termine, il n'a plus que 4,500 pieds de hauteur; il
rentre, par suite, dans la catégorie des montagnes de
moyenne hauteur. A partir de ce point, il s'abaisse rapidement vers le plateau qui se trouve entre le ruisseau
du Boulès, la Cantarrane et le Réart. Il se prolonge au
delà de ce plateau par des collines de 600 à 800 pieds
jusqu'à la grande route du Boulou à Perpignan, en pro-
jetant quelques rameaux qui viennent mourir entre la
route de Perpignan à Port-Vendres.

Les Basses-Aspres, ces collines qui forment le dernier échelon des contre-forts du Canigou, limitent au
nord la petite plaine du Boulou : aussi, était-il de la
plus haute importance pour l'établissement d'un camp
retranché au Boulou de les occuper et de les fortifier. La
ligne de partage des eaux du Réart et du Tech, de Saint-
Luc par Tressere à Banyuls-des-Aspres, formait, par

conséquent, la ligne sur laquelle on dut établir les ouvrages avancés; cette ligne n'est, en effet, dominée par aucune hauteur voisine et comme elle se trouve à 4,300 pas du point central du Boulou, elle met cette position complètement à l'abri de tout bombardement. L'aile gauche devait être quelque peu ployée en arrière le long du ruisseau de Vivès et venait rejoindre le Tech à Saint-Jean-Pla-de-Cors.

Les ouvrages et la tête de pont de Céret devaient être considérés comme un poste détaché servant de point d'appui et permettant d'empêcher facilement l'exécution d'un mouvement tournant tenté sur le flanc gauche du Boulou par les pentes assez impraticables du massif principal des Pyrénées, que par suite il n'y avait plus guère lieu de fortifier.

A l'est, au contraire, il était indispensable de protéger le camp contre un mouvement tournant basé sur Collioure et Port-Vendres : et pour cela il fallait fortifier le contrefort qui se détache de la chaîne principale des Pyrénées-Orientales au pic des Trois-Termes, et qui meurt à Montesquieu dans la vallée du Tech.

La partie de la montagne qui se trouve entre ce contrefort et la grande route de Bellegarde est très coupée et par suite difficilement praticable pour de grandes masses de troupes. Les ravins profonds et encaissés qui la sillonnent favorisent beaucoup la défense.

Les points les plus importants de cette ligne sont à l'extrême droite le Pic-Saint-Christophe et le village de Montesquieu : ce dernier formait l'aile droite des ouvrages espagnols qui, passant par Trompette-Basse, s'étendaient jusqu'au Tech.

Mais on commit la grave et impardonnable erreur de n'élever aucun retranchement sur toute la partie comprise entre Montesquieu et Saint-Christophe, alors qu'on eût réussi sans peine à défendre ce secteur à l'aide d'abatis et en construisant une redoute sur le pic de Saint-Christophe.

Sur la rive gauche du Tech, les ouvrages de défense ne s'étendaient pas jusqu'à la ligne des Basses-Aspres dont nous avons parlé ci-dessus.

Les Espagnols, ne se sentant pas assez forts, se contentèrent de fortifier le contrefort du Puig-Scingli, qui se détache des Aspres au sud de la vallée de Valmagne, à l'est de Vivès.

A l'aile droite de ce plateau, les travaux de défense dépassaient la vallée de Valmagne et rejoignaient le Tech en face du camp de Trompette. Les Espagnols négligèrent de recourber le flanc gauche de la première ligne pour l'appuyer au Tech, en sorte que cette ligne pouvait être tournée entre Vivès et Saint-Ferréol ; enfin, comme le camp retranché n'avait pas d'ouvrage central, pas de *noyau*, on crevait tout le système en perçant avec toutes ses forces entre Saint-Ferréol et Vivès.

Malgré les fautes que nous venons de signaler, le camp retranché du Boulou, solidement appuyé sur les Pyrénées, donna au général espagnol la possibilité de tenir ses troupes réunies dans sa main et lui permit de défendre les Pyrénées contre les attaques des Français en prenant position en avant de la chaîne de montagnes.

16.

MARCHE OFFENSIVE DES FRANÇAIS CONTRE LE BOULOU ET ATTAQUE DU CAMP RETRANCHÉ.

Le 2 octobre, au matin, l'armée française, forte de 22,000 hommes, se présenta devant le camp retranché, l'aile gauche appuyée à Banyuls-des-Aspres, l'aile droite à Pla-del-Rey. Cette dernière se prolongea peu à peu par Saint-Luc jusqu'à Saint-Ferréol.

Au lieu de faire partir l'attaque principale de ce point et de chercher à tourner le flanc gauche des ouvrages du Puig-Scingli, on voulut enlever par une attaque de front le Puig-Scingli, position que les pentes qui descendent presque verticalement sur la vallée de Valmagne rendent à peu près inexpugnable.

Le 3, à la pointe du jour, 6,000 Français, protégés par deux batteries placées sur le Mas de la Paille et à Pla-del-Rey, s'avancèrent jusqu'aux berges de la vallée, mais ils furent accueillis par un feu si meurtrier qu'ils furent obligés de battre en retraite.

Le même jour, le général Delattre, parti de Collioure après avoir été renforcé par 2 bataillons que le général en chef d'Aont lui avait envoyés pour faciliter la mission qui lui avait été confiée, attaquait le camp de Trompette.

Cette attaque, comme celles tentées dans cette direction contre Montesquieu et sur les pentes des Albères contre Saint-Christophe, échoua complètement : Riccardos avait, en effet, prévenu les intentions des Français en envoyant à temps des renforts à Montesquieu et en occupant le point important de Saint-Christophe.

Pendant toute l'après-midi du 6 et jusqu'à la tombée de la nuit, on combattit autour de ce point qui finit par rester entre les mains des Espagnols.

Toutes ces attaques isolées ayant échoué, on tint un conseil de guerre dans lequel les verbeux commissaires de la Convention prirent naturellement le rôle principal, et il fut décidé que l'on attaquerait les ouvrages du Puig-Scingli par l'ouest, tandis que le général Dagobert, qui était à Montlouis, dans la vallé du Tech, pénétrerait dans le haut Aragon.

L'attaque du Puig-Scingli fut fixée à la nuit du 14 au 15 octobre. Le premier objectif à enlever devait être la redoute de l'extrême aile gauche, que l'on appela plus tard la *redoute du Sang*.

Le 14 au soir on fit mine de menacer les Espagnols sur toute leur ligne, depuis Céret jusqu'à la chaîne des Albères. L'obscurité de la nuit, la multiplicité des obstacles et l'étendue du terrain ne pouvaient en effet leur permettre de reconnaître le vrai point d'attaque. Mais Riccardos avait posté une réserve tactique toute prête au centre du camp retranché et il ordonna d'allumer de grands feux sur toute la ligne des avant-postes.

A minuit la colonne française d'attaque, forte de 5,000 hommes, et qui s'était jusque-là cachée derrière un mouvement de terrain, s'élança tout à coup et avec une violence extrême sur la batterie d'aile dont nous venons de parler, qu'elle enleva dans le premier élan après un combat court mais meurtrier. Les Espagnols revinrent à la charge et en chassèrent les Français. Pendant six heures entières les adversaires se disputèrent avec une rage sans cesse croissante la possession de cette batterie qu'on appela avec raison la *redoute du Sang*, jusqu'au moment où les Français parurent en rester définitivement les maîtres. Mais Tarrano, l'héroïque défenseur de la redoute, n'avait fait que reculer de quelques pas et continua à résister et à combattre avec les quelques braves qui lui restaient.

Un bataillon de la garde wallonne, fort de 300 hommes, que Riccardos avait mis en mouvement dès le commencement de l'attaque et qui s'était égaré dans l'obscurité, arriva sur ces entrefaites, s'élança aussitôt à la baïonnette sur la redoute et la reprit. Les Français se retirèrent à la pointe du jour, après avoir, comme les Espagnols, perdu énormément de monde.

Jusqu'au 19, il n'y eut aucun engagement; on se contenta de bombarder le camp, infructueusement, il est vrai.

L'armée française comptait à ce moment, par suite des renforts qu'elle avait reçus, 40,000 hommes, dont 4,500 formaient les garnisons de Perpignan, Montlouis, Collioure et Salses.

Pendant ce temps, le général Dagobert, qui avait une prédilection marquée pour la guerre de montagnes, avait pénétré une première fois jusque du côté de Ribas et de Campredon, le 4 et le 5 octobre, puis une seconde fois, le 17 octobre, jusque vers le sud d'Urgel; mais ces opérations, loin de favoriser les opérations de l'armée principale, devaient tourner à son préjudice : on envoya en effet une division de l'armée espagnole de Navarre renforcer les troupes qui se trouvaient sur le théâtre des Pyrénées orientales, et, de plus, les pillages et les excès commis par les Français avaient jeté dans le pays le germe d'une insurrection formidable, qui prit des dimensions de plus en plus grandes, et qui finit par leur devenir fatale, nouvelle preuve que les invasions, quand elles ne sont pas entreprises avec des forces suffisantes, ont souvent des conséquences plus désavantageuses qu'utiles.

Ce fut pendant ce temps que le général Turreau arriva au quartier général de l'armée française, et qu'après avoir examiné la position, reconnu les vallées du Tech et de la Tet, remplaça d'Aout dans son commandement.

Il commença tout d'abord par enlever au général Dagobert l'initiative et l'indépendance qu'on lui avait laissées, et par combiner les opérations du corps de ce général avec celles de l'armée principale.

Autant il cherchait à faire sentir le poids de son autorité à un général aussi expérimenté que Dagobert, autant il montra de condescendance envers Fabre, le commissaire de la Convention, qui avait, il est vrai, sauvé Perpignan par son énergie au commencement de septembre, mais qui, poussé par une ambition sans bornes, aspirait à cueillir des lauriers comme soldat et comme général.

Fabre était depuis longtemps déjà obsédé par l'idée de forcer les Espagnols à la retraite en envahissant la haute Catalogne, en tournant le camp retranché du Boulou par sa droite, puis en enlevant Rosas et Figueras. Les places fortes de Collioure, Port-Vendres et Saint Elme, abondamment pourvues de vivres et de munitions, devaient servir de base à cette opération.

Fabre exposa son plan dans un conseil de guerre tenu le 23 octobre et demanda 8,000 hommes pour le mettre à exécution : ce fut en vain que le général Dagobert tenta de démontrer la témérité et l'inanité d'un semblable projet et d'en faire ressortir le ridicule en prouvant au conseil que pour prendre deux forteresses telles que Rosas et Figueras, dont l'une avait soutenu. en 1645 et 1693, deux sièges célèbres, tandis que l'autre comptait parmi les places les plus fortes de l'Europe, il fallait disposer de forces et de ressources bien autrement considérables. Malgré ses observations et sa résistance, on adopta ce plan dans son ensemble, on se contenta seulement de renoncer pour le moment à prendre Figueras et on décida qu'on ferait, en même temps que ce mouvement s'exécuterait, une diversion du côté de Céret et une fausse attaque contre Montesquieu.

EXPÉDITION DE ROSAS.

Pour exécuter cette opération, il fallait franchir la chaine sauvage, tourmentée et couverte de forêts épaisses des Albères, qui s'étend depuis le col du Perthuis jusqu'au col de Banyuls et les derniers contreforts, peu élevés, il est vrai, des Pyrénées, mais qui, coupés par de nombreuses vallées étroites et aux berges escarpées, se ramifient au loin et forment une sorte d'éventail.

Les meilleur passage des Albères est le col de Banyuls qui ne se trouve qu'à 1300 pieds d'altitude et par lequel passe la route carrossable de Banyuls-sur-Mer à Espolla. Les autres points de passage, situés plus à l'est, jusqu'au col Forcadell ou col Fourcad, et qui se trouvent dans les parties les plus sauvages des Albères, sont moins favorables à des mouvements de troupes. Mais le plus difficile de tous est sans contredit celui qui suit la route de Coléra et de Llanca en longeant le pied des nombreuses montagnes qui tombent à pic sur la mer et qui, véritable labyrinthe, est hérissé d'obstacles innombrables.

Le passage de Banyuls était gardé par des milices de Catalogne, soutenues par quelques troupes régulières chargées du service d'observation en première ligne. La position prise par ces forces était couverte en avant du col par des redoutes qui commandaient et tenaient sous leur feu les trois routes aboutissant à ce col. A Espolla, où se réunissent toutes les routes qui traversent les Albères, on avait établi un camp retranché occupé par la réserve.

La division française chargée d'attaquer Rosas, et commandée par le général Delattre, fut formée en 3 colonnes.

La première, forte de 1620 hommes, sous les ordres du général Raimon, devait, en longeant la mer et en passant par le col de Balitres, Llanza et Selva, se porter contre le fort de la Trinidad, au sud de Rosas, et soutenir, en cas de besoin, la colonne du centre.

Cette colonne, composée de 2,326 hommes sous le général Rampon, celui-là même qui devait, en 1796, en Italie, acquérir une gloire immortelle avec la 32ᵉ demi-brigade, avait l'ordre de forcer le golfe de Banyuls et d'attaquer Espolla de front.

La 3ᵉ colonne, forte de 1948 hommes et commandée par le général Clauzel, devait passer par le col de Foucrad, tourner Espolla par sa gauche, par Cantalopps et donner ainsi la main à l'attaque de front du général Rampon.

Les 1ʳᵉ et 2ᵉ colonnes se mirent en marche le 25, la 3ᵉ le 26 octobre de grand matin. La colonne du centre attaqua le 26 vers la fin de la journée la position qu'Arias défendait avec 1400 hommes. Les postes avancés des Espagnols furent repoussés, mais la nuit mit fin au combat et permit à Arias d'abandonner la position mal choisie qu'il occupait et de se retirer sur Espolla.

Les obstacles naturels que la colonne du général Rampon eut à vaincre étaient si grands et si nombreux que ce général ne put arriver que le 28 devant Espolla. Mais le général Riccardos avait pu, pendant ce temps, faire renforcer ce point par 3 bataillons.

Aussi, tous les efforts faits par les Français pour s'en emparer échouèrent, et, finalement, rejetés sur le col de Banyuls par un retour offensif des Espagnols, ils s'arrêtèrent sur le versant sud de la montagne.

La colonne de droite était arrivée le même jour devant Espolla, mais elle ne put entrer en ligne que lorsque la colonne du centre était déjà battue et repoussée.

Les Espagnols se jetèrent alors sur la colonne du général Raimon et la mirent en pleine déroute. La plus grande partie des hommes dont elle se composait tomba sous les coups des insurgés de Catalogne, et une faible partie seulement parvint, après des fatigues inouïes à repasser la montagne.

La colonne de gauche, n'étant arrivée que jusqu'à Llanga, fut repoussée jusqu'à Coléra par les insurgés et dut se replier sur Port-Vendres.

La colonne du centre, qui s'était arrêté à Corbera, reçut le 29 un renfort et renouvela le 30 l'attaque d'Espolla.

Arias laissa 1,400 hommes dans le camp retranché, se porta à la rencontre des Français et allait être rejeté, lorsqu'une charge de cavalerie, faite en temps opportun, arrêta les Français. Arias qui, pendant ce temps, avait appelé à lui ses réserves, profita de cette hésitation, et attaquant vigoureusement à son tour, pendant que la colonne de cavalerie du brigadier Vivès envoyée par le général Riccardos exécutait une charge de son côté, il réussit à culbuter les Français.

Lors de la première attaque, celle du 28, les Français avaient commis les fautes suivantes : leurs trois colonnes étaient à de trop grandes distances les unes des autres; la colonne de droite, qui devait participer à l'attaque d'Espolla, avait à exécuter un mouvement tournant par trop étendu, et, par suite, il était peu probable qu'elle put arriver à temps pour prendre part au combat. Enfin, quant à la colonne de gauche, on lui avait attribué un objectif à tout hasard, et vu la direction qu'on lui avait fait suivre, elle ne pouvait servir à rien.

Dans le combat du 30, le manque de cavalerie est la seule cause de la défaite des Français.

Le général espagnol Arias se conforma aux vrais principes de la guerre de montagnes, et ce fut grâce au caractère offensif de ses opérations qu'il réussit à assurer la victoire à ses armes.

DIVERSION DU GÉNÉRAL DAGOBERT SUR CÉRET.

Se conformant aux ordres qu'il avait reçus et qui lui enjoignaient de se porter sur Céret et d'y attendre des instructions ultérieures, le général Dagobert était parti le 28 octobre de Thuir avec 2,500 hommes et s'était dirigé par Sainte-Colombe sur Sainte-Marçal, puis par Taulis sur Palalda.

Le passage des Aspres présenta d'énormes difficultés : le général dut laisser son artillerie en arrière et faire une halte de 48 heures à Palalda, tant pour rallier les traînards, que pour donner à ses troupes harassées de fatigue le repos dont elles avaient besoin.

Le 31, le général Dagobert traversa le Tech en amont du fort des Bains, poussa par Reynes sur Céret en laissant le fort à sa gauche, rejeta sur la ville les troupes avancées de l'ennemi et gagna en passant par las Cabannas, les hauteurs situées au sud-est de Céret. Les Espagnols, intimidés par la hardiesse de cette marche, évacuèrent la ville et se retirèrent sur Maureillas.

Au lieu de continuer à prononcer énergiquement son mouvement offensif, de se jeter sur la tête de pont de Céret, de se relier avec la colonne de Solbeauclair qui se trouvait à Saint-Ferréol avec 2,000 hommes, puis de

tenter avec les 4,000 hommes qu'il aurait eus alors sous la main une attaque contre le centre du camp retranché, Dagobert se contenta de rester en position sur les hauteurs qui dominent Céret, de faire connaître au commandant en chef sa présence sur ce point par des signaux et par de grands feux allumés pendant la nuit, et d'y attendre des ordres ultérieurs. Enfin, ne recevant pas d'ordres et se voyant menacé par suite de l'arrivée de 4,000 hommes et de pièces de grosse artillerie envoyés par Riccardos, Dagobert, après avoir résisté pendant toute la journée du 1er novembre aux attaques des Espagnols, se retira le soir sur Palalda.

Pendant que ces évènements se passaient aux deux ailes, le centre, sous les ordres du général d'Août, était resté dans l'inaction la plus absolue en face de Puig-Scingli et de Villelongue, n'avait rien fait pour empêcher Riccardos d'envoyer des renforts du côté de Céret et d'Espolla et se laissa même enlever par les Espagnols, près de Villelongue, une batterie qui ne fut reprise que par l'intervention du général Seintheirac qui avait remplacé le général Delattre à la tête des troupes postées à Collioure.

Les dissensions les plus regrettables, fomentées et entretenues d'ailleurs par les intrigues incessantes des commissaires de la Convention, Fabre et Gaston, divisaient d'ailleurs les généraux français. Les commissaires, que les tristes expériences des défaites antérieures n'avaient pu éclairer, et qui n'étaient pas encore parvenus à reconnaître la faiblesse réelle du camp retranché, avaient, avec les généraux d'Août et Delattre, élucubré un plan qui consistait à tourner le camp retranché en rappelant à eux la division Dagobert, en passant par le massif sauvage et impraticable des Albères, et à pénétrer dans l'Ampurdan.

Dans le conseil de guerre tenu le 12 novembre à

Banyuls-des-Aspres, un seul officier, l'habile général Dagobert, eut le courage d'élever la voix et de rejeter ce plan insensé. Déclaré traître à la patrie par les commissaires, Dagobert fut relevé de son commandement.

Le même sort était réservé au général en chef Turreau, auquel on donna comme successeur le général Doppes, qui jusqu'à ce moment avait commandé les troupes chargées du siège de Toulon.

Les changements continuels dans le commandement, le renvoi des généraux les plus aimés des soldats, l'inanité des plans élucubrés par les commissaires civils avaient démoralisé l'armée, lui avaient fait perdre toute espèce de confiance et donné naissance à l'anarchie.

L'armée manquait, en outre, de vivres, de fourrages, de souliers, de munitions, d'armes. Des bataillons entiers n'étaient pas armés et les soldats commencèrent à déserter en masse. Force fut donc de renoncer à toute espèce d'opérations : on espérait, grâce à la mauvaise saison, pouvoir prendre un certain repos, occuper des quartiers d'hiver, d'autant plus que les combats incessants et l'épidémie qui décimait les soldats de Riccardos, avaient éclairci les rangs de l'armée espagnole et qu'elle aussi aspirait au repos.

RICCARDOS PREND L'OFFENSIVE.

Mais afin de pouvoir prendre en toute sécurité ses quartiers d'hiver, Riccardos avait besoin d'être le maître absolu de la ligne du Tech.

Il fallait pour cela occuper, c'est-à-dire enlever un point d'une importante capitale pour la sûreté du camp retranché, Saint-Ferréol, puis Villelongue, d'où les Français pouvaient sans cesse inquiéter le centre des Espagnols, enfin s'emparer à l'aile droite des points situés sur la côte et qui, une fois entre les mains des

Espagnols, rendaient non seulement difficile, mais même presque impossible tout mouvement tournant dirigé contre Espolla. Ce fut pour exécuter ce plan qu'on livra une série de combats dont l'issue heureuse pour Riccardos clôt la campagne de 1793 dans les Pyrénées orientales et permit aux Espagnols de prendre leurs quartiers d'hiver, sans craindre d'être inquiétés.

Riccardos avait reconnu que son armée était encore suffisamment forte pour pouvoir réaliser le plan qu'il avait conçu. Une division portugaise de 6,000 hommes, sous les ordres du général Forbes qui venait d'arriver pour coopérer à la défense des Pyrénées, la division la Union et les troupes de Vallspire reçurent l'ordre de tourner l'aile droite de l'armée française et de la chasser de Saint-Ferréol.

Une division fut envoyée à Espolla pour soutenir le général Arias, que l'on avait chargé de rejeter les Français, qui continuaient à occuper leur position sur le versant sud du Col-de-Banyuls et à Coléra sur Banyuls-sur-Mer où les communications devaient leur être coupées par la flotte espagnole. Faisant alors un changement de front vers la gauche, Arias devait ensuite prendre à revers le camp français de Villelongue que d'autres troupes avaient ordre d'attaquer en même temps de front du côté de Montesquieu.

Riccardos voulait, dès que l'armée française serait rejetée de l'autre côté du Tech, enlever le fort Saint-Elme, dont la prise, en raison de la position dominante de cet ouvrage, entraînait la chute des forts de Collioure et de Port-Vendres.

Les troupes, chargées de ces opérations s'étaient déjà mises en marche lorsqu'un orage des plus violents s'abattit sur tout le pays, et que des pluies continuelles détruisant toutes les voies de communications obligèrent les colonnes à s'arrêter. Tous les ponts du Tech, à l'exception du pont de Céret, furent emportés par l'inondation, et le centre des Espagnols, réduit à cet unique moyen de communication, se trouva pour ainsi dire en l'air.

Les Français avaient par suite une excellente occasion pour concentrer toutes leurs forces à Saint-Ferréol et pour culbuter le centre espagnol par leur gauche. Mais ils restèrent jusqu'au 25 novembre dans une inaction qui ne s'explique que par l'état déplorable de leur armée. Ils tentèrent alors un mouvement du côté de Saint-Ferréol, mais avec si peu de monde que cette tentative resta sans résultat.

Enfin le temps était déjà redevenu meilleur, et Riccardos avait sur ces entrefaites envoyé au général la Union l'ordre d'exécuter l'attaque projetée sur Saint-Ferréol.

ATTAQUE DE SAINT-FERRÉOL PAR LE GÉNÉRAL LA UNION.

La position de Saint-Ferréol formait une sorte de saillant en avant de l'aile droite du centre français qui s'appuyait sur Saint-Luc. Saint-Ferréol se trouvait à 8,000 pas environ de ce point et c'était pour cette raison même qu'on l'avait fortifié. L'ancienne division du général Dagobert, commandée maintenant par Solbeauclair et forte de 6,000 hommes, occupait cette importante position.

Le 26 novembre au matin la division portugaise qui formait l'avant-garde de la Union se montra sur les hauteurs qui s'élevaient sur le flanc droit de Solbeauclair. Celui-ci n'attendit pas l'attaque des Portuguais, il se précipita sur la division, la rejeta aux pieds des hauteurs, enleva la redoute du Rocblanc et se préparait à attaquer le pont, lorsque la Union arriva avec le reste de ses troupes, arrêta le mouvement offensif de Solbeauclair, puis, après avoir rallié les Portugais, rejeta les

Français sur leur première position qu'ils défendirent avec une grande bravoure pendant 4 h. 1/2.

Mais la persévérance et l'enthousiasme des Espagnols finirent par triompher et la position française menacée par un mouvement tournant dut rester en leur pouvoir. Les Français se retirèrent par Tressère sur Pla-del-Rey, en laissant entre les mains du vainqueur 8 canons et un grand nombre de prisonniers. Les pertes avaient été énormes des deux côtés.

Les Espagnols mirent immédiatement en état de défense tout le terrain aux environs de Saint-Ferréol, fermèrent et couvrirent complètement leur camp retranché, et remédièrent ainsi aux inconvénients que nous avons signalés ci-dessus quand nous avons décrit la position du camp du Boulou.

L'arrivée du général Doppes, le nouveau commandant en chef, ne modifia en rien la triste situation de l'armée française.

Doppes était, en effet, encore plus incapable et plus mou que son prédécesseur.

SITUATION DES FRANÇAIS.

Doppes ne comprit pas mieux que son prédécesseur qu'il était indispensable de poster son armée d'une manière logique et avantageuse. Le Tech continua comme par le passé à séparer les deux parties de l'armée, et comme l'on s'entêtait à vouloir entourer le camp retranché de l'ennemi, il en résulta que l'armée française, forte de 37,000 hommes, au commencement de décembre, se répandit sur une étendue de terrain hors de proportion, par rapport à son effectif.

La division Delattre, forte de 15,000 hommes et dont Fabre, le commissaire de la Convention, était le chef réel, formait l'aile gauche et s'étendait depuis la Roque jusqu'au gué de Brouilla, en passant par Villelongue. Ce dernier point, le saillant de cette position, qui se repliait à angle droit, avait été retranché. On avait occupé Puig d'Aureille sur les pentes des Albères, et on s'était contenté de le relier faiblement à la position de Villelongue par un poste intermédiaire établi à Notre-Dame-du-Vilar.

La division d'Aout, 5,700 hommes, s'étendait depuis Banyuls-des-Aspres jusqu'à Saint-Luc, la division qui avait été battue à Saint-Ferréol, sous les ordres de Solbeauclair et que commandait Laterrade était postée entre Tressérre, Saint-Luc et Llauro.

Cette disposition défectueuse et trop étendue, cette dispersion des forces, donnaient à Riccardos une excellente occasion de réaliser complètement le plan auquel il s'était préparé et que nous venons d'exposer. C'était donc contre la division Delattre qu'il allait porter le principal effort.

Afin de tromper les Français sur le véritable point d'attaque qu'il avait choisi, Riccardos prescrivit à la Union de continuer ses opérations offensives, d'attaquer les hauteurs de la Calane, près de Llauro, et de faire des démonstrations contre Saint-Luc. La Union enleva les hauteurs, mais des renforts reçus par les Français et tirés de leur centre, l'empêchèrent de parvenir plus avant. Ces opérations, combinées avec une démonstration exécutée en même temps contre le centre, et avec une attaque qui n'eut lieu que le 6 décembre contre les deux bataillons postés en face de Saint-Christophe et qui furent rejetés, immobilisèrent les forces des Français et préparèrent l'attaque principale, fixée au 7 décembre et à laquelle Riccardos avait donné comme objectif le centre de la division Delattre.

La division Curten, formée en 4 colonnes, fut chargée de l'exécution de cette attaque.

La colonne de l'aile droite devait longer les pentes des Albères, s'avancer contre la Roque, s'emparer de ce point.

La 2e colonne avait pour mission d'enlever les batteries et les ouvrages fortifiés de Villelongue ; la 3e de se rendre maîtresse de ce village, et la colonne de l'aile gauche devait occuper le pied même des hauteurs.

Mais comme les Français avaient, de leur côté, résolu d'attaquer le même jour Montesquieu, il en résulta qu'un *combat de rencontre* s'engagea dès le 7 au matin, combat dont le signal fut donné par les batteries de Montesquieu. A ce signal, les 4 colonnes espagnoles se précipitèrent, vers 6 heures du matin, avec une impétuosité irrésistible, sur les objectifs qu'on leur avait assignés et s'en emparèrent en 7 minutes.

La défaite des Français était complète et les Espagnols auraient même réussi à les couper de leur unique ligne de retraite, de leur seul point de passage sur le Tech et à les faire prisonniers, si leur cavalerie s'était avancée plus résolument dans la plaine.

34 canons, 38 caissons et 800 prisonniers restèrent entre les mains du vainqueur.

COMBAT DU COL DE BANYULS ET PRISE DES 3 PLACES FORTES DE LA COTE.

Pour que le plan de Riccardos fût complètement réalisé, il ne restait plus à ce général qu'à se rendre maître des 3 places fortes situées sur les bords de la Méditerranée.

Collioure et Port-Vendres sont situés au pied d'un amphithéâtre de hauteurs, formé par les trois chaînons qui prennent naissance et se séparent au pic de Taille-Fer. Le chaînon oriental, qui se termine au bord de la Méditerranée, au cap Béar, et le chaînon occidental, qui tombe à pic dans la mer à Collioure, forment la périphérie de cet amphithéâtre, que le chaînon central, dont le fort Saint-Elme surmonte la dernière crête, divise en 2 vallées. Le pic de Taille-Fer forme le nœud de tout cet amphithéâtre ; ce pic est, de plus, le dernier escarpement rocheux de la chaîne d'altitude moyenne qui se détache au pic de Sailfort du massif principal des Pyrénées orientales.

Afin de se rendre maître des places fortes de la côte, il fallait absolument s'emparer des hauteurs qui entourent l'amphithéâtre, et dont la défense devait, de son côté, chercher à s'assurer la possession à tout prix. Mais, au lieu d'agir de la sorte, les Français s'entêtèrent à vouloir défendre contre les Espagnols toute la zone frontière entre le pic de Sailfort et le cap Cerbère, afin, comme le proclamaient à tout instant les commissaires de la Convention, de ne pas abandonner à l'ennemi un pouce du territoire français. Il fallait, pour cela, occuper une zone dont l'étendue n'était pas en rapport avec l'effectif des forces chargées de la défense et revenir forcément au système du cordon.

La division Delattre, à laquelle, après avoir fourni les garnisons des forteresses, il restait à peine 6,000 hommes, fut chargée de cette mission et répandue sur l'extrême première ligne.

Son aile gauche s'était établie au col de Souron et devait, non seulement défendre ce passage, mais encore surveiller Llanzo où se trouvaient environ 900 Espagnols.

Le centre occupait le col de Banyuls et le col d'El-Tourn, points qu'on avait, d'ailleurs, fortement retranchés.

L'aile droite observait le passage du col de las Eres, occupait les principales hauteurs jusqu'au pic de Sailfort et formant ensuite un crochet en arrière, elle se ployait en arrière de la vallée de Ravane et se terminait au col de Vallaury.

Il est facile de voir qu'il n'existait aucune liaison entre ces différents points. Enfin, les Français n'avaient, en outre, ni réserve, ni point central pouvant servir au ralliement. L'aile droite seule disposait d'une ligne de retraite directe sur Collioure et Port-Vendres, tandis que le centre et l'aile gauche se trouvant en cas d'échec, forcés de chercher à gagner Banyuls-sur-Mer, devaient, par suite, commencer par exécuter une retraite excentrique et pouvaient, si l'aile gauche espagnole se portait vigoureusement en avant, être facilement coupées et jetées dans la mer. Rien n'était donc plus aisé que de briser et de percer d'un seul coup tout ce système de cordon et de couper les différents corps de troupes de leurs bases, les places fortes de la côte.

Voulait-on opposer une résistance énergique, il fallait dans ce cas mettre en état de défense la clef de la position tout entière, le pic de Taille-Fer, les passages qui y aboutissent de ce côté dans la direction du pic d'Oriol, le col de Mouillon, le pic de Lagrange, les passages menant à Banyuls-sur-Mer, ainsi que ceux conduisant à Argelès, c'est-à-dire dans la partie ouest de l'amphithéâtre, et poster une forte réserve entre le pic les Daines et le fort Saint-Elme. On adoptait alors une disposition plus concentrée, et on pouvait se servir d'une partie de la garnison des places pour exécuter des retours offensifs. Ce n'était, en effet, que par une défense active bien préparée et bien conduite qu'on pouvait avoir une chance de déjouer les projets de l'ennemi.

Riccardos chargea de l'attaque qu'il se proposait d'exécuter contre le front démesurément étendu de la position française, le général Curten, qui s'était distingué au combat de Villelongue, le 12 décembre; il fit partir ce général de Villelongue avec 6,000 hommes d'élite, lui prescrivit de se porter, en passant les Albères, sur Espolia où, après une marche des plus pénibles, il opéra sa jonction avec les troupes d'Arias. Curten se trouva dès lors à la tête de 10 à 12,000 hommes. Il envoya à Llanzo 500 hommes qui, avec les 900 hommes qui s'y trouvaient déjà, devaient se porter sur la tour de Carroige (tour de Caroux) et tourner l'aile gauche des Français.

Curten forma ses troupes en 6 colonnes.

Les deux colonnes des ailes étaient d'un effectif peu considérable, parce qu'elles devaient ne faire que des démonstrations. Celle de droite avait pour mission d'enlever le col d'El-Tourn, celle de gauche de s'assurer du pic de Sailfort et de s'avancer sur Notre-Dame-des-Abeilles.

Les 2ᵉ et 3ᵉ colonnes étaient dirigées contre le Puig-de-Calme, les 4ᵉ et 5ᵉ contre le col de Banyuls, qui, comme nous l'avons dit, était fortement retranché et défendu par une nombreuse et puissante artillerie.

Le 14 décembre à 6 heures du soir, toutes ces colonnes commencèrent leur mouvement, et le 15 à 7 heures du matin le combat était engagé sur toute la ligne. L'aile gauche et le centre des Français, ce dernier soutenu par une nombreuse cavalerie, tinrent bon jusqu'au moment où Curten, après avoir réuni ses deux colonnes du centre, réussit à tourner par la droite le col de Banyuls en enlevant le pic de las Eres et le Puig-Barret, et à se rendre ainsi maître de cet important passage. Les Français s'enfuirent en toute hâte sur Port-Vendres et se rallièrent sur les hauteurs de Bear.

23 canons et plusieurs centaines de prisonniers restèrent au pouvoir des vainqueurs.

Curten commit une grosse faute en ne jetant pas le gros de ses forces contre l'aile droite des Français qui, si on les avait poussés énergiquement et si l'on avait donné à une poursuite énergique une direction parallèle par rapport au pic de Taille-Fer et au fort Saint-Elme, auraient pu être coupés sans peine, et de Collioure et du fort Saint-Elme. Il aurait, en agissant de la sorte, réussi à se relier plus rapidement à la colonne que Riccardos avait envoyée de Villelongue à Argelès, et qui, du reste, ne s'avança que très lentement et avec une prudence exagérée.

Curten avait d'ailleurs par trop divisé ses troupes et son attaque ne fut couronnée de succès que lorsqu'il eut réussi à réunir ses deux colonnes du centre et à les jeter sur un seul point.

S'il put d'ailleurs réunir ses deux colonnes, il le dut uniquement aux dispositions plus défectueuses encore de son adversaire, à la dispersion exagérée de ses forces, et à l'absence de toute espèce de réserve.

RETOUR OFFENSIF DES FRANÇAIS CONTRE VILLELONGUE.

Après le combat malheureux de Villelongue, on résolut, le 8 décembre, au quartier général français, de retirer l'artillerie des positions avancées, de renoncer à toute espèce d'entreprise offensive, et de transférer le quartier général à Perpignan. Peu après, lorsqu'on reçut du comité de salut public l'ordre de réduire à 15,000 hommes l'effectif total de l'armée et d'envoyer le reste des troupes devant Toulon, on se vit obligé de faire rétrograder toute l'armée sur Perpignan.

Afin de pouvoir exécuter cette opération sans être inquiété par l'ennemi, et de donner à la division Delattre le moyen de battre en retraite, on résolut d'attaquer Villelongue.

Ce point, faiblement occupé par les Espagnols, fut attaqué et enlevé, le 20 décembre au matin, par 2,000 hommes, sous les ordres de d'Aout.

Le capitaine Lannes (le futur maréchal de l'empire) et le chef de brigade Guieux se distinguèrent dans cette attaque. D'Aout, croyant avoir rempli la mission dont on l'avait chargé et voyant des colonnes ennemies quitter le Boulou pour reprendre Villelongue, ordonna à ses troupes de se reporter de l'autre côté du Tech.

Ce combat n'avait en réalité aucun but, la division Delattre n'en restait pas moins dans les fonds de Collioure et de Port-Vendres, et, malgré ce combat, sa retraite était toujours entièrement compromise.

Delattre, lorsque sa division avait été contrainte d'abandonner les crêtes de la chaîne principale, et de se retirer sur Banyuls-sur-Mer, avait pris position à partir des hauteurs de Pic-Lagrange jusqu'à celle du phare Béar. Cette position était naturellement très forte sur son front, et son aile gauche, fortement retranchée, était protégée contre tout mouvement tournant par les falaises. Mais, en revanche, son aile droite était complètement à découvert et Delattre avait négligé d'occuper avec des forces suffisantes et de fortifier le col de Mouillon, le puig des Daines, la clef même de tout l'amphithéâtre, le puig de Taille-Fer.

ATTAQUE DE LA POSITION DE PIC LAGRANGE ET DU PHARE BÉAR PAR LES ESPAGNOLS, PRISE DE PORT-VENDRES, SAINT-ELME ET COLLIOURE.

Riccardos avait découvert le point vulnérable de la position des Français et chargea, en conséquence, le général Cuesta d'attaquer cette position le 20 décembre et de porter le principal effort contre le flanc droit des Français.

Cuesta se porta en avant sur 4 colonnes. 3 d'entre elles occupèrent les Français sur leur front pendant que la 4e partait de Banyuls-sur-Mer, passait par la montagne pour tourner le flanc droit de l'ennemi par le col de Mouillon.

Comme la droite de Cuesta s'avançait vivement et énergiquement, Delattre, craignant pour sa gauche, eut la malheureuse idée de la renforcer.

La colonne de l'aile gauche, sous les ordres du général Castrillo, ne rencontra, par suite, qu'une faible résistance au col de Mouillou, culbuta d'abord les deux bataillons postés sur ce point et rejeta ensuite toute l'aile droite française sur le centre. Au même moment, la réserve de Cuesta se jetait, elle aussi, sur l'aile gauche française et la culbutait.

Les Français s'enfuirent en désordre sur Port-Vendres, place ouverte du côté de la terre, qu'ils évacuèrent aussitôt et que les Espagnols occupèrent sur leurs talons.

Les Français continuèrent à fuir dans la direction de Collioure.

La trahison ouvrit aux Espagnols les portes du fort Saint-Elme qui commande toute la vallée et qui domine la place de Collioure. Les pièces du fort Saint-Elme sont aussitôt braquées sur Collioure : une folle panique s'empare alors de la population et de la garnison de cette ville qui se rend le lendemain matin.

La division Delattre était pour ainsi dire anéantie ; Riccardos attaqua alors le 21 décembre, le centre et l'aile droite des Français pour les rejeter complètement sur Perpignan.

6,000 hommes, sous les ordres d'Amarillas, attaquèrent le centre français, la division portugaise, l'aile droite, pendant que la cavalerie espagnole traversait le Tech, la Brouilla, se portant vers le pont du Réart et cherchant à couper à la principale colonne sa ligne de retraite qui passait par cette route.

Sauret, à Pla-del-Rey, et Laterrade, sur la grande route, furent culbutés et perdirent deux batteries. L'aile gauche fut, elle aussi, sérieusement pressée. Le découragement s'empare des troupes françaises et la cavalerie espagnole coupe déjà sa ligne de retraite à Saint-Jean-la-Seille. Encore un dernier coup énergique et l'armée française tout entière est perdue.

Mais la nouvelle que l'aile droite française, sous les ordres du général Pérignon, opposait à Saint-Luc une résistance énergique à la division portugaise décida Riccardos à arrêter un mouvement. Il donna aux Français le temps de se rallier et de se retirer en assez bon ordre sur Perpignan.

Riccardos avait brillamment réalisé le plan qu'il avait projeté, et atteint le but forcément partiel qu'il s'était proposé. Il fit donc, à cause de l'époque avancée de la saison, prendre à son armée des quartiers d'hiver.

Si Riccardos fit preuve de faiblesse au commencement de la campagne, et ne sut pas comprendre quels avantages on pouvait tirer de l'offensive, alors que la faiblesse numérique de l'armée française lui permettait de l'anéantir sans peine et de s'emparer de Perpignan, il faut reconnaître d'autre part qu'il déploya une énergie et une intelligence remarquables pendant toute la période de défense des Pyrénées orientales, et qu'il donna un exemple des plus instructifs de la manière dont on doit comprendre et diriger la défense d'une chaîne de montagnes en prenant position en avant du massif et en s'appuyant sur un camp retranché.

L'histoire de cette campagne nous démontre une fois de plus que la défensive ne saurait jamais être passive et que des entreprises offensives, basées sur un théâtre d'opération, un théâtre de la guerre préparé à l'avance et organisé défensivement, peuvent seuls amener la victoire.

Enfin, les idées philosophiques de Riccardos, la valeur excessive qu'il attribuait à la force du principe révolutionnaire, le cas exagéré qu'il faisait par suite de ses adversaires sont peut-être aussi, en partie du moins, les causes déterminantes de la faiblesse qu'il déploya dans ses opérations offensives contre Perpignan et Peyrestortes.

DÉFENSE DU TYROL SEPTENTRIONAL
DANS LA PREMIÈRE QUINZAINE DE NOVEMBRE 1805.

INTRODUCTION.

Après la catastrophe d'Ulm, Napoléon, sans prendre un instant de repos, s'était avancé avec son armée sur l'Inn, et avait franchi ce cours d'eau dans les derniers jours du mois d'octobre.

Pour assurer ses flancs et ses derrières du côté du Tyrol et de la principauté de Salzburg, qui étaient occupés par environ 30,000 hommes de troupes régulières, et en même temps pour se relier avec l'armée qui opérait en Italie sous les ordres de Masséna, Napoléon se vit forcé de diriger sur le Tyrol le 7e corps d'armée sous les ordres d'Augereau et la moitié du 6e sous Ney, pour soumettre le Tyrol, et de détacher le 1er corps sous les ordres de Bernadotte, du côté de la principauté de Salzburg.

POSITION DE L'ARMÉE AUTRICHIENNE DANS LE TYROL SEPTENTRIONAL, AU COMMENCEMENT DE NOVEMBRE.

Les forces autrichiennes dans le nord du Tyrol et dans le Vorarlberg, sous le commandement supérieur de l'archiduc Jean, étaient dans les premiers jours de novembre disposées de la manière suivante :

Le feld-maréchal-lieutenant Saint-Julien, avec 10 bataillons et 8 escadrons, c'est-à-dire environ 5,000 hommes, occupait la partie orientale du théâtre des opérations de la vallée de l'Inn : 1 bataillon formait la garnison de Kufstein; un second était posté à Lofer, et le gros à Rattenberg.

Le feld-maréchal-lieutenant Chasteler avait sous ses ordres 4 bataillons 1/2 et 1 escadron, formant environ 2,600 hommes. Mais deux de ces bataillons se composaient de fuyards de l'armée de Mack, et étaient encore en voie de formation.

Un bataillon occupait le défilé de Scharnitz, à la source de l'Isar; un deuxième était dans la Luetasch. Chasteler avec le reste, c'est-à-dire 2 bataillons 1/2 et son unique escadron, était posté à Innsbruck.

Mais comme Chasteler avait une plus grande expérience de la guerre de montagnes que Saint-Julien, ces généraux durent plus tard, sur l'ordre de l'archiduc Jean, échanger leurs commandements.

Le prince de Rohan, avec 4 bataillons et 8 escadrons, c'est-à-dire à peu près 2,500 hommes, couvrait vers Reutte l'entrée de la vallée du Lech.

Le feld-maréchal-lieutenant Jellachich, avec 13 bataillons 1/4 et 13 escadrons, formant environ 6,500 hommes, occupait la position retranchée de Hohenembs, entre Feldkirch et Bregenz, dans la vallée du Rhin.

Le général major Festenberg avec 9 bataillons. 6 escadrons, c'est-à-dire 4,800 hommes, était en réserve à Innsbruck.

Un petit détachement composé des deux tiers d'un bataillon de chasseurs et d'un escadron sous les ordres du comte de Spaur, posté à Nauders, maintenait les communications avec le corps d'armée du feld-maréchal-lieutenant Hiller, établi dans le Tyrol méridional.

2 escadrons étaient employés au service intérieur et servaient surtout d'ordonnances.

Les forces régulières rassemblées dans le Tyrol septentrional se composaient par suite de 41 bataillons, 59 escadrons, formant approximativement 22,000 hommes, et 30,000 selon le dire de Schallkammer.

Pour soutenir les troupes de ligne, on avait appelé aux armes la milice du pays. L'effectif total de cette levée en masse s'élevait à 20,000 hommes qui furent partagés en quatre bans. En cas de danger, les deux premiers bans, 10,000 hommes, devaient être immédiatement mobilisés, de sorte que, le cinquième jour après l'appel aux armes, ils pouvaient se porter des centres de rassemblement sur les défilés situés sur la frontière du pays et qu'ils étaient chargés de défendre. Les troisième et quatrième bans devaient, en attendant, se tenir prêts à relever ou à renforcer, suivant les cas, les deux premiers.

Lorsque la nouvelle de la chute d'Ulm, de cette épouvantable catastrophe, arriva au quartier général de l'archiduc Jean, ce prince résolut de conserver le Tyrol à tout prix. En restant maître du Tyrol, de cette excellente position stratégique qui, affectant la forme d'un bastion faisant saillie, flanque le bassin du Danube, l'archiduc espérait pouvoir, soit directement en poussant des pointes offensives dans la vallée du Danube, soit indirectement en attirant sur lui une partie des forces de l'ennemi appuyer les opérations de la principale armée autrichienne, qui, renforcée par les Russes, allait probablement reprendre l'offensive.

Mais les divisions de l'armée russe arrivées sur l'Inn étaient trop faibles pour arrêter la course impétueuse de l'empereur des Français, et les réserves russes étaient encore en marche et débouchaient seulement de la Pologne russe; la jonction des forces austro-russes ne pouvait, par conséquent, s'opérer qu'en arrière du Danube.

C'est pour ce motif que l'archiduc Charles se vit, malgré sa victoire de Caldiero, obligé d'évacuer l'Italie, et de se replier sur l'intérieur de la monarchie.

Mais, comme les vallées du Pô et du Danube étaient évacuées par les troupes autrichiennes, une défense énergique du Tyrol devenait très problématique.

L'archiduc Jean, qui, dans les cas graves, devait en référer, avant de prendre des résolutions définitives, au commandant en chef de l'armée d'Italie, reçut de l'archiduc des ordres rédigés dans cet esprit.

Il était à prévoir que la défense du Tyrol septentrional ne pourrait pas durer longtemps, et qu'en la prolongeant énergiquement et plus qu'il n'était nécessaire, elle aboutirait fatalement à une catastrophe. Au reste, le passage de l'Inn par l'armée française et l'occupation de Salzburg compromettaient gravement la défense du Tyrol par cela même que la ligne d'opérations des Autrichiens dans la vallée de l'Inn pouvait être prise par son flanc droit, et que la ligne de retraite par Radstadt et Mauterndorf dans les pays héréditaires de la monarchie situés plus en arrière, aurait elle-même été singulièrement menacée par un mouvement de ce genre.

Pour parer à ce danger, le feld-maréchal-lieutenant Meerveldt, commandant les forces austro-russes combinées, avait envoyé le général Szenassy avec 6 bataillons 1/2 et 2 escadrons dans la principauté de Salzburg pour occuper tous les passages et couvrir le flanc droit et la ligne de retraite de l'archiduc Jean qui occupait le Tyrol.

Afin de concentrer davantage ses forces dans la vallée de l'Inn, l'archiduc avait envoyé au feld-maréchal-lieutenant Jellachich, le 26 octobre, l'ordre de relever le détachement de Rohan à Reutte, dans le cas où les Français viendraient à diriger leurs attaques contre un des défilés de l'est, puis de se replier lui-même avec le reste de ses troupes sur la vallée de l'Inn. Rohan devait attendre qu'on vint le relever, et marcher aussitôt après sur Innsbruck.

Jellachich, qui faisait auparavant partie de l'armée de Souabe, essaya néanmoins de se considérer toujours comme indépendant de l'armée du Tyrol, et, bien qu'ils lui eussent été réitérés à plusieurs reprises, il n'exécuta aucun des deux ordres qui lui furent donnés.

Telle était la situation lorsque l'armée française passa l'Inn dans les derniers jours d'octobre.

COMMENCEMENT DES OPÉRATIONS. — MARCHE EN AVANT DE DEROY ET DE NEY.

L'empereur donna l'ordre au Ier corps (Bernadotte), qui le 29 et le 30 octobre s'avançait sur Salzburg, d'envoyer une division bavaroise à Kufstéin, pour s'emparer, si faire se pouvait, de cette forteresse, et appuyer ainsi les opérations de Ney dans le Tyrol ; puis de pousser ensuite des coureurs sur les routes dans la direction de Léoben et de Villach, afin d'éclairer le flanc droit de l'armée.

Bernadotte dirigea, le 31 au matin, le général **Kellermann** avec une division composée de troupes de toutes armes sur Werfen. Les avant-postes de Szenassy furent repoussés, et lui-même se replia en toute hâte avec ses troupes sur Radstadt, après avoir, toutefois, détaché auparavant sur sa droite sur Ischl 2 bataillons et 2 escadrons.

Lorsque la nouvelle de la marche en avant des Français parvint à Innsbrück, l'archiduc Jean fit partir, le 2 novembre, la réserve tout entière commandée par Festenberg d'Innsbrück pour Saalfelden afin de soutenir, en cas de besoin, l'aile droite de l'armée, et de couvrir ses communications avec les pays autrichiens situés plus en arrière sur le cours supérieur de la Salza et de l'Ems.

Le 1er novembre, Deroy se porta, avec 15 bataillons, 7 escadrons bavarois et 36 bouches à feu sur Reichenhall et de là sur Lofer après s'être emparé du défilé de Stein. Le bataillon autrichien qui l'occupait se replia sur le défilé de Strub.

Ce passage fut héroïquement défendu par 1,300 hommes d'infanterie régulière, 2,300 tirailleurs nationaux du Tyrol et une compagnie de tirailleurs de Salzburg. Les deux points d'appui des ailes de la position étaient occupés par les tirailleurs du pays, et les ouvrages fortifiés qui formaient le défilé même par les troupes régulières. Malgré son immense supériorité numérique, toutes les attaques de l'ennemi furent, dans les journées du 2 et du 3 novembre, repoussées par les Autrichiens, avec une bravoure remarquable.

Le 3, le combat dura depuis huit heures du matin jusqu'à minuit. Après avoir dirigé sur la position quatre assauts infructueux, dans l'un desquels Deroy lui-même fut blessé, les Bavarois renoncèrent à renouveler leurs attaques, et se retirèrent sur Reichenhall et sur Salzborg.

Quand Napoléon eut appris, par les rapports de Bernadotte, que de ce côté, il n'avait plus rien à craindre pour ses flancs, il envoya au maréchal l'ordre de marcher en toute hâte avec son corps d'armée et la moitié des Bavarois sur Lambach, sur la Traun, et de laisser l'autre moitié de la division Deroy du côté de Kufstein pour soutenir les mouvements de Ney. Ces troupes devaient rejoindre Bernadotte, dès que Ney n'aurait plus besoin d'elles, c'est-à-dire dès qu'il aurait réussi à s'emparer d'Innsbruck.

Bernadotte craignant, de rencontrer de grandes difficultés pour s'ouvrir la route de Kufstein par Lofer, rappela la division Deroy tout entière du côté de Salzburg, et ordonna à une brigade de marcher sur Kufstein en passant par Traunstein et Marquartstein en remontant le cours de l'Achen.

Lui-même, avec son corps d'armée, s'avança dans la direction de Lambach.

Le 3 novembre, l'ordre de retraite donné par l'archiduc Charles arriva à Innsbruck. Mais pendant ce temps les colonnes de Ney se montrèrent aux environs du défilé de Scharnitz, et pouvaient de là inquiéter sérieusement la retraite des Autrichiens.

Ney, parti d'Ulm le 27 octobre, avait remonté la vallée du Lech jusqu'à Landsberg où il arriva le 30. Là, il reçut l'ordre d'attaquer Innsbruck. Il prit, en conséquence, le 31 octobre, la route de Landsberg à Partenkirchen, et le 2 novembre, il apparaissait entre Partenkirchen et Mittenwald. Son corps d'armée se composait des divisions Loison et Malher, qui avaient laissé plusieurs de leurs bataillons à Ulm pour y tenir garnison.

A la nouvelle de l'approche des Français, la garnison du défilé de Scharnitz fut renforcée le 3 novembre par 3 bataillons de troupe de ligne et plusieurs compagnies de milice envoyées d'Innsbruck, de sorte que les forces qui occupaient Scharnitz et la Luetasch se montaient alors à 3 bataillons et 500 tirailleurs tyroliens.

Le 4 novembre, au matin, Ney prit ses dispositions pour s'emparer du défilé. La division Malher avec 8 canons s'avança par la route contre Scharnitz, et prépara par une vigoureuse attaque la prise des ouvrages défendant le défilé. La division Loison reçut l'ordre de pénétrer dans la Luetasch, et de tourner les retranchements qu'on y avait élevés, puis de continuer vigoureusement son mouvement en avant, de se porter sur Seefeld, pour tourner le défilé de Scharnitz.

Les troupes de Loison précédées par des chasseurs bavarois remontèrent le Ferchenthal, gravirent par des sentiers de montagne le Grünkopf, prolongement du Wetterstein, culbutèrent les 38 miliciens qu'on avait postés là pour couvrir le flanc gauche des ouvrages fortifiés de Luetasch, se jetèrent sur les flancs et sur les derrières des retranchements, et forcèrent le commandant à capituler.

Loison divisa alors sa colonne. Détachant contre le flanc gauche du défilé de Scharnitz une partie de ses troupes chargées d'appuyer l'attaque de front de la division Malher, il se jeta lui-même avec l'autre partie sur Seefeld afin de couper les communications entre Scharnitz et Innsbrück.

Ces mouvements tournants, bien plus que l'attaque de front de la division Malher, obligèrent le commandant de Scharnitz à évacuer les ouvrages, après avoir encloué ses canons. Mais il opéra sa retraite un peu trop tard, et vint donner près de Seefeld dans la seconde colonne conduite par le général Loison en personne. Tous les efforts qu'il tenta pour se frayer un passage vinrent se briser devant la supériorité numérique des Français. Les deux bataillons de ligne durent mettre bas les armes ; les tirailleurs nationaux réussirent seuls,

grâce à leur connaissance de la montagne, à s'échapper en gravissant les pentes du Solstein.

Saint-Julien, qui, pendant ce temps, avait échangé son commandement contre celui de Chasteler, avait, dès qu'il avait reçu la nouvelle de l'attaque de Scharnitz, envoyé sur ce point deux compagnies de chasseurs. Mais elles n'arrivèrent aux environs de Seefeld qu'au moment où le combat était déjà décidé en faveur des Français et rétrogradèrent immédiatement sur Innsbrück.

Ce combat avait eu pour conséquence d'ouvrir à Ney l'entrée du Tyrol, d'isoler et de séparer les différents corps autrichiens répartis sur la frontière nord. Il restait à savoir, et c'était la chose extrêmement douteuse, si Jellachich posté à Hohenembs et Rohan à Reutte pourraient rallier l'aile droite de l'armée du Tyrol, dans le cas où les Français, profitant de leur victoire, s'avanceraient résolument dans la vallée de l'Inn, et forceraient l'archiduc Jean à évacuer Innsbrück.

RETRAITE DES AUTRICHIENS.

L'archiduc avait, dès le 3 novembre, envoyé à chacun des corps en particulier l'ordre de se replier sur le Brenner où se ferait la concentration générale. Lui-même, avec le reste de la division Saint-Julien, se retira le 5, dans l'après-midi, sur Steinach où il fut rejoint par le feld-maréchal-lieutenant Festenberg venant de Rattenberg. Le même jour, Ney entrait à Innsbrück.

L'archiduc Jean franchit le Brenner le 6 et 7, opéra sa jonction le 8 avec le détachement du comte Spauer, puis le 9 et le 10 avec le corps de Hiller, à Brixen; et commença dès le 10 son mouvement de retraite sur la vallée de la Drave. Il se contenta de laisser jusqu'au 14 une arrière-garde sur le Brenner, et une autre arrière-garde tirée du corps de Hiller, à Brixen, pour rallier les différents corps de troupe qui n'étaient pas encore arrivées du Tyrol septentrional et du Vorarlberg.

Pendant ce temps Jellachich, coupé de l'archiduc par la marche en avant des Français qui, remontant la vallée de l'Inn supérieur, étaient arrivés aux environs d'Imst et de Landeck, menacé sur son front par Augereau qui était arrivé le 9 à Stokach et le 13 à Brégenz, capitulait le 14. Sa cavalerie seule, sous les ordres des colonels Kinsky et Wartensleben, réussit à se frayer, par Ulm, la route de la Bohême ; et 3 bataillons qui s'échappèrent parvinrent à rejoindre Rohan.

Ce dernier se retira de Reutte, par Landeck, sur le Wintschgau, puis le 18, après avoir quitté Meran, il parvint à se frayer, à Bozen, un passage à travers les Français qui s'étaient avancés jusque-là après l'évacuation du Brenner par l'arrière-garde de l'archiduc Jean. Il descendit alors l'Adige, passa de Trente dans le val Sugana pour gagner Venise, mais il fut rejoint le 24 à Castelfranco par Gouvion Saint-Cyr, battu et forcé de déposer les armes avec 4,000 hommes.

La forteresse de Kufstein, bloquée par la brigade bavaroise, avait capitulé le 10.

L'archiduc Jean, continuant sa retraite par la vallée de la Drave, opéra sa jonction avec l'archiduc Charles le 26, à Windisch - Feistritz. — Chasteler partit de Weidring le 8 seulement, rallia le 10 Szenassy à Werfen, quitta cette localité le 16 et se dirigea avec leurs forces réunies en passant par Mauterndorf sur Friesach et de là par Völkermarkt, Lavamünd, Mahrenberg vers Ehrenhausen, sur la Muhr, où il arriva le 25.

CONSIDÉRATIONS
SUR LA DÉFENSE DU TYROL SEPTENTRIONAL EN 1805.

L'issue si funeste pour les armes autrichiennes des évènements qui s'étaient déroulés dans la vallée du Danube; le fait que la jonction des Autrichiens avec les réserves russes ne pouvait s'opérer qu'en arrière du Danube et à une époque encore assez éloignée; le contre-coup produit par la capitulation d'Ulm et qui avait obligé l'archiduc Charles, victorieux jusqu'à ce moment, à évacuer l'Italie et à se replier sur l'intérieur de l'empire, ne devaient pas permettre d'espérer qu'il serait possible de défendre le Tyrol pendant longtemps et avec chance de succès. Mais la manière dont on prépara et dont on comprit la défense du **Tyrol** n'était pas de nature à as-surer le succès, même dans le cas où l'on aurait eu affaire à un ennemi faible, peu nombreux, mais énergique; on devait même redouter, en présence d'un adversaire en-treprenant, des désastres semblables à celui d'Ulm.

Comme nous l'avons déjà dit quand nous avons étudié le théâtre d'opérations du Tyrol septentrional, cette dé-fense, en raison de la valeur et de la forme de la bar-rière stratégique constituée par les Alpes d'Algau, ne

18.

pouvait être menée à bonne fin et cela d'une manière relative qu'en postant le gros des forces dans la vallée de l'Inn.

On devait organiser cette position conformément aux principes théoriques, c'est-à-dire que la répartition des forces devait être en rapport avec l'importance et la valeur des trois théâtres d'opérations.

En conséquence, il aurait fallu affecter les deux tiers des troupes dont on disposait à la vallée de l'Inn, et le dernier tiers à la principauté de Salzburg. Quant au théâtre d'opérations du Vorarlberg, il aurait suffi de le faire surveiller par un petit corps auquel on aurait attribué une ligne de retraite menant à l'Arlberg, sur lequel on aurait dû élever des retranchements.

Les troupes destinées à la défense du Tyrol septentrional et de la principauté de Salzburg se montaient à 47 bataillons, 41 escadrons, soit en tout 27 à 28,000 hommes, plus toute la levée en masse du Tyrol.

Il fallait donc employer 9 à 10,000 hommes de troupes régulières à la défense du duché de Salzburg et 17 à 18,000 hommes à celle de la vallée de l'Inn; ce dernier groupe aurait détaché 1,000 hommes du côté du Vorarlberg.

Ces troupes auraient dû être disposées sur trois lignes : une ligne de postes avancés, la ligne des réserves tactiques et enfin celle des réserves stratégiques.

La première ligne avait à garder les différents passages de la montagne et les défilés. On n'aurait dû employer à ce service que le plus petit nombre possible de troupes régulières, mais au contraire les employer sur des points à côté des tirailleurs nationaux du Tyrol. Les troupes régulières n'auraient dû occuper que les défilés principaux et les ouvrages fortifiés.

Les points choisis pour poster les réserves tactiques auraient été : Nassereit, Seefeld, Jenbach, Wörgl et

Saint-Johann pour le théâtre d'opérations de la vallée de l'Inn, Lofers et Merfen pour le théâtre d'opérations du duché de Salzburg.

Dans le théâtre de la vallée de l'Inn, la réserve stratégique devait être postée à Innsbruck et dans celui du Salzburg, elle devait prendre position à Saint-Johann Taxenbach.

```
En attribuant à Ehrwald et aux postes avancés 5 bataillons, 4 escadrons.
    —      à Seefeld              —     5   —        4   —
    —      à Jenbach              —     4   — 1|2 2     —
    —      à Wörgl et St-Johann   —     5   —        4   —
    —      au duché de Salzburg   —    12   —        8   —
```

Il restait donc pour la réserve stratégique d'Innsbrück 18 bataillons, 14 escadrons, c'est-à-dire au moins 10,000 hommes.

Si l'ennemi vient alors à s'avancer sur Scharnitz, comme il le fit en 1805, et s'il fait de ce point l'objectif principal de ses principales attaques, la réserve stratégique se porte à sa rencontre, opère sa jonction avec les troupes déjà postées de ce côté et rejette l'assaillant sur Partenkirchen.

Ney n'avait que 8,000 hommes : il aurait donc, dans ce cas, été attaqué par 13,000 hommes au moins et très probablement repoussé. Il va de soi que la réserve tactique postée à Erhwald aurait vraisemblablement pris part à l'action.

Pour arriver à connaître en temps utile le point sur lequel l'ennemi voulait diriger son attaque principale, il eût été nécessaire d'organiser au préalable un bon service de renseignements et d'envoyer fréquemment des coureurs et des patrouilles volantes du côté de la Bavière. Cette précaution paraît avoir été totalement négligée ; autrement, on n'aurait pas envoyé le feld-maréchal-lieutenant Festenberg sur l'Inn inférieur, au moment où Ney était déjà arrivé à Mittenwald.

Par une concentration des forces faite à propos, il eût été également facile de pousser des pointes offensives sur Munich, et de menacer ainsi la ligne de retraite de Napoléon, qui, par cette manœuvre, aurait été forcé de détacher de la grande armée des corps plus considérables. Que d'avantages aurait pu assurer aux Autrichiens la possession du Tyrol, si la ligne de l'Enns avec Enns, Mauthausen et Steyer, avait été couverte par des ouvrages de fortification permanente, et si, grâce à ses ouvrages, l'armée austro-russe avait pu réussir à se concentrer en arrière de cette excellente ligne de défense.

DISPOSITIF DES TROUPES POUR L'ATTAQUE DE PERGINE ET DE LÉVICO, LE 2 AOUT 1866.

Le 22 juillet 1866, jour qui suivit le combat de Bececa, les troupes autrichiennes occupaient dans le Tyrol méridional les positions suivantes :

La demi-brigade von Metz au Stilfser-Joch (Stelvio).
       —   von Albertini au Tonal.
       —   von Höfern à Roncone.
       —   comte Grünne à Pranz, au N. de Riva.
La brigade de réserve von Kaim à Roncone.
       —   baron Montluisant à Pranz.
Le détachement du capitaine Cramolini à Roveredo.
Le détachement du major Pichler dans le val Sugana.
Le quartier général était installé à Bad-Comano.

A la suite de l'issue heureuse de ce combat, le commandant des troupes, qui avait rempli le but qu'il se proposait d'atteindre, avait résolu de se porter en toute hâte, dès le 23 juillet, sur Trente avec les deux brigades Kaim et Montluisant pour s'opposer aux troupes de la division italienne Medici, qui avaient pénétré dans le val Sugana. Il espérait que cette opération, dans le cas où il réussirait à battre Medici, lui permettrait de se jeter de nouveau sur Garibaldi.

Mais le major Pichler (1) manda, sur ces entrefaites, du val Sugana au commandant en chef qu'il avait repoussé l'avant-garde du général-lieutenant Medici, et qu'il la poursuivait dans la direction de Primolano. Cette nouvelle, jointe à l'épuisement des troupes autrichiennes, et surtout de celles de la brigade Monthluisant, décida le commandant des troupes à accorder à ses soldats un jour de repos, le 23 juillet.

Les deux brigades de réserve furent établies, partie dans le camp de Comano, partie dans les localités situées aux environs de ce camp. Mais, dans la nuit du 23 au 24, vers 11 heures du soir, on reçut au quartier général une dépêche télégraphique annonçant que l'ennemi s'était avancé jusqu'à Levico et que la transmission de ce télégramme avait dû être interrompue, par suite de l'entrée des Italiens dans cette dernière localité. A cette nouvelle, on donna aussitôt aux deux brigades de réserve l'ordre de se mettre en marche sur Trente. La tête de la brigade Monthluisant commença son mouvement à minuit et fut suivie par la brigade Kaim.

Ordre fut donné d'avoir, pendant cette marche, recours au pas gymnastique, et l'on fit préparer à Vezzano du vin pour réconforter les hommes à leur passage.

Le 24, à 10 heures du matin, la tête de la première brigade entrait dans la ville de Trente et défilait devant le commandant des troupes aux cris de : Vive Sa Majesté l'Empereur. Les régiments furent aussitôt dirigés sur Pergine, et occupèrent la forte position de Roncogno et

____

(1) Le détachement du major Pichler se composait de 4 compagnies d'infanterie, 2 compagnies de tirailleurs nationaux, 1 peloton de troupes du génie, 4 pièces de la batterie de fusées et quelques cavaliers.

de Civezzano, où le général major von Kaim, qui s'était porté en avant de sa personne et qui avait reçu l'ordre de défendre cette position à tout prix jusqu'à 10 ou 11 heures du matin, le 24 juillet, avait déjà disposé les troupes du major Pichler.

Le général-lieutenant Médici ne fit cependant aucun mouvement offensif et se tint tranquillement dans Pergine par la raison même que ses troupes étaient exténuées de fatigue, tant par les combats qu'elles avaient livrés, que par la manœuvre tournante du 23.

Dans la matinée du 24, on reçut des nouvelles annonçant que l'ennemi, qui avait reçu des renforts, cherchait à tourner la position de Trente dans la direction du Fleimser-Thal et de Lavis.

C'est ce qui détermina le commandant des troupes à préparer sa retraite sur la ligne de l'Eysak et à prendre toutes ses mesures en conséquence. Mais les patrouilles de cavalerie envoyées en reconnaissance dans la soirée du 24 ayant rapporté que l'ennemi restait immobile sur ses positions, le général en chef crut devoir arrêter l'envoi des ordres ultérieurs relatifs à ce mouvement rétrograde.

L'armistice du 25 juillet mit provisoirement fin aux hostilités sur ce point.

On employa les cinq jours que dura la suspension d'armes, qui finissait le 2 août à 4 heures du matin, pour compléter et achever les fortifications autour de Trente et faire de ce point une place d'armes importante, pour augmenter la force des redoutes élevées dans le val Arsa, à Caliano et à Riva, pour protéger par des ouvrages de fortification passagère les passages principaux donnant accès du val Sugana dans le Fleimserthal, et en seconde ligne dans la vallée de l'Eysak, pour rendre impraticables les voies de communication secondaires, enfin, pour couvrir le flanc gauche de l'armée autrichienne et assurer, en cas de besoin, la défense de l'Eysak.

On pressa, par tous les moyens possibles, la marche sur Trente de la brigade du colonel baron Kleugden qui, forte de 6,219 hommes et 8 canons, était arrivée le 31 juillet à Innsbrück. Pour leur donner une plus grande cohésion tactique, on forma avec les compagnies de tirailleurs nationaux 8 bataillons de tirailleurs, on décréta la création de nouvelles compagnies de tirailleurs volontaires et on convoqua, pour le 2 août, le landsturm des vallées de l'Adige supérieur, de l'Eysak et du Puster.

On avait donc pris, vu le peu de temps dont on disposait, toutes les mesures de nature à faciliter la défense. Mais, comme il faut surtout, quand on est menacé d'une attaque venant de deux directions divergentes, se garder d'avoir recours à une défense passive, et comme l'on se trouvait cette fois dans un cas semblable, puisque Médici menaçait les Autrichiens d'une attaque partant du val Sugana et que Garibaldi pouvait déboucher du val di Ledro, on devait, dans la première période de défense, avoir forcément recours à l'offensive.

Dans cette occurrence, il importait avant tout pour le commandant des troupes de se débarrasser de Médici et de le battre complètement avant qu'il ait été renforcé par la division Cosenz, forte d'environ 12,000 hommes, et qui marchait pour le rejoindre.

C'était d'ailleurs contre Médici qu'il devait tourner ses premiers efforts, d'abord parce que Médici était à la fois l'ennemi le plus proche et le plus redoutable, l'ennemi qui obligeait les Autrichiens à rester à Trente, ensuite parce que le général poursuivait un but politique et voulait par un fait accompli faciliter la conclusion du traité de paix pour lequel des négociations avaient déjà été entamées, et, par l'occupation de

Trente, affirmer les droits de l'Italie sur le Tyrol méridional qu'elle convoitait.

En attendant, le commandant des troupes avait fait ressortir aux yeux du général en chef la nécessité de le dégager du côté de l'Isonzo : sans cela, en effet, il était impossible de conserver le Tyrol méridional par la raison même que l'ennemi pourrait alors détacher en toute sécurité contre le Tyrol, au lieu de 16,000 hommes, 50,000 hommes de troupes régulières, et que Trente ne pourrait pas résister à l'effort de cette masse.

Mais, si, au contraire, on se décidait à couvrir le Tyrol méridional du côté du S.-E. par les opérations de l'armée autrichienne du Sud, le commandant des troupes se trouvait, par ce fait même, et en s'appuyant sur la place de manœuvre de Trente, en mesure de se tourner contre Garibaldi avec toutes ses forces réunies, et de le rejeter hors du Tyrol par des opérations conduites avec énergie.

La proportion existant entre l'effectif des forces impériales postées dans les environs de Trente et celui de la division Medici était de 19,000 hommes contre 15,000. Il est vrai toutefois qu'il fallait compter dans ce chiffre la brigade Kleudgen qui continuait à servir de réserve (4 bataillons de cette brigade purent entrer en ligne le 2 août et les 3 autres le 3 août), plus les 4 bataillons qui formaient la garnison de Vérone. Avec ces forces supérieures, le commandant des troupes pouvait espérer remporter un avantage décisif.

Sur son flanc gauche, le commandant des troupes était garanti contre tout mouvement tournant par les fortifications élevées dans le Fleimserthal, à Cembra, Fadana et Molva, par les troupes qui occupaient ces localités, et enfin par le landsturm de cette vallée ; de plus, par mesure de précaution, on avait encore préparé une seconde ligne de défense s'appuyant à Walschnofen, dans le Grödnerthal, et à la Seiser-Alpe, dont on avait confié préalablement la défense au landsturm.

Garibaldi, d'ailleurs, était encore assez loin en arrière pour qu'on pût consacrer aux opérations contre Medici 2 ou 3 jours, pendant lesquels on n'aurait rien eu à craindre du côté de Garibaldi.

Mais le temps devait être mis à profit de la manière la plus sérieuse, et il importait de prévenir l'attaque que Medici ne manquerait pas de tenter : c'est pour cette raison qu'il fallait prendre l'offensive de l'autre côté de la ligne de démarcation dès le moment où l'armistice cesserait, c'est-à-dire dès le 2 août, à 4 heures précises du matin.

Les troupes postées dans le Tyrol méridional étaient pendant l'armistice et, en allant de l'ouest à l'est, disposées comme il suit :

Le *major Bernkopf* avec 2 compagnies du bataillon de dépôt des chasseurs de l'Empereur (Niederndorf) et le 8e bataillon des tirailleurs nationaux, dans le Pusterthal.

La 1/2 *brigade du major von Pichler* avec les 3e et 7e bataillons de tirailleurs nationaux à Predazzo dans le Fleimserthal.

Le *major Josa* avec le 4e bataillon du 14e régiment d'infanterie, régiment de Hesse, la compagnie de tirailleurs d'Innsbrück-Sonnenberg, et la 1re compagnie de francs-tireurs d'Innsbrück, plus la moitié de la batterie de fusées à Cavalese (sur la ligne de séparation des eaux entre le Cembrathal et le Fleimserthal).

Le *capitaine Cramolini* avec le 7e bataillon des chasseurs de l'Empereur (4 compagnies) et deux pièces de la batterie de fusées, à Cembra.

La brigade du colonel von Zastarnikovic, qui était précédemment commandée par le général von Kaim, avec l'état-major à Trente et les troupes à Lavis, Trente, Civezzano et Sereguano.

La brigade du colonel Erhardt, avec l'état-major à Trente et les troupes à Trente, Vezzano, Vigolo, Cadine, Sopramonte (toutes ces localités sont situées à l'ouest de Trente).

La brigade du colonel baron Montluisant, avec l'état-major à Trente et les troupes entre Trente, Roncogno, Vigolo et Matarello.

Le capitaine Walter, avec les 3e et 4e compagnies du 22e régiment Wimpffen, le 5e bataillon des tirailleurs nationaux et une demi-batterie de montagne (le 31 juillet), à Folgaria et Saint-Sébastian (au sud-ouest de Levico).

1 compagnie du 6e bataillon des tirailleurs nationaux occupait le point fortifié de Piano-delle-Fugazze dans le val Arsa.

1 compagnie de ce bataillon se tenait dans le castel de Roveredo.

La demi-brigade du lieutenant-colonel von Höffern, à Stenico, alle Sarche, et Bad-Comano.

La demi-brigade du major von Albertini, au Tonal et dans le val di Sole.

La demi-brigade du major von Metz, au Stilfser-Joch (Stelvio), à Spondalunga et Santa-Maria.

La brigade du colonel-baron Kleudgen était en marche pour rejoindre.

La ligne de démarcation courait le long de la crête de la chaîne principale, au sud du Fleimserthal, par la Costa-Alta, s'inclinait au sud de Faida dans la vallée de Prada, tournait à l'ouest entre les lacs de Madrano et de Vigalzano, en passant par Canzolino, coupait la grande route à 1,300 pas à l'ouest du pont de Fersina, près de Pergine, traversait Costasavina, remontait sur les hauteurs de Susa, suivait le long du ravin conduisant à Vigolo, du côté du sud-est, gravissait les pentes orientales du Monte-Scanupia, courait le long du chemin de Finco, atteignait, en franchissant les crêtes occidentales des monts Cornetto et Santo-Sebastiano, les frontières de la Vénétie à Madonna-delle-Grazie et suivait enfin ces frontières jusqu'à la rive occidentale du lac de Garde au sud de Riva. De là, elle passait par Biaseca, le Monte-Giumello, Campi, Pranz, franchissait le lac de Tenno, le défilé de Balin, le Monte-Cadria et le Monte-Nossol, arrivait au sud de Lardaro, et aboutissait enfin par le val di Daone et Giulis au Monte-Bruffione.

La division italienne du général-lieutenant Medici était établie pendant l'armistice de la manière suivante : 7 bataillons et 2 batteries de 16 livres à Pergine, 1 bataillon à Susa : 1 bataillon aux avant-postes, depuis le pont de Fersina jusqu'à Canezza, par Casolino, Vigalzano, et Viarago ; 4 bataillons, 1 batterie de 16 livres et 18 pièces de montagne dans Levico, 1 bataillon dans Caldonazzo, Calceranica et sur la ligne des hauteurs d'Ischia ; 1 bataillon aux avant-postes à Lavarone, Centa et Bosentino.

Le corps de volontaires sous les ordres de Garibaldi, avec son quartier général à Condino : 3 brigades échelonnées dans le val di Daone, entre Strada et Condino ; 2 brigades dans le val dei Conzei et le val di Ladro, les avant-postes de ces deux brigades gardaient les défilés des monts Pari, Pichea, etc.

L'idée générale adoptée pour l'attaque de Pergine et de Levico était la suivante :

La demi-brigade du major Pichler devait, avec ses deux bataillons de tirailleurs nationaux, marcher par Paneveggio, Primiero et Ronco sur Strigno.

Le major Josa, avec 5 compagnies du 14e régiment, régiment de Hesse, 2 pièces de la batterie de fusées, et 350 hommes du lansturm, avait reçu l'ordre de s'avancer de Baselga par Madrano et Vigalzano contre Pergine.

Le capitaine Cramolini, avec le 7e bataillon des chasseurs de l'Empereur et 2 canons de la batterie de fusées devait partir de Pedol, passer par le mont Panaroto, longer les pentes du mont Selvot, et se porter en avant sur la route, entre Levico et Pergine.

Le gros, c'est-à-dire les brigades suivantes :

Celle du *colonel von Zastavnikovic*, composée de 3 bataillons 1/3, une batterie de pièces de 4 livres, 1 batterie de montagne, 1 section de troupes du génie, 1 peloton de uhlans et un détachement du service de santé ; celle du *colonel Erhardt* forte de 3 bataillons et une batterie de montagne ; celle du *colonel baron Montluisant*, forte de 5 bataillons 1/3, 1 batterie de fusées, 1 batterie de montagne, 1 section de troupes du génie et un peloton de uhlans avec un détachement du service de santé devait former trois colonnes et marcher par Vigalzano, Roncogno et Vigolo contre Pergine et Levico.

Enfin, le capitaine Walter, avec 7 compagnies et 2 pièces de la batterie de fusées, avait pour mission de s'avancer de Saint-Sebastian par Lavarone.

Quant à la brigade du *colonel baron Kleudgen*, forte de 7 bataillons et de 8 bouches à feu, et dont une partie seulement pouvait entrer en ligne pendant le combat, elle était destinée à former la réserve.

Le total des troupes, sans la demi-brigade du major Pichler et sans la brigade Kleudgen, s'élevait à 14 bataillons 1/3, 8 canons de campagne, 12 canons de montagne, et 10 canons pour fusées, 350 hommes du landsturm, une demi-compagnie du génie, un demi-escadron de uhlans et une demi-compagnie de troupes de santé ; si l'on comprend au contraire les troupes de la brigade Kleudgen, on arrive à l'effectif total de 21 bataillons 1/3, 16 canons de campagne, 12 de montagne, 10 canons à fusées, auxquels il faut ajouter les autres troupes que nous venons de citer.

Pour mener à bonne fin cette attaque et en assurer le succès, on prit les dispositions de détail suivantes :

1º La demi-brigade du major Pichler doit se porter sur la ligne de démarcation le 1ᵉʳ août au soir, la franchir le 2 au point du jour, s'avancer jusqu'à Primiero; elle devait faire la soupe dans cette localité et tâcher d'atteindre le même jour la position de Canal, et même, si faire se peut, celle de Ronco.

Sa mission ultérieure consiste à menacer la ligne de retraite de l'ennemi dans la direction de Strigno.

2º Le major Josa doit arriver à Baselga le 1ᵉʳ août et s'éclairer soigneusement sur son flanc gauche. Dans l'après-midi du 1ᵉʳ, il doit chercher à appeler à lui les hommes du landsturm des districts de Neumarkt et de Botzen, au nombre de 1800 environ, qui devaient être rendus à ce moment à Cembra et Cavalese, et qui étaient attachés à sa colonne.

La 20ᵉ compagnie de son bataillon devait s'avancer le 1ᵉʳ août de Cavalese dans la vallée de Cadin jusqu'à la ligne de démarcation, franchir le 2, dès l'aube, la crête de la montagne, pénétrer dans le val Calamento, et chercher à se porter sur Borgo. En cas de retraite, elle défendra le passage avec opiniâtreté.

3º Le capitaine Cramolini doit s'avancer le 1ᵉʳ août au matin jusqu'à Pedol et arriver le soir de ce même jour aussi près que possible de la ligne de démarcation à Regnana, la franchir le 2 au matin, passer par le mont Panaroto, longer les crêtes du mont Selvot, puis de là diriger son attaque sur la route de Pergine à Levico.

Il réglera sa marche de manière à pouvoir se montrer aux environs de cette route entre 10 heures et 11 heures du matin.

4º Marche du centre.

(*a*) *La colonne sous les ordres du colonel baron Mont-luisant* doit se tenir prête, de manière à pouvoir enlever Vigolo le 2 dès 2 heures du matin.

La colonne principale marche par la route qui mène du val Sorda à Vigolo.

La colonne latérale de gauche, par le chemin de montagne qui va de Villazano à Vigolo et débouche près de l'église de Vigolo.

La colonne latérale de droite, par la rive gauche du val Sorda.

Dès que Vigolo sera pris, une colonne sera lancée par Castel-Vigolo contre le plateau que gravissent les chemins conduisant à Susa, Castegna et Santa-Catarina. Cette colonne est destinée à couvrir le flanc gauche contre toute tentative de l'ennemi qui occupe les localités dont nous venons de donner les noms.

Le gros de la colonne doit ensuite marcher sur Calceranica en passant par Bosentino: arrivée à ce dernier lieu, près de l'église, elle détachera une petite colonne à gauche sur Santa-Catarina; et une autre colonne par Vigolo et Vattaro sur Caldonazzo.

Par mesure de précaution, on laissera une petite réserve en arrière, sur les hauteurs.

Le capitaine Walter marchera le 2, à la pointe du jour, sur Lavarone, descendra dans le val Sugana et cherchera à opérer le plus tôt possible sa jonction avec la colonne Montluisant.

Cette colonne devra alors partir des environs de Vecena pour se jeter sur Levico et menacer la ligne de retraite de l'ennemi.

Là se terminerait le premier moment de l'action.

Le deuxième moment commence avec le mouvement en avant par échelons de l'aile droite, se continue par l'attaque de Levico exécutée par cette aile et se termine par la prise de cette localité.

19..

(*b*) *L'aile gauche,* sous les ordres du colonel von Zastavnikovic est partagée en 3 colonnes.

La *colonne à l'extrême gauche* sous les ordres du major Josa, à laquelle on avait adjoint 350 hommes du landsturm, s'avancera de Balsega par Madonna di Piné sur Madrano, Vigalzano et Serso : elle doit, pendant l'attaque de Pergine, menacer et attaquer le flanc droit de l'ennemi.

Cette colonne se met en route à 4 heures du matin.

Le *gros de la colonne* poussera son aile gauche en avant, occupera les hauteurs qui prennent naissance à Madrano et se terminent au pont de Fersina, se portera contre ce pont et opérera de cette façon sa jonction avec le major Josa.

La *colonne de droite* sous les ordres du colonel Erhardt se dirigera de Roncogno et de Costasavina sur Pergine en se faisant couvrir sur son flanc droit par une colonne envoyée dans la direction de Susa.

Les trois colonnes réunies attaqueront Pergine et se porteront ensuite sur Levico, en continuant à pousser leur aile gauche en avant. On fera alors passer une colonne par Ischia.

Le commandant des troupes se tiendra de sa personne sur la vieille route de Cognola à Civezzano. Les troupes du colonel von Zastavnikovic se mettront en mouvement à 5 heures du matin.

c) La brigade du colonel baron Kleudgen prend sa position en réserve sur les deux routes qui conduisent à Pergine.

5° Toutes les troupes doivent être concentrées le 1er août dans une position répondant au dispositif d'attaque et le plus près possible de la ligne de démarcation. Le même soir, on fait un seconde fois la soupe qu'on mangera le 2 au matin ; les hommes emporteront sur eux la viande cuite.

6° Le train tout entier doit quitter Trente le 1er août et prendre position en arrière entre Neumarkt et Salurn.

L'ambulance et la portion du parc de munitions destinée au transport des cartouches d'infanterie s'établiront à San Michele.

7° Les deux divisions de dépôt des régiments Archiduc Regnier et Saxe-Infanterie restent sous le commandement du lieutenant-colonel von Walter, directeur du génie, pour former la garnison de Trente.

8° Deux compagnies de tirailleurs nationaux occuperont le castel de Roveredo. Si elles sont obligées d'évacuer ce poste, elles opéreront leur retraite sur Vérone, dans le cas où il ne leur serait plus possible de gagner Trente.

9° Une demi-compagnie du 1er bataillon des chasseurs de l'Empereur restera à Alle-Sarche pour garder le pont.

10° La demi-brigade du lieutenant-colonel von Höffern restera le plus longtemps possible sur la position de Stenico, son aile gauche s'étendant jusqu'à Villa.

Le pont de Tre-Arche sera barricadé et protégé par une batterie établie en amont.

Le pont de Comano doit être détruit, ainsi que tous les passages de la vallée de la Sarca en aval de ce point.

En cas de retraite on se repliera d'abord sur les positions d'Andogno et Senaso, puis par Malveno sur la vallée de la Nons dans la direction de la Mendola.

11° La demi-brigade du major von Albertini reste sur le Tonal, observe le passage de Madonna-di-Campiglio et se retire en cas de besoin sur Ponte-Mostizzolo.

12° La demi-brigade du major von Metz occupe le Stilfser-Joch (Stelvio).

13º Le major von Bernkopf occupe le Pustherthal avec 2 compagnies des chasseurs de l'Empereur et 64 compagnies de landsturm appelées sous les armes et qui devront|être rendues le 2 août à 4 heures du matin, sur les positions qui leur ont été assignées.

TABLE DES MATIÈRES.

FIN.

Paris. — Imprimerie J. Dumaine, rue Christine, 2

Planche I.

Planche II.

Planche III.

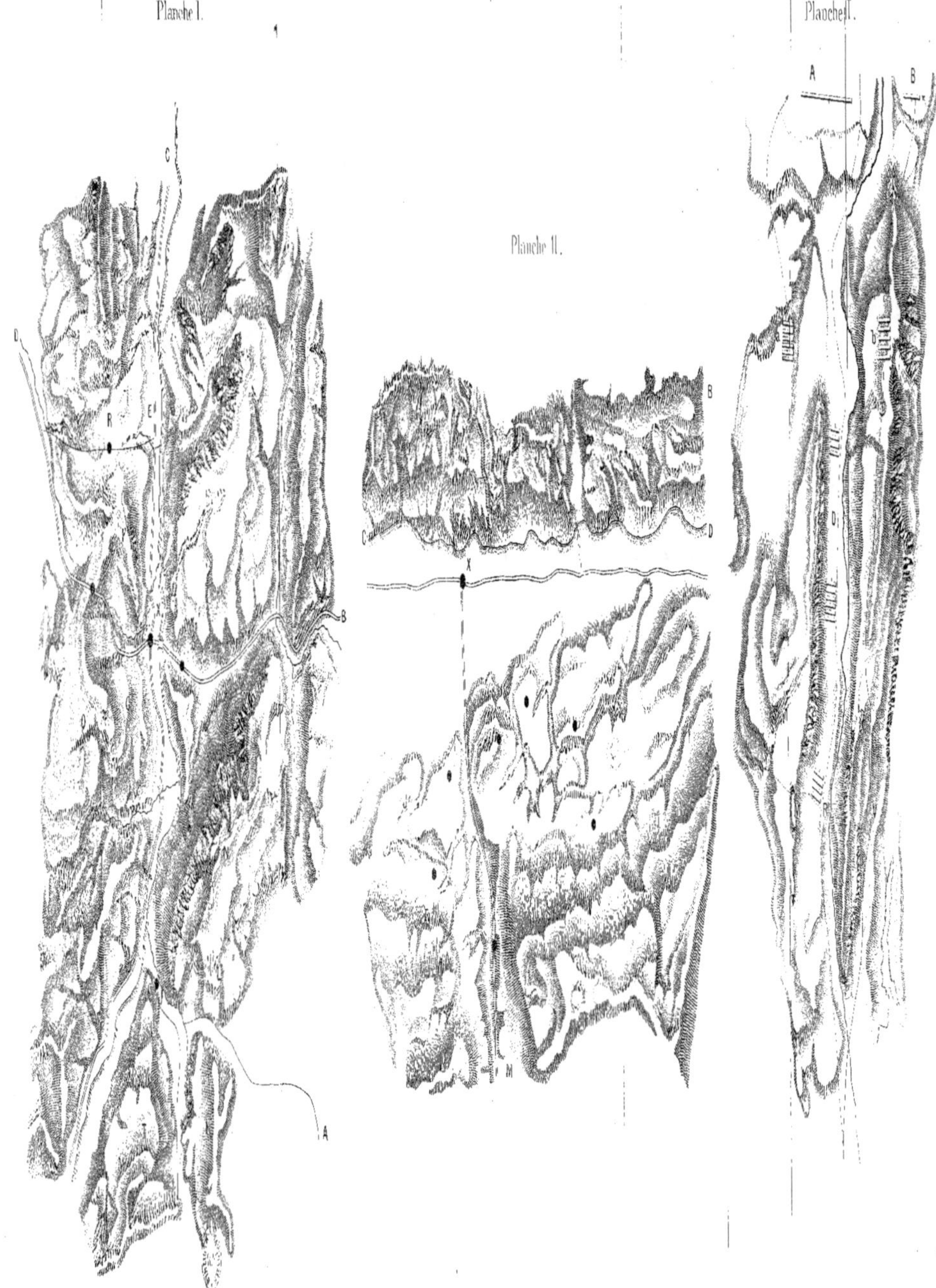

Gravé par L.Sonnet.

Librairie J.DUMAINE, Éditeur

Paris, Imp.Dufrenoy